古典文獻研究輯刊

三三編

潘美月・杜潔祥 主編

第29冊

《純常子枝語》校證
（第四冊）

陳 開 林 著

國家圖書館出版品預行編目資料

《純常子枝語》校證（第四冊）／陳開林 著 -- 初版 -- 新北市：
花木蘭文化事業有限公司，2021〔民110〕
目 2+204 面；19×26 公分
（古典文獻研究輯刊 三三編；第 29 冊）
ISBN 978-986-518-645-6（精裝）
1. 純常子枝語 2. 雜文 3. 研究考訂
011.08   110012106

ISBN-978-986-518-645-6

9 789865 186456

古典文獻研究輯刊
三三編　第二九冊   ISBN：978-986-518-645-6

《純常子枝語》校證（第四冊）

作　　者　陳開林
主　　編　潘美月、杜潔祥
總 編 輯　杜潔祥
副總編輯　楊嘉樂
編　　輯　許郁翎、張雅淋、潘玟靜　美術編輯　陳逸婷
出　　版　花木蘭文化事業有限公司
發 行 人　高小娟
聯絡地址　235 新北市中和區中安街七二號十三樓
　　　　　電話：02-2923-1455／傳真：02-2923-1452
網　　址　http://www.huamulan.tw 信箱 service@huamulans.com
印　　刷　普羅文化出版廣告事業
初　　版　2021 年 9 月
全書字數　1046345 字
定　　價　三三編 36 冊（精裝）台幣 90,000 元

《純常子枝語》校證
（第四冊）

陳開林　著

目次

卷二十二〔註1〕

　　希臘教於俄國功益甚大，然其別派有莫魯干教一派。一千六百六十六年，俄國總牧師尼剛改正教會規則，有株守著規者，遂析為二。自後俄國政府待此教甚酷，屢窘逐其教徒，有移住西伯利者。又別為莫魯干一派，而黑龍江州之伯拉照夫琛斯克府之實業家多從之。此教不行洗禮及聖祕禮等，嚴禁豚肉煙草酒類，恰與回回教相似。其教徒勤儉富裕，今益多傾向者。然俄人於此教甚嫌忌，待之之法律頗苛酷。凡各人自信奉者，不許教化他人。關莫魯干教之書籍，總禁出版。不許公行祭祀拜神等。余案：莫魯干教，《俄國新志》未著其名。然《新志》卷六云：「猶太教之外，無論何國何教，俱可行於俄國。惟希臘教新分門戶，不服國家所立之章程，所以奉希臘教之人非惟妒嫉，且欲害之。近來不服俄國教派之人，略有一千二百萬名，年盛一年。」按：《西伯利地志》所記莫魯干之事亦其證也。

　　《遼史》之大賀氏，今譯為達瑚爾氏。契丹之名，不知所出。達瑚爾氏，則《滿洲姓氏錄》內亦有之。《滿洲地志》云：「現今土著，黑龍江沿岸及俄屬貝加爾州之間，尚稱達瑚爾人。」則達瑚爾與滿洲同種無疑。按：此說略欠分晰。《遼史》所載頭魚宴及置麀人、獐人、鹿人等官，皆達瑚爾人之風俗。達瑚爾人尤信薩滿教，疾病出入，必令薩滿祈禳，卜其吉凶，一如薩滿所言。遼帝攻伐進退，皆使薩滿卜之而後行。又《唐書》所記，如死屍掛樹上埋葬，乃薩滿本教。《西伯利地志》「達瑚爾人及索倫人」一條云：「達瑚爾人，宗教奉喇嘛教。」與《滿洲地志》異。又云：「索倫人言語同滿洲，以與滿洲同種族故。」

〔註1〕按：稿本有封題「純常子枝語　第二十一冊」。稿本乙同。

案：《欽定三史語解》，《遼史》用索倫語，《金史》用滿洲語，迥不相同。未知此書何所據也。

　　《海錄碎事》卷七下引《燕北雜記》云：「契丹罵漢兒作十里鼻，猶言奴婢也。」按：「十里鼻」蓋即鮮卑之異譯，古書多有鮮卑奴之稱，此其遺語也。

　　宋葉夢得《石林燕語》記〔註2〕：「高麗王徽誦《華嚴經》，願生中國。一夕，夢至京師觀鐙，為詩識之曰：『宿業因緣在契丹，一年朝貢幾多般。』」是高麗人亦以契丹稱中國。

　　《露國事情》：五百三十六七頁。「喇嘛教之教職法律中有定數，於阿魯麥苦士人中選定受喇嘛僧侶長之職名，由政府俸給之。東部悉中利亞寺院三十四，各寺院有僧長管理。喇嘛之外，自冀魯列谷士、骨只魯士、叭列跌士、哈叭洛庫士，凡二百五十之名稱。」

　　富永仲基《出定後語》下云：「《淨飯王泥洹經》：『佛躬欲擔棺，世界震動。』《普曜經》：『佛踊身虛空，不受父王作禮。』《增一經》：『養母大愛道，沒，佛躬舉牀一腳，阿難奉一腳。』《盂蘭盆經》：『佛弟子修孝順者，應念念中常憶父母，乃至七世父母。』《彌沙塞律》：『父母不聽，不許出家。』又：『或云：減衣食之資，以養父母。或云：世若無佛，善事父母。善事父母者，即是事佛。』《大集經》：『或云：左肩擔父，右肩擔母，偏行大地，亦不能報恩。』《父母恩重經》是迦文之教，所重全在孝也。然如後世黃蘗大義渡事，實狂子顛倒地獄之設，亦為此曹也。大氐漢土佛法多疏於親，是本出於折儒家，在竺土則殊不然。」黃蘗大義渡事出於正宗贊。

　　唐智嚴譯《佛說師子素馱娑王斷肉經》云：「聞月答言：『辦素味無辜，淨食祭祀天無辜。』」淨食蓋謂自死肉也。

　　龍樹菩薩《福蓋正行所集經》卷一曰：「佛住舍衛城，時眾會有二外道，曰迦毗羅大仙、烏嚧迦大仙。」按：迦毗羅即劫比羅，烏嚧迦即嗢露迦，譯音無定字也。

　　《海錄碎事》卷八引《譙子法訓》曰：「人有無禮者，其獼猴乎？雖人象而蟲質。」

　　晉嚴昉《相兒經》一卷。《五朝小說》魏晉六。

　　義楚《六帖》七引王儉《七志》四部書目，言文字者凡二十九部，九十九卷。有《古今奇字》二卷，郭訓作；《字屬篇待考》一卷，賈叔作作；《解字

〔註2〕見《石林燕語》卷二。

要》一卷、《字指篇》一卷，郭訓作；《雜字音》七卷，王延作作；《文字要》一卷、《說文音隱》四卷、《要用字苑》一卷，葛洪作；《字指》二卷，李彤作。

　　白樂天《諷諫詩‧立部伎第五》自注云：「太常選坐部伎無性識者退入立部伎，又絕無性識者退入雅部，則雅部之聲可知也。」沈存中《夢溪筆談》卷五云：「外國之聲，前世自別為四夷樂。自唐天寶十三載，始詔法曲與胡部合奏，自是樂奏全失古法，以先王之樂為雅樂，前世新聲為清樂，合胡部者為宴樂。」崔豹《古今注》卷中：「橫吹，胡樂也。張博望入西域，傳其法於西京，唯得摩訶、兜勒二曲。」是西域之音，前漢已入中國。鄭夾漈《通志‧樂略》云：「按：今之樂有伊州、涼州、甘州、渭州之類，皆西地。又按：隋煬帝所定九部夷樂，西涼、龜茲、天竺、康居之類，皆西夷也。觀《詩》之《雅》、《頌》，亦自西周始。凡是清歌妙舞，未有不從西出者。八音之音，以金為主。五方之樂，惟西是承。雖曰人為，亦莫非稟五行之精氣而然。」余案：郭茂倩《樂府詩集》卷二十一云：「大鼓十五曲，小鼓九曲，大角七曲，其辭並本之鮮卑。」則亦有出於東者。蓋樂之為用，在於感人。靺鞨之音，周用之矣。采萬國之聲容，備一王之制作，亦何不可之有！惟明皇瀆聽，雅樂遂淪，沿及五代，朝會差京府衙門首樂官權充，又各業胡部音聲不閑太常歌曲。見《五代會要》卷七晉開運三年劉渙奏。此則禮壞樂崩，不能無責爾。〔註3〕

　　余前錄希姓，近閱趙鹿泉《清獻集》，詩自注云：「漸慎行居濟寧，叩其得姓之源，曰：本姓賤，先賢子賤，後以字為氏也。獨見遺於《氏族略》、《姓譜》諸書。自宋時遷豫章，始隨音呼改為漸，還居此三百年矣。」是吾鄉故有漸姓。〔註4〕

　　《容齋隨筆》卷十六云〔註5〕：「梁武帝時，有交趾人並韶者，富於詞藻，詣選求官，而吏部尚書以並姓無前賢，除廣陽門郎。韶恥之，遂還鄉里，謀作亂。」余案：漢末士大夫多避地交州，並韶或是並官氏之後，除復為單，亦未可知。然以門籍論人，阻其仕進，適足生亂，亦歷代之殷鑒已。〔註6〕

　　聖祖仁皇帝《御製百家姓》有程賴刁斜句，是今時應有斜姓。按：斜字為鎦之俗字，此叚作斗。又《康熙字典》引《姓苑》：「宋處州刺史斜滔。」按：晉

〔註3〕又見稿本《純常子枝語》第二十五。
〔註4〕見稿本《純常子枝語》第二十五。眉批：「此條已見廿一冊。」
〔註5〕出處有誤。實見《容齋續筆卷》第一《並韶》。
〔註6〕見稿本《純常子枝語》第二十五。眉批：「此條亦重出。」

有松陽令鈕滔。見《隋書·經籍志》。《北堂書鈔》一百一十「鈕滔」，陳刻誤作「鈞滔」，疑「鈕」字或書作「釗」，故訛為「鈞」耳。《姓苑》當是何承天書。滔或入宋，仕至處州刺史矣。〔註7〕

《宋史·藝文志》樂類有昭微《古今琴樣》一卷，是宋時有昭姓。

汪輝祖《元史本證·證名篇》：「人名之異者，如也速答兒一作也速帶兒，《世祖紀》至元十九年。一作也速帶，至元二十六年。一作也速帶而，《成宗紀》。一作也速答而，《成宗紀》大德四年。一作也速迭而，大德七年。一作也速迭兒；《兵志一》、《兵志三》。又忙兀臺，一作忙古帶，《世祖紀》屢見。一作忙兀帶，《紀》屢見。崔彧、桑哥傳同。一作蒙古帶，《紀》至元十五年。一作忙忽帶，二十一年。一作忙兀臺，三十年。一作忙古䚟，《河渠志二》、《食貨志二》、《兵志二》、《兵志三》。一作忙古歹，唵木海、伯顏傳。一作忙古臺。高興、劉宣傳。是一人而七名、九名也。地名之異者，如班朱尼河，亦稱黑河，見阿塔海懷都傳。後改龍居河，見《雪不臺傳》。《紀》十一年有盧朐河，疑即龍居河。一作班術居河，速哥傳。班術河，土土哈耶律禿花傳。一作班真海子，術赤臺傳。一作班真河，麥里傳。一作辨屯河；耶律阿海傳。又昔木土腦兒，至元元年止稱昔木土。一作失木魯，特薛禪傳。一作石木溫都，術赤臺傳。一作失木禿，抹兀答兒傳。一作失木土，鐵邁赤傳。一作失門禿，昔兒吉思、囊加歹傳。一作昔門禿，阿剌罕、小憐石脫忽憐傳。一作失木里禿，杭忽思傳。一作失畝里禿。朵羅臺傳。是一地而六名、九名也。」《元史》雖成於眾手，何至一篇之中前後頓異，蓋所採原本文字多歧，秉筆之人未敢輕易，致此紕繆，良非偶然。故譯語一事，宜有科條詔示於先，一成不改。如菩薩之號既定，則布薩蒲薛之字悉可從刪。蒙古之文既彰，則蒙哥忙兀之名固宜勿用。今者萬方輻湊，九譯紛來，鞮寄之司所宜考也。又《元史》地名歧異尤繁，汪之所證，尚多未備。〔註8〕

《明史·藝文志》譜錄類：吳沈《千家姓》一卷。按吳沈《進書表》，此書實與劉仲質、吳宗伯同撰。然約為韻語，凡姓一千九百六十有八，名《千家姓》，則其書絕無考訂，不過村塾讀本之類耳。氏族之學，唐以前尚有專家。然《元和姓纂》已多蕪累，《唐書·宰相世系表》亦每失之傅會。宋邵思、鄧名世從未有成書，凌氏之《萬姓統譜》、夏氏之《奇姓通》特類書耳，未足語於類族辨物之學也。余嘗欲使中國各行省，就今日之土斷，使各上姓氏戶口，

〔註7〕見稿本《純常子枝語》第二十五。眉批：「此條亦重出。」
〔註8〕見稿本《純常子枝語》第二十五。眉批：「重出。」

編錄成書。其有宗祠義塾，悉箸之表。婚姻掌之媒氏，繼嗣屬之有司。使天下士庶行業，人民流轉，燦若列眉，無有所隱，一年一表，五年復大整齊之，以示國中，亦王政之要道也。〔註9〕

楊升庵曰：「洪武中，翰林學士吳沈等編《千家姓》以進，傳之天下。今世猶以宋時《百家姓》訓蒙，失之矣。」〔註10〕余謂吳書實無以勝宋時村塾之本。氏族之學，必考源流，兼知種別，非訓蒙之所急也。若以為識字計，宜莫要於讀《說文》部首矣。〔註11〕謝筆淵《五雜俎》卷十四云：「吳沈等《千家姓》以朱承天運為始，其中有怪僻不經見者。而海內之人又有出千家之外者，惜當時儒臣未能徧行天下廣搜之也。」

王文簡《池北偶談》卷十云〔註12〕：「文登叢大司空蘭本漢柂侯金日磾之後，相傳日磾四十五代孫永遷縣之叢家峴家焉，遂以為姓。江西多淦氏，舊傳亦日磾後。有金賦者，宋南渡為兩川制置使，以姓同北國，高宗為加三點，遂有淦姓。」亦見《皇華紀聞》。按：禹域之中，西晉以來，五胡雲擾，推原氏族，訛變良多。余嘗欲撰姓氏書，徧徵天下譜牒，存其實證，去其淆譌，以今地望繫之，其祠廟、婚姻之事，悉先箸於冊，而官為稽攷，亦類族辨物之要政也。〔註13〕

高詠《遺山詩‧李中丞歌》自注云：「黃連解為宣邑所苦，中丞李公奏免其半，善政也。」其詩云：「詔使索黃連，徵書十道宛城邊。刻期採辦苦不早，軍帖督催何草草。朝攜長鑱剷荒邱，箐篁棘荊淨如掃。我聞此物產益州，棧道連雲劍閣愁。」吳嘉紀《陋軒詩‧打鰣魚》云：「打鰣魚，供上用。船頭密網猶未下，官長已備驛馬送。櫻桃入市筍味好，今歲鰣魚偏不早。觀者倏忽顏色歡，玉鱗躍出江中瀾。天邊舉匕久相遲，冰填箬護付飛騎。君不見金臺鐵甕路三千，卻限時辰二十二。」第二首云：「人馬銷殘日無算，百計但求鮮味在。」余謂當時官家不過採藥物，嘗鮮魚，而有司奉行，病民如此，可慨也。且三千之路而限以二十二時，則較後來之驛遞日行八百里者，更速矣。嘉慶一朝，力郤貢獻，棄玉之舉，卓越後先，仁哉！〔註14〕

〔註 9〕見稿本《純常子枝語》第二十五。
〔註10〕見明‧楊慎《升菴集》卷五十《千家姓跋》。
〔註11〕按：此條自首至此，又見卷二十六。
〔註12〕見王士禎《池北偶談》卷十《叢氏》，文末曰：「詳載于《皇華紀聞》」。
〔註13〕見稿本《純常子枝語》第二十五。
〔註14〕按：又見稿本第二十五。

又案：馮景亭《校邠廬抗議》云〔註15〕：「我朝定鼎之初，特詔蠲除故明各道額解物產，戶、工二部則例，歲需上供，令有司支款購解。」然當時貢獻之弊尚如此。〔註16〕

高麗忠於明，自有清以來，雖云內屬，特羈縻之而已，未能得其心也。偶閱高麗人詩，多思故明之作。江華李昌《行臺錄·夜與古歡談明季事感賦》云：「遼薊山川滿眼來，啟禎遺跡使人哀。將軍意氣空傳首，元老精忠尚乞骸。門戶竟為千古戒，封疆豈少一時才。淒涼野史亭前路，逆旅寒燈酹酒杯。」天水姜文夒《北遊續草·途中談萬曆東援古事》云：「安危機決不占旌，東援曾勞啟此程。上國藩維關大勢，狡奴封貢匿深情。帷籌尚有征遼策，車馬如聞渡浿聲。蕭瑟風泉千載意，天教江漢盡東傾。」三百年矣，而其士大夫之言淒惋如此，明人之待藩屬，固疆圉未易可非也。〔註17〕

秦之焚書，所以愚民也。愚民之術，後世以科目，乃民亦遂以自愚，非朝廷之獨智也。秦之銷兵，所以弱民也。後世禁民挾弓矢，禁民用火器，亦未嘗不略師其智，特不若秦政之苛耳。然歐洲各國，具治屬地之法，則與秦法相似。俄之待波蘭，禁報館，不設學堂，人人知之矣。至俄人於海蔘崴，英人於緬甸及滇邊土司，法人於越南，皆禁民用軍器，不獨火器也。即刀矛之屬，亦不得私藏焉。其所以弱民者，尤酷於秦。今時人或未盡知之也。其謂歐洲各國皆欲開民之智、盡人之才者，乃教士之言，非其政府之實意也。然秦始皇銷鋒鏑，而陳涉、吳廣並起。元順帝禁漢人、南人、高麗人不得執持軍器，至元三年四月，而韓林兒、劉福通並興。秦、元皆旋踵而亡，豈必器械之強遂足箝制天下哉？〔註18〕

《皇朝禮器圖式》：「崇德八年，造神威大將軍礮。康熙十五年三月，造神威無敵大將軍礮。二十年，造神威將軍礮。」余攷神威之號，實沿明制。《徐光啟集·崇禎二年奏》云：「臣竊見東事以來，可以克敵制勝者，獨有神威大礮一器而已。一見於寧遠之殲敵，再見於京都之固守，三見於涿州之阻截。所以然者，為其及遠命中也。」崇禎二年，歲在己巳。崇德八年，歲在癸未。故知後本於前。按：是時御史楊若僑亦薦西洋人湯若望善火器，為劉戢山所劾。見邵

〔註15〕見清·馮桂芬《校邠廬抗議》卷上《改土貢議》。
〔註16〕按：又見稿本第二十五。
〔註17〕見稿本《純常子枝語》第二十五。
〔註18〕見稿本《純常子枝語》第二十五。眉批：「重出。」

廷采《思復堂集・劉宗周傳》。〔註19〕

近人作《礮考》者，謂「金人守汴城中，有火礮名震天雷者，用鐵罐盛藥，以火點之，礮起火發，其聲如雷，為火礮用鐵之始」。又云：「虞允文采石之戰，用霹靂礮，已開火礮之端，然特用紙而已。」余案周密《齊東野語》記救襄樊一條云：「各船置火鎗、火礮」，是南宋亦有火礮，兼有火鎗矣。又張端義《貴耳集》云：「浮光未破之前，城東有鐵佛寺。端平四年，韃圍城，礮聲震天，鐵佛為之撼。」是元人之用礮不後於金。

新譯《西學淵源考・火器考》云：「紀元後七百五十七年，中國有礮隊之兵，守長城，威振沙漠。至今塞北利亞人猶稱道之。」是唐時軍中已有礮隊，而《唐書》不載。

又云：「印度古史曰汕士庫力特，按：即散斯吉之異譯。中紀其與埃及戰云：『聖佛不留心，遺下此火器。威聲壯三軍，百戰力不懈。風行而雷厲，敵人悉轟斃。』印度詩人亦紀其事於其集中，云：『礮聲隆隆，礮彈飛空。橫燒遠掠，在十確士之中。』確士，印度里數也。約一確士合英里迷當四分之三零。據此，或印度有礮先於中國。西人言硝礦本於中國，而《通雅》云〔註20〕：「今有火器，用硝礦，乃從外國傳此法」，誤也。〔註21〕

文秉《烈皇小識》言明莊烈帝入天主教。余詢諸教中人，則言莊烈帝未嘗入教。其入教者，皇后周氏及太子耳。太子入教後，主教者以歐洲古聖王之名名之，曰公斯達。甲申之變，法蘭西王路易起兵救明，兵未出而病卒，遂不果。〔註22〕

黃宗羲《行朝錄》卷八云〔註23〕：「日本三十六島，每島各有王統之，所謂東京者，乃國主也。一國之權，則大將軍掌之。其三十六各〔註24〕王，如諸侯之職。撒斯瑪王即薩摩。於諸島為最強，與大將軍相為首尾。乙酉冬，崔芝遣人至撒斯瑪訴中國喪亂，願假一旅，大將軍慨然約明年四月發兵三萬，一切戰艦、軍資、器械自取其國之餘財，足供大兵中華數年之用。崔芝大喜。

〔註19〕按：又見稿本第二十五。
〔註20〕見方以智《通雅》卷三十五。
〔註21〕按：以上三條又見稿本第二十五。
〔註22〕見稿本《純常子枝語》第二十五。眉批：「重出。」
〔註23〕見黃宗羲《行朝錄》卷八《日本乞師》。（《黃宗羲全集》第2冊浙江古籍出版社2012年版，第164～167頁）
〔註24〕「各」，《行朝錄》作「國」。

丙戌四月，遣參謀林籥舞為使，期以十一日東行。將解維，而黃斌卿時魯王以海在舟山，斌卿為水師都督副。止之曰：『大司馬余煌書來，曰此吳三桂乞師之續也。』崔芝怒而入閩。己丑冬，以澄波將軍阮美為使，以梵夾乞師，其王聞之大喜。已，知船中有僧湛微，則大駭，湛微在日本曾犯法故。遂載經而返。史臣曰：『宋之亡也，張世傑嘗遣使海外某國借兵，陳宜中亦身至占城借兵。崖山既陷，兩國之師同日至，遂不戰而返。』今日之事，何其與之相類耶！忠臣義士，窮思極計，海水不足較其淺深，徒以利害相權。如余煌者，真書生之見也！」余記顧亭林《海上》詩云〔註25〕：「此中不是無人世，祇恐難酬烈士心」，其亦指是事歟？〔註26〕

《行朝錄》：「日本有一島名縢泉。」按：當是肥前。日本此地初名火前，後以火字義近猛烈，故更名肥前。倭音，火與肥同。梨洲作縢泉，蓋別有所受。〔註27〕

《櫻花絕句》

崇桃積李鬪芳華，海外尋春興更賒。十日淹留何所事，少陵凝賦海棠花。

遊屐聲諠笑語和，鵾弦象撥奏倭歌。醍醐故事無人記，獨對繁花喚奈何。

鶯聲霞外霞外鶯和，歌篇名。喚春回，十里雲光錦障開。如此仙山真縹緲，玉環何日肯歸來。櫻花有楊貴妃櫻一種，或云長崎某山，即鴻都道士遇貴妃之仙山也。

人間何路海漫漫，雪白嫣紅子細看。獨立無言桃李外，夜來風露恐高寒。

《杖藜》

東郭先生履已穿，杖藜處處訪山泉。苔花繡石都成字，松影連雲欲上天。六鶂退風聊此地，五龍夾日待何年。奚僮報導辛夷落，纔覺江南春可憐。

《虞美人》

鷺冠欹側蠻腰裊，偎就郎懷抱。阿奴衣薄曉寒欺，憑仗些兒酒力自撐持。餘香未散人何在，夢隔珊瑚海。琵琶湖畔水涵空，祇有殘梅斂恨向東風。

岳陽舊〔註28〕武平軍向〔註29〕，有天策府戶部下免楚興寺科率帖。開運三年二月二十四日，文字係書吏、稱典，稱副、驅使官、簽書官、桂管觀察處

〔註25〕顧炎武《亭林詩文集》亭林詩集卷一《海上》三首之一：「此中何處無人世，祇恐難酬烈士心。」

〔註26〕見稿本《純常子枝語》第二十五。眉批：「重出。」

〔註27〕重見稿本《純常子枝語》第二十五。無眉批。

〔註28〕《岳陽風土記》「舊」下有「隸」字。

〔註29〕「向」，《岳陽風土記》作「日」。

官、王天府學士、鎮南軍節度判內諸司馬，武穆亦自繫天策府將軍、江南諸道都統、尚書令楚王銜，後書押。蓋五代時，藩鎮行移百餘紙，如郡掾曹縣令長皆攝。至祥符已後，始書正官。有稱天策府知客、元監州發運使，序銜在知軍之下。監州恐今通判職，發運使蓋藩鎮轉輸之官耳，亦恐是監州之類。〔註30〕

洞庭山之北，宜春水出焉。韓退之詩：「朝發宜春口」，即此地也。宋范致明《岳陽風土記》。

《水經》：「湖水廣五百里，日月出沒其中。」同上。〔註31〕

五代釋義楚《六帖》卷十四。引《長阿含》云：「人有七種色：金、銀、青、黃、赤、黑、紫等。」此西人以色分人類之所本。〔註32〕

《史通·邑里篇》云：「人無定質，因地而化。故生於荊者言皆成楚，居於晉者齒便從黃。」余謂依此而言，知言語形色不足以區人類也。

隋天竺三藏闍那崛多譯《觀察諸法行經》卷二云：「何者是十六種陀羅尼？所謂阿字不生義故，波字最勝義故，遮字四實義故，那字知名色生義故，陀字調伏義故，沙字超過著義故，迦字不失業報義故，娑字諸法平等義故，伽字甚深義故，他字勢力義故，闍字起過生老死義故，車字斷煩惱無餘義故，蹉字高出義故，詫字住義故，嗏字教化邊地彌黎車義故，原注云：「梵本亦少一字。」余按：當重嗏字，俟檢。此是得十六字所出陀羅尼。」〔註33〕

又十六種字陀羅尼入門，如阿字無生義故，波字最勝義故，遮字度四流義故，那字說名色義故，陀字布施自守和合義故，沙字六通智義故，迦字不

〔註30〕按：此節見范致明《岳陽風土記》。

〔註31〕按：此下稿本有
「又，石瀨廟乃關羽廟。《湘州記》云：石子山溪西有小溪，溪水映徹。關羽南征，嘗憩此，因名羽瀨。今廟亦以此名之。隨軍土地，三軍廟，助順廟，《圖經》皆以為關羽並呂蒙行軍所置。」見刻本卷二十三。

〔註32〕按：此條前稿本題「純常子枝語第二十二」。稿本乙封題「純常子枝語　第二十二冊」。
眉批：「種族」、「身體」。
又，稿本第二十六後，又有一冊題為《純常子枝語》，不言冊數。（據稿本乙可知為第二十七冊，詳見卷二十七《明史·外國·浡泥傳》云」條腳注）眉批：「此冊完全鈔錄廿二冊各條，且不及廿二冊之詳，應抽出，但對校字句可耳。」
此條重見稿本第二十七冊，眉批：「此與廿二冊第一頁重。」

〔註33〕眉批：「語文」、「俟檢。悉曇重。」
按：此條重見稿本第二十七冊。

見業報義故，娑字諸法平等義故，伽字甚深義故，他字示現勢力義故，闍字示現生死義故，義字示現忍力義故，車字吐極惡煩惱義故，娑摩字自大證覺義故，娑他字說處非處義故，多字說盡邊義故。〔註34〕

元時加比尼《東遊紀略》云：「蒙古人頂髮兩旁全行剃落，與耶穌教之修士同，而頂正中處留髮甚長，四周餘髮分綰二辮，嗣復合辮為一，垂於腦後。」〔註35〕

言語通行於各國，必由商務之力。今英吉利國之語徧行於各邦，而前數十年則固習荷蘭語也。又前二百餘年，則固行葡萄亞、西班牙語也。然歐洲之兵學，半開於蒙古；而歐洲之商務，多沿於回人。穆罕驀德之教有商律焉，保護之，勸勉之，無不至也。稅商賈之什一，為之治道路，鑿井泉，建道標，於是沙漠始可往來，物貨始得流佈。蓋其時各國無不研習亞剌伯語者。今歐洲數目記號猶用亞剌伯字，而南洋各貨仍多用亞剌伯文者，職是故也。乃或詆蒙古為殘酷之朝，而謂回教為遏民之知識者，豈其然哉？〔註36〕

《晉書‧輿服志》云〔註37〕：「古者貴賤皆執笏，有事則搢之於腰帶。所謂搢紳之士者，搢笏而垂紳帶也。」今制不用笏，而列名仕路者仍謂之搢紳。《後漢書》：「霍諝奏記曰：『宋光，衣冠子孫。』」《文選》沈休文《奏彈王源》曰〔註38〕：「衣冠之族，日失其序。」《注》引《袁子正書》曰：「古者命士已上，皆有冠冕，故謂之冠族。」然則士庶之別，當在於此。今制有身家不清之禁，亦略存漢魏遺風。異時民習短衣，俗重平等，必有視此為迂謬者。然貴貴之理，亦因乎民心之自然，不必賤古貴今，是丹非素也。〔註39〕

《倭名類聚抄》卷六引《四聲字苑》云：「笏，手板，長一尺六寸，闊三寸，厚五分。」原注云：「唐笏品：天子玉，諸侯象，大夫魚鬚，文士竹木。」

〔註34〕眉批：「沙□□同作娑□。」
　　　　按：此條重見稿本第二十七冊，眉批：「『沙』字，各本同作『娑』。」
〔註35〕眉批：「身體」、「入辮髮條」、「不狼兒之謂也」。按：不狼兒見卷二十一「鄭所南《心史》卷下云」一條。
　　　　又，此條重見稿本第二十七冊，眉批：「不狼兒之謂也。」
〔註36〕按：此條重見稿本第二十七冊。
〔註37〕見《晉書》卷二十五。
　　　　按：此語早見《宋書》卷十八《禮志五》。
〔註38〕見《文選》卷四十。
〔註39〕眉批：「冠服」、「此引《晉書‧輿服志》，與廿八冊廿三頁同」。
　　　　按：此條重見稿本第二十七冊。

按：《玉藻》一尺當是二尺之誤。〔註40〕

《朱子語類》九十一。云：「今官員執笏，最無道理。笏者只是君前記事，恐事多須以紙黏笏上，記其頭緒；或在君前不可以手指人物，須用笏指之。此笏常插在腰間，不執在手中。」是朱子欲搢笏不欲執笏也。執笏始於後周。〔註41〕

《困學紀聞》七〔註42〕：「馬融注《論語》云：『所因，三綱五常。』見《集解》。《大學衍義》謂『三綱之說，始見於《白虎通》』。《白虎通》有《三綱六紀篇》。愚按：《谷永傳》云：『勤三綱之嚴。』《太玄〔註43〕·永》次五云：『三綱得於中極，天永厥福。』其說尚已。《禮記正義》引《禮緯含文嘉》有三綱之言，按：見《〈樂記〉正義》。然緯書亦起於西漢之末。」友人喬刑部樹柟曰：「吾言五常，不言三綱，以五常出於經而三綱出於緯也。湘人述之，說尤恣肆。張孝達尚書為作《正綱篇》。」見《勸學篇》。余謂《禮記·哀公問》，孔子對哀公：「人道政為大。夫婦別，父子親，君臣嚴。三者正，則庶物從之。」言三者不言三綱也。《虞夏書》：「五教在寬。」《今文尚書》：「敬敷五教，五教在寬」，於義為備，故從之。而谷永乃言三綱之嚴，又其繆也。〔註44〕

五代釋可洪《新集藏經音義隨函錄》卷一云：「不扒，音紫，捽也。捽手捉髮也。既有執捉，即有所取也。勘，《大品經》作『不取』，是也。江西音以執代之，非也。」按：此江西音，至今猶然。卷三十《後序》云：「或有單收一字，不顯經名，首尾交加，前後失次。」注云：「江西謙大德經音是也。」只略得傳記中阤羅是集及道地經兩帙中字勘會，頗甚訛舛，故知前後亦爾。據此，則江西音蓋即指謙大德書，惟可洪亦未見其全，輕相訾詆而已。又書中多引郭迻音，又有西川厚大師經音，惜俱不傳。《後序》又云：「謙師為浙右奇人，郭氏乃河東博士。」卷廿七悷條又引南嶽經音、峨嵋音，鉎刀條引孫愐

〔註40〕眉批：「又」、「器物」、「入笏條」。
　　　　按：此條重見稿本第二十七冊。
〔註41〕眉批：「又。」
　　　　按：此條重見稿本第二十七冊
〔註42〕見《困學紀聞》卷七《論語》。
〔註43〕「玄」，稿本作「元」。
〔註44〕眉批：「人倫」；「此條與廿五冊『昔鮑生以為』一條相出入，應參照」，見刻本卷二十六；「『友人喬刑部』以上一段，又重錄入廿八冊」。
　　　　按：此條重見稿本第二十七冊；又重見第二十八冊，無「友人喬刑部」以下文字。

及萇筠和尚韻。按：與孫愐《唐韻》並引，知當是韻部書也。卷二十五作篡條引浙西韻。〔註45〕

宋柳豫《紹興重雕大藏音序》云：「處觀討論《集韻》，洎唐、宋二韻，郭迻《眾經音》。」《義楚六帖》卷七引郭迻《經音類決序》云：「按：《說文》有一十三萬三千四百四十一字。又諸佛經其字更多。就梵音翻譯時，借聲而作也。約部類有二百五十九部。」〔註46〕

元李衎《竹譜詳錄》卷五「筵竹」：「僧神珙云：一名檀纂竹。」「笭竹」：「僧神珙云：笭，長節。」是神珙有小學書。馬氏玉函山房但輯《五音七弄反紐圖》為神珙書，實未備也。〔註47〕

唐試太常寺奉禮郎景審《一切經音義序》云〔註48〕：「古以音反，多以傍紐，而為雙聲，始自服虔，元無定旨，吳音與秦音莫辨，清韻與濁韻難明。至如武與綿為雙聲，企以智為疊韻，若斯之類，蓋所不取。」按：舊說孫叔然始為反語，此云始於服虔，是在叔然之前。古無輕脣音，則武與綿正是雙聲，非旁紐也。日本僧人唪經，至今尚有漢音、吳音之別。〔註49〕

又云：「近有元庭堅《韻英》及張戩《考聲切韻》，今之所音，取則於此。」按：元、張二書皆不傳。《倭名類聚鈔》屢引《考聲切韻》，蓋即張戩書。又云：「大略以七家字書釋誼。」注云：「七書謂《玉篇》、《說文》、《字林》、《字統》、《古今正字文字典說》、《開元文字音義》。」〔註50〕

〔註45〕眉批：「小學」、「音韻」、「卷廿七絳鉥條亦引南嶽音」、「卷廿六霶瀆條亦引萇筠韻」。
　　　　按：此條重見稿本第二十七冊，眉批：「卷廿七絳鉥條亦引南嶽音」、「卷廿六霶瀆條亦引萇筠韻」。
〔註46〕眉批：「又。」
　　　　按：此條重見稿本第二十七冊。
〔註47〕眉批：「此條可與九冊廿二頁『李衎《竹譜詳錄》』一條及廿四冊『梁齊始有四聲』一條接。」按：分見卷九、卷二十五。其中，「梁齊」，卷二十五作「齊梁」。
　　　　又，按：此條重見稿本第二十七冊。
〔註48〕見清‧陸心源《唐文拾遺》卷二十七。
〔註49〕眉批：「又。」
　　　　按：此條重見稿本第二十七冊。
〔註50〕眉批：「又」、「此等皆檢《小學考》有無著錄，並作一條補之」。
　　　　按：此條重見稿本第二十七冊，自「又云」分為兩條，眉批：「此等皆檢《小學考》有無著錄，並作一條補之」。

　　唐李洞《送三藏歸西域》詩云〔註51〕：「十萬里程多少難，沙中彈古授降龍。」知彈舌音為譯語家所重。〔註52〕

　　偽孔安國《尚書序》云：「若好古博雅君子與我同志，亦所不隱也。」《正義》曰：「《易》曰『謙謙君子。』仁者好謙，而孔君自作揄揚，云君子知己者亦意在教世，欲令人覿此言，知己傳是深遠。」據此，則沖遠於此序辭氣之間，深有疑焉。觀其斡旋之詞，可知其微旨也。其《虞書》篇題疏云〔註53〕：「鄭意師祖孔學，何意鄭注《尚書·亡逸》，並與孔異，篇數並與三家同？又劉歆、賈逵、馬融之等，並傳孔學，云十六篇逸，與安國不同。」是沖遠於偽《傳》已詳著其授受之無緒。至謂「散在民間，事雖久遠，故得猶存」者，特以臆說之，蓋奉詔作《疏》，不得不護《傳》耳。《禹貢·荊州》：「沱潛既道。」《正義》云〔註54〕：「鄭注此，既引《爾雅》，乃云『今南郡枝江縣有沱水，其尾入江耳，首不於江出也。華容有夏水，首出江，尾入沔。蓋此所謂沱也。潛則未聞』云云。然《地理志》及鄭皆以荊、梁二州各有沱潛。又郭氏所解，沱潛惟據梁州，不言荊州。而孔梁州注云『沱潛發源此州，入荊州』，以二州沱潛為一者。然彼州山水，古今不可移易。孔為武帝博士，《地理志》無容不知。蓋以水從江漢出者，皆曰沱潛，但地勢西高東下，雖於梁州合流，還從荊州分出，猶如濟水入河，還從河出。故孔舉大略，為發源荊州耳。」此條甚知荊州之沱潛非梁州之沱潛，而疑孔《傳》不合《地理志》，且身為博士，親見圖籍，何容迷誤若斯？沖遠不欲明言，略存辜較。又《呂刑》：「王享國百年。」偽孔《傳》云：「穆王即位，過四十矣。」《正義》曰〔註55〕：「穆王即位過四十者，不知出何書也。《周本紀》云穆王即位，春秋已五十矣，立五十五年崩。司馬遷若在孔後，或當別有所據。」是沖遠疑此《傳》非安國所作矣。否則，司馬遷從安國受《古文尚書》，沖遠豈不知之而云「若在孔後」乎？後世攻偽孔者，實自《正義》開之，固不僅《東塾讀書記》所摘數條也。〔註56〕

〔註51〕見宋·周弼《三體唐詩》卷一。
〔註52〕眉批：「入彈舌條」；「此與九冊四十三頁五代一條」，似指卷九「五代釋可洪《藏經音義隨函錄序》云」一條。
　　　　按：此條重見稿本第二十七冊。
〔註53〕見《尚書注疏》卷二。
〔註54〕見《尚書注疏》卷六。
〔註55〕見《尚書注疏》卷十九。
〔註56〕眉批：「經義」、「書」。
　　　　按：此條重見稿本第二十七冊。

　　《偽古文尚書‧咸有一德》：「受天明命。」《正義》曰：「緯候之書乃稱有黃龍、玄龜、白魚、赤雀負圖銜書，以授聖人正典，無其事也。漢自哀、平之間，緯候始起，假託鬼神，妄稱祥瑞。孔時未有其說，縱使時亦有之，亦非孔所信也。」此斥緯書為假妄，在歐陽永叔之先。偽孔《傳》既託之西漢初人，故於緯說不能博採。然猶時一有之，加箕星好風之類，特不顯箸耳。而宋人專闌讖緯，意適相合，故雖吳棫、朱子諸人疑之，猶得施行不廢，歷八百年，此亦其一端也。〔註57〕

　　黃楚望辨感生帝云：「姜嫄『履帝武敏歆』而生后稷，周人特為立廟而祭，謂之閟宮。君子以為聖人之生異於常人，無異義也。況生民之初、氣化之始，五天之精感而為帝王之祖，亦何疑乎？五帝感生之祀，上世流傳既久，非緯書創為之說也。且河圖、洛書、蓍策之數皆緯文也，其可廢乎？」《宋元學案》卷九十二。宋、元諸儒能尊信緯說，不詆訾如楚望者，真可謂不隨流俗也。〔註58〕

　　《公羊》莊二十四年《傳》：「夫人不僂。」《注》云：「妻事夫有四義：雞鳴縰笄而朝，君臣之禮也；三年惻隱，父子之恩也；圖安危可否，兄弟之義也；樞機之內、枕席之上，朋友之道不可純以君臣之義責之。」按：邵公之說，必本緯書，與三綱之義蓋同出一源。然婦之事夫，既不純用君臣之義，亦難盡責父子之禮。則夫為妻綱，與君為臣綱、父為子綱即已不同。故余以為三綱之說必就喪服言，以明不二斬之義，故與五帝之說固不相聯貫也。〔註59〕

　　近人孫傳鳳《洨民遺文‧六朝造像記考》云：「《周同琦氏造象碑》記姓名一百六十餘人，姓同琦者居半。琦為字書所不載。《新唐書‧張琇傳》載姓同蹄者二人，豈琦為蹄之譌歟？《聖母寺四面秀碑》記姓之異者曰南井，曰昨和，曰屈男，曰鉗耳，曰嬭祖。昨和見《通志‧氏族略》，嬭姐見《周書‧文帝紀》。」余按：《太平廣記》有《鉗耳含光》〔註60〕。又，唐永淳二年，有雍州美原縣頻陽府校尉同琦武犿造像記。是同琦氏唐尚有之，琦字亦不作蹄。〔註61〕

〔註57〕按：此條重見稿本第二十七冊。
〔註58〕眉批：「經義」、「附讖緯」。
〔註59〕眉批：「經義」、「公羊」。
　　　　按：此條重見稿本第二十七冊。
〔註60〕見《太平廣記》卷一百一十五《報應十四‧鉗耳含光》。
〔註61〕眉批：「氏族」、「入希姓條」、「鉗耳姓有考，在《太平廣記》，俟檢在第幾卷」。
　　　　按：此條重見稿本第二十七冊，無「余按」、「又唐永淳」以後文字。

《北嶽廟唐安天王銘》有宣義郎行司功參軍汝南同𤫩龁。錢王炯《字學海珠》云：「《廣韻》：羌複姓有同蹄氏。羌音無正字，故亦作𤫩。」余案：元微之《痁臥》詩〔註62〕：「同蹄墜舞釵。」自注云：「同蹄，樂人姓字。」作「蹄」，與《廣韻》合。〔註63〕

矍姓，《新唐書糾謬》云〔註64〕：「矍章傳乃瞿章。」葉廷琯《吹網錄》云〔註65〕：「今《通鑑考異》所引《新紀》單行本作『瞿章』，改正而轉失其真，非溫公引辨之意。」〔註66〕

力姓，《吹網錄》云〔註67〕：「更始二年，刁子都。《通鑑考異》單行本云：『范書作力子都。』孫愐曰：『力姓，黃帝佐力牧之後。』按：今元刻《通鑑》亦作『力』。」余按：今福建有力姓。〔註68〕

《周子通書》云：「二氣五行，化生萬物。」朱子《中庸章句》云：「天以陰陽五行化生萬物。」按：陰陽五行即日月五星之說。《尚書》「以齊七政」，察之於天也。五德各有感生之帝，感之於人也。茂叔之說，沿於漢學，而紫陽述之也。陰陽五行四字出漢郊祀歌。《春秋元命包》曰：「陰陽之性，以一起人。」又云：「五氣之精，注曰：五氣，五行之氣。交聚相加，以迎陽道，故致人和。」《御覽》三百六十。《禮運》：「故人者，天地之德，陰陽之交，鬼神之會，五行之秀氣也。」鄭《注》云：「言人兼此氣，性純也。」皆茂叔說之所本。〔註69〕

五行之說，當以《尚書大傳》之言為得之。《大傳》曰：「水火者，百姓之所飲食也。金木者，百姓之所興作也。土者，萬物之所資生也。是為人用。」余謂就人用言之，則五行之用備矣。雷電風雨，人亦資之以生，而非一手一足之所能用也。若推生人之理、物化之原，則以五行言之，未必勝於四大之說也。伏生今文家言，此為最合古誼矣。〔註70〕

〔註62〕見唐·元稹《元氏長慶集》卷十一《痁臥聞幕中諸公徵樂會飲因有戲呈三十韻》。
〔註63〕眉批：「接上前條」、「又」、「連上文同蹄條」。
〔註64〕見宋·吳縝《新唐書糾謬》卷六《六曰官爵姓名謬誤·紀云矍璋而傳乃瞿章》。
〔註65〕見清·葉廷琯《吹網錄》卷二《瞿章名考異誤改》。
〔註66〕按：此條稿本在上條之前。
〔註67〕見《吹網錄》卷二《刁子都姓異文》。
〔註68〕眉批：「『力姓』應提上，另作一條寫。」按：此條稿本與「矍姓」條合。
　　　　又，此條重見稿本第二十七冊，與上一條合，中以「○」隔開。
〔註69〕眉批：「五行。」
　　　　按：此條重見稿本第二十七冊。
〔註70〕眉批：「又。」
　　　　按：此條重見稿本第二十七冊。

《白虎通》曰：「五行謂金木水火土。言行者，欲言為天行氣之義也。」余以為言行者，乃言其可見諸行事者耳。〔註71〕

日月五星與人世相關之說，不獨緯書言之。以西書觀之，歐洲人亦當有是說。英吉利人田大里《聲學》卷七云：「兩音相和而能悅耳之理，祕達果拉司之說，謂諸音之高低，合太虛之數則相和而悅耳。其門徒深信之，更謂七音相比之數等於七行星七行星謂日月五星。距中火之路，是以七行星行動亦成相和之音。近時尚有算學士由拉之說，亦與此略同。」余謂此說雖為田大里所不信，然七色既並出於日，七音安得不生於天？祕氏、由氏之說，必能言之有故，持之成理，當求其原說譯而考之。又案：唐李淳風《乙巳占》卷一《日占篇》云：「律聲有清濁，吹之以聽其音，以知世之和不和。」西戎猶解聽律音以辨國，中國若有聖人，則東風應乎律矣。又《詩序》稱「聲成文之音。世有治亂，音有哀樂」，人君宰相須深察之。律應早晚，和與不和，乃史官之要事也，皆繫之於日行。故錄附於此，以示一隅。今史官傅仁均、薛頤等並不考用影律，尸素之流也。余案：候影候氣之法，歷史詳之。銅管依辰，而葭灰應律，有明徵矣。聲既與日相應，又何必不與七政相通乎？後世必有詳考而成定論者，猶旦暮遇之也。〔註72〕

《尚書大傳》曰：「五音，天聲也。八音，天化也。七始，天統也。」其說與祕達果拉司相近。按：祕達果拉司，韋廉臣《古教彙參》譯作巴達國拉士，周襄王時希臘人。嘗過鐵肆，聞攻鐵聲有清濁高下之殊，恍然曰：「宮商角徵羽，五聲盡於此矣。」又云：「天上行星有五，五星相去，遠近一定不易。且五星繞地而行，夜靜潛聽，而樂器之八音由此可悟。」田大里《聲學》雖譏其一人獨聽之，然如所蛤達士底之默有聲音，贊其行事，西人又以為天使矣。祕達果拉士之說，於理既合，即以其事實驗之，能得宿命通者，安知不能得天耳通乎？惜乎由拉之說，餘未得聞也。〔註73〕

地名有不可解者。如直隸省，元時謂其直隸中書省也，今特設總督管巡撫事而仍名之直隸，果何所隸乎？此與漢之司隸而魏晉以後遂為司州者，訛變正復相似。又近制有直隸廳同知、直隸廳通判。夫各府同知、通判者，乃與

〔註71〕眉批：「又。」
　　　　按：此條重見稿本第二十七冊。
〔註72〕眉批：「又。」
　　　　按：此條重見稿本第二十七冊。
〔註73〕按：此條重見稿本第二十七冊。

知府同知此府通通之義，亦為同判此府也。今直隸廳之同知、通判，乃獨知、獨判矣，何謂同乎？循名責實，當改為知廳可耳。〔註74〕

又如員外一官，顧亭林所謂斜封墨敕之朝，不可沿其遺號者也。而今則六部司員頓多額外，於是又有額外員外郎矣，豈可通乎？〔註75〕

協辦大學士者，以大學士員少，特設此官，協辦其事也。今之除此官者，多不任事，特以其名耳。如此，似不如分宰執之名，較為得之。〔註76〕

每部皆有兩尚書，而兩尚書所辦之事則不分也。左右侍郎亦各二人，而四侍郎所有事，於部者亦不異也，但以滿漢之人分之而已。於是每部堂官六人，此自古所未有也。

〔註74〕眉批：「制度。」
　　　　按：此條重見稿本第二十七冊。
〔註75〕眉批：「又。」
　　　　按：此條重見稿本第二十七冊。
〔註76〕眉批：「又。」
　　　　按：此條重見稿本第二十七冊。

卷二十三

　　《文選》阮嗣宗《詠懷詩》：「素質遊商聲。」沈約《注》曰：「致此彫素之質，由於商聲用事。『遊』字應作『由』。古人字類無定也。」〔註1〕按：此可知漢、晉人用字假借之例甚寬。今人注古書，每云字誤者，坐不知此耳。《檀弓》「季子皋」，《正義》曰：「《弟子傳》及《論語》作『子羔』，古字通用。」〔註2〕

　　《潛夫論・論榮篇》〔註3〕：「中堂生負苞。」「堂」、「唐」同音，中堂即中唐也。又《愛日篇》〔註4〕：「曠句滿祈」，亦借「祈」作「期」耳。據此，知漢時「祈」、「期」音同。「期」之作「祈」，猶「旗」之作「旂」耳。汪繼培《箋》引王紹蘭說，並疑字誤，非是。〔註5〕

　　鄭豐《荅陸士龍》詩：「誰謂河廣，增不容舟。」「增」即「曾」字。詩載《文館詞林》一百五十六。〔註6〕

　　《文選》陸士衡《擬今日良宴會》詩〔註7〕：「揚聲當及旦。」《注》引《春秋考異郵》〔註8〕曰：「『鶴知夜半，雞應旦明。』『明』與『鳴』同，古字通。」

〔註1〕見《文選》卷二十三。
〔註2〕眉批：「小學」、「訓詁」。
　　　　按：此條重見稿本第二十七冊。
〔註3〕見漢・王符《潛夫論》卷一《論榮第四》。
〔註4〕見《潛夫論》卷四《愛日第十八》。
〔註5〕眉批：「又。」
〔註6〕眉批：「又。」
　　　　按：此條重見稿本第二十七冊。
〔註7〕見《文選》卷三十。
〔註8〕「郵」，《文選》作「記」。

《古詩十九首》〔註9〕:「四五詹兔缺。」《注》:「『詹』與『占』古字通。」
〔註10〕

　　《陳書‧儒林‧王元規傳》〔註11〕:「其母欲婚土豪劉瑱,元規泣請曰:
『姻不失親,古人所重,豈得苟安異壤,輒婚非類?』」「姻不失親」,蓋《論
語》異文,而《釋文》不載。又《通典》:五十八。〔註12〕「梁大同五年,臨城
公婚,夫人於皇太子妃為姑姪,遂見之。皇太子令曰:『酒食之會,亦有因不
失親。』」繹其辭意,蓋言設此酒食,為聯姻黨,因亦當為姻也。〔註13〕

　　《公羊》昭十七年《傳》:「北辰亦為大辰。」何《注》云:「北辰,北極
天之中也。」《疏》云〔註14〕:「天中也者,以天面言之。然則極者,取居中
之義矣。而《春秋說》云『北者,高也,極者,藏也』,言太一之星高居深藏,
故名北極也。與先儒說違。其何氏兩解乎?」按:《春秋說》當是緯說。邵公
不取,固無不可,而《疏》解以為何氏兩解,所未詳也。又哀十三年,《注》:
「吳乘勝,大會中國,齊、晉前驅,魯、衛驂乘,滕、薛俠轂而趨。」《疏》
云〔註15〕:「『齊晉前驅』云云者,《春秋說》文也。天下盡會,而《春秋說》
特舉其六國。」按:何《注》用緯說者多矣,然不得謂緯說即何解也。太一高
居與春秋合,誠圖義相近。《淮南子》曰〔註16〕:「帝者法〔註17〕太一。」《論
語》〔註18〕:「為政以德,譬如北辰。」鄭康成以無為釋之,亦用《春秋說》。
〔註19〕

　　治天下之政,井田、封建而已矣。齊天下之教,君君、臣臣、父父、子
子、夫夫、婦婦而已矣。此儒家之大義,推之百世,驗之萬國而不易者也。其

〔註 9〕見《文選》卷二十九。
〔註10〕眉批:「又。」
〔註11〕見《陳書》卷三十三。
〔註12〕見《通典》卷五十八《禮十八‧嘉三‧公侯大夫士婚禮》。按:此文早見《隋
　　　　書》卷九《禮儀志四》。
〔註13〕眉批:「考證。」
　　　　按:此條重見稿本第二十七冊。
〔註14〕見《春秋公羊傳注疏》卷二十三。
〔註15〕見《春秋公羊傳注疏》卷二十八。
〔註16〕見《淮南子‧本經訓》。
〔註17〕「法」,《淮南子》作「體」。
〔註18〕見《論語‧為政第二》。
〔註19〕眉批:「經義」、「公羊」。
　　　　按:此條重見稿本第二十七冊,無「淮南子」以下文字。

有議此者，未之思也。〔註20〕

李太白《嘲魯儒》詩云〔註21〕：「魯叟談五經，白髮死章句。問以經濟策，茫如墜煙霧。」死於章句，弊尚如此，況今之死於制藝者乎！日本人譏中國中五經之毒。夫五經則安有毒，毒在科舉之學耳。科舉之學盛，則經學亦衰，況於經濟哉！故欲勵人材，必革今日之科舉，斷然無疑也。〔註22〕

日本清野勉《韓國純理批判》云：「實踐理性批判大義與儒教率性復初之說酷似。」余案：率性乃《中庸》之舊說，復初之言則唐李翱以後之儒術，非古儒術也。孟子曰：「大人者，不失其赤子之心而已。」〔註23〕

《續印度紀略》《古教彙參》卷二。云：「印度有謂世界污穢，必須跳出，方能得好。乃作一大籠，懸聖樹間，置身其中，若巢居焉，日日禱祝，刻刻持戒。又有謂人必覓一淨地，或路旁，或街內，或山頂，引領翹首，仰天看日，目不轉睛，如是數年，四肢枯槁，方為苦練。又有謂必立一高竿，將人背縛，用二鐵鉤鉤住，懸在半空，每日轉旋數次，如是數年，必待頭目暈痛，方為苦練。又印度有一大河，名安葛四，其土人名為聖水，人浸其中，祗露一項，鱷魚吞噬，亦不肯避。有父母病重，推入河中，令其體潔以昇天者，兒女亦然。又有在大路旁，以身投地，作蠖屈狀，一步一叩首者。又有用大車載泥胎若干，左右森列，旌旗飛揚，數千百人輦之，前進作歌度曲，最為熱鬧。乃或攀轅而來，投轍而死，便為苦練，可以昇天。又其地多高山峻嶺，人至絕頂，或自投而下，或人推而下，碎其皮膚，斷其筋骨，即為真心修鍊。」按：翹日投巖，鳥窠水處，屢見釋典，並示譙訶。至於因病投江，臥轍覓死，則變本加厲，有過昔時。蓋以憂患之來，茫無終始，盡此形壽，種彼樂因。費大既有前修，天報豈無實據，特報盡還墮，未斷無明，此則釋迦大聖普渡之慈心，而二千五百年來苦行一門固未嘗或止也。〔註24〕

〔註20〕眉批：「政治。」
　　　　按：此條重見稿本第二十七冊。
〔註21〕見《李太白詩集注》卷二十五。
〔註22〕眉批：「經濟二字，李、杜皆用之，當更求所始。日本人妙心經濟學為理財之學。」
　　　　按：此條重見稿本第二十七冊。
〔註23〕按：此條刻本無，據稿本補。
〔註24〕眉批：「靈異」、「入善行外道條」、「佛學」、「婆羅門外道」、「此條似可與卅冊十四頁相接，應再校檢」。
　　　　按：此條重見稿本第二十七冊。

又《彙參》記越蛤一派有能行法，將五行壓倒，使身心不動，月餘不飲不食，如龍蛇之蟄。邇聞會中有得道者，一日身死，同人殮之，棺槨停在室，待三四十日視之，居然復活。真古今之異聞也。按：印度教法奇異如此，故非身通其學者，未易非之。越蛤即嘔露迦之異譯。西人言二十世紀之學術必趨於神祕家，故近時研究婆羅門呪語及佛教呪語者頗多。然則印度之宗教，或既衰而復盛，未可知也。道家之符籙、術家之前知，皆關神祕之學，不可廢也。越蛤，或譯作月各。〔註25〕

《史通·邑里篇》自注云〔註26〕：「今西域胡人，多有姓明及卑者，如加五等爵，或稱平原公，或號東平子，為明氏出於平原，卑氏出於東平故也。」按：此則知北朝文字為虜姓敘源流者同此，假借蓋亦多矣。明氏至今尚有之，而卑氏已極罕見，又不知何時復加改易，此釐定氏族之難也。〔註27〕

印度尚有巴利亞族，為最賤種族，在四種之下，幾於不以人類云。見近人《印度論》。〔註28〕

《日知錄》卷二十三云〔註29〕：「自洪武元年，詔胡服、胡語、胡姓一切禁止。如今有呼姓本呼延，乞姓本乞伏，皆明初改，而並中國所自有之複姓皆去其一字，氏族之紊，莫甚於此。」然今日則徒單、宇文，其姓猶在。而亭林之所謂公孫改為孫者，至今雲南尚有公孫；有公孫和，武舉，任雲南提塘。司徒改為司者，今廣東尚有司徒。開平縣司徒，著姓，有官至市政使者。如此之類，亦復至夥，豈當時未奉詔改歟？抑改而旋復，莫知其時歟？《日知錄》又云〔註30〕：「洪武元年禁不得胡姓者，禁中國人之更為胡姓，原注：「元時有此俗。」非禁胡人之本姓也。三年四月詔曰：『天生斯民，族屬姓氏，各有本原。古聖王尤重之，所以別婚姻，重本始也。朕為天下主，已嘗詔告天下：蒙古諸色人等皆吾赤子，果有材能，一體擢用。比聞入仕之後，或多更姓名，朕慮歲久，其子孫相傳，昧其本原，非先王致謹氏族之道。中書省其告諭之。如已更易者，聽其改正。』」然有明一代賜蕃人以漢姓者，亭林所記之外，尚未易一二數也。非

〔註25〕按：此條重見稿本第二十七冊。
〔註26〕見《史通通釋》卷五《內篇·邑里第十九》。
〔註27〕眉批：「氏族。」
〔註28〕眉批：「種族。」
〔註29〕見《日知錄》卷二十三《二字改姓一字》。
〔註30〕見《日知錄》卷二十三《二字改姓一字》。

詳稽譜牒，孰能知其本始哉？〔註31〕

　　《後魏書·官氏志》云〔註32〕：「魏氏本居朔壤，地遠俗殊，賜姓命氏，其事不一。」然如胡周、劉陸之類，已概用華俗矣。若其連為姬姓之遺，賀蘭為李陵之裔，輾轉更變，抑又難詳者也。《通鑑釋例》云〔註33〕：「魏之群臣出代北者皆複姓。孝文遷洛，改為單姓。史患其煩，皆從後姓。」《史通·敘事篇》云〔註34〕：「亦有氏姓本複，減省從單，或去萬紐而留於，或止存狄而除厙〔註35〕。求諸自古，罕聞茲例。」柳芳《氏族論》云〔註36〕：「代北則為虜姓，元、長孫、宇文、於、陸、源、竇首之。」〔註37〕

　　《章邱志》言：洪武初，翰林編修吳沈奉旨撰《千家姓》，得姓一千九百六十八，而此邑如術、如俁，尚未之錄。《日知錄》二十三引之。〔註38〕顧亭林云〔註39〕：「今訪之，術姓有三四百丁，自云金丞相尤虎高琪之後。《金史》：術虎漢姓曰董。〔註40〕按：《輟耕錄》同〔註41〕。今則但為術姓。蓋二字改為一字者，而譔姓之時，尚未登黃冊也。以此知單姓之改，並在明初以後。而今代山東氏族，其出於金元之裔多矣。」謝肇淛《五雜組》卷十四云〔註42〕：「吳沈進《千家姓》，以朱承天運為始。其中有怪僻不經見者，而海內之人又有出《千家姓》之外者，惜當時儒臣未能廣行天下遍搜之也。」〔註43〕

〔註31〕眉批：「氏族。」
　　　　按：此條重見稿本第二十七冊。
〔註32〕見《魏書》卷一百一十三《官氏志》。
〔註33〕《資治通鑑》卷第一百一十九《宋紀一》：
　　　　是時，魏之群臣出於代北者姓多重複。及高祖遷洛，始皆改之。舊史患其煩雜難知，故皆從後姓，以就簡易，今從之。
〔註34〕見《史通通釋》卷六《內篇·敘事第二十二》。
〔註35〕「厙」，《史通》同，稿本作「厚」。
〔註36〕見《新唐書》卷一百九十九《儒學列傳中·柳沖》。
〔註37〕眉批：「又。」
　　　　按：此條重見稿本第二十七冊，無「通鑑釋例」以下文字。
〔註38〕見《日知錄》卷二十三《二字改姓一字》。
〔註39〕見《日知錄》卷二十三《二字改姓一字》。
〔註40〕《金史·金國語解·姓氏》：「術虎曰董。」
〔註41〕《南村輟耕錄》卷一《氏族·金人姓氏》：「術虎曰董。」
〔註42〕見明·謝肇淛《五雜組》卷十四《事部二》。
〔註43〕眉批：「又。」
　　　　按：此條重見稿本第二十七冊。

周春《遼金元姓譜》云：「章邱術姓自云金相尤虎高琪之後，土人呼張一反。」〔註44〕

周春《遼金元姓譜》云：「代北『於古論為劉』，金姓『烏古論為商』，音字偶同，非族類也。元劉國傑本金烏古論氏，後入中國，亦改姓為劉，是不可解。」〔註45〕

《輟耕錄》云〔註46〕：「蒲察曰李。」余按：周必大《思陵錄》：「金國弔祭使蔡克忠」，《宋史》本紀作蒲察克忠〔註47〕，是蒲察又可譯蔡，於音為近。疑當時譯姓未有定制也。〔註48〕

《廿二史劄記》云〔註49〕：「金末多賜姓。有賜本國大姓者，如東永昌賜姓溫都氏、舊作溫敦。包世顯賜姓烏庫哩氏、舊作烏古論。多隆烏賜姓哈薩剌、舊作禾速嘉。何定賜姓必喇、舊作必蘭。馬福德賜姓瓜爾嘉、舊作夾谷。楊沃衍賜姓烏凌阿、舊作烏林答。資祿賜姓女奚烈、李辛賜姓溫撒是也。其功多力大者，則竟賜以皇族之姓。如郭仲元、郭阿憐、李霆、梁佐、李咬住、國用安、張甫皆賜姓完顏氏是也。」〔註50〕

歐羅巴洲各國每以教分，如俄主之必希臘教、英主之必耶穌教是也。然以此能合其眾，亦以此不能招徠遠人。中國則尊崇儒教，而於釋、回、基督等教亦來者不拒。然二百年來，所以安集蒙古、西藏者，佛教之力也。松文清《綏服紀略圖》詩注云〔註51〕：「康熙二十七年，喀爾喀眾議就近投入俄羅斯，

〔註44〕眉批：「又。」
　　　　按：此條刻本無，據稿本補。
　　　　又按：王士禎《池北偶談》卷二十六《姓氏志》：
　　　　董復亨《章丘縣志》，蓋踵楊君謙弘治志而作，雅有體裁，末增姓氏志一卷。其所著異姓，有恩、術、〔尤虎高琪之後。〕沙、弭、芊、信、訾、鬲、法、襲、隆、鑒、柬、類、部、德、繩、邰、勺、絜、楮、善、能、盈、匡、付、典、太、俎、杲、西、禤、書。《新城舊事》云：「邑有仉姓、俳姓、其姓、見姓。」
　　　　王士禎《香祖筆記》卷三：「吾鄉章丘縣有術氏，乃金南渡奸相尤虎高琪之後。」
〔註45〕眉批：「又」、「此條與十冊廿七頁同，而不及十冊所論之詳□」。見刻本卷十。
〔註46〕見《南村輟耕錄》卷一《氏族·金人姓氏》。
〔註47〕錢大昕《廿二史考異》宋史卷一《孝宗紀》：「十五年二月，金遣使蔡克忠等來弔祭。《金史·交聘表》作蒲察克思。蒲察，女直氏也，當從《表》。」
〔註48〕眉批：「又。」
〔註49〕見《廿二史劄記》卷二十八《金末賜姓之例》。
〔註50〕眉批：「又。」
〔註51〕見清·何秋濤《朔方備乘》卷四十六《考訂諸書六·考訂〈綏服紀略〉》。

請決於哲布尊丹巴呼圖克圖。呼圖克圖曰：『俄羅斯素不奉佛，俗尚不同，我輩異言異服，殊非久安之計，莫若全部內徙，投誠大皇帝，可邀萬年之福。』眾欣然羅拜，議遂決。」及呼圖克圖之死，世宗親臨供茶。乾隆間，蒙古各部將叛，又以章嘉國師手書而止。此皆前事之可徵者也。〔註52〕

又按：滿洲國俗所奉者，薩滿教也。而班第大喇嘛於西曆一千八百二三十年間，增設寺院，增加喇嘛，冀擴張喇嘛教，撲滅薩滿教。見《西伯利地志》。是喇嘛與薩滿兩教固大不合。而本朝兼崇之者，則以喇嘛為蒙古國教。滿洲、蒙古世為婚姻，故宗教亦因之而並重也。喇嘛，西藏語，無上之義，而佛教所謂無上師。蒙古稱僧為喇嘛者，崇尚之也。《明史》「喇嘛」字作「剌麻」。〔註53〕

方觀承《松漠草》詩注云〔註54〕：「畢赤克圖，有字之謂也。山在�霤之南，石壁如削，鑴《度人經》，用古梵書，填以黃金。旁有畢赤圖壩四楷字，遒整徑尺。蓋元時遺跡也。」按：畢赤即筆忒黑之異譯，《至元譯語》文書曰必赤。《度人經》乃道家經典，何故鑴以梵書，尤不可解。○〔註55〕《朱子語類》百二十六〔註56〕云：「《度人經》、《生神章》，皆杜光庭撰。」〔註57〕

《輟耕錄》至正氏族，漢人八種：有女直，有竹因歹，又有竹亦歹。〔註58〕《至元譯語》：女直曰主十疑一字之誤。歹。疑竹因歹、竹亦歹皆女直之別種耳。竹因、竹亦主一，皆女直之轉音。《元祕史》作主因。《譯語》又云：「漢兒曰託忽歹，蠻子曰囊家歹，回回曰撒里荅歹。」《輟耕錄・色目三十一種》有回回，又有撒里哥〔註59〕，未知即一種中略有分別否。又兩火里剌，則不可解。《西伯利地志》三百十五頁。云：「蠻子人，支那之移住民蠻子者。自由民之義，或脫籍人之義。」陶氏所記蠻子，疑亦此類。託忽歹，疑即桃花石。託忽與桃花音近。〔註60〕

〔註52〕眉批：「宗教」、「檢《東華續錄》」。
　　　　按：此條重見稿本第二十七冊。
〔註53〕按：此條重見稿本第二十七冊，無「明史」以下文字。
〔註54〕見清・張穆《蒙古游牧記》卷七《外蒙古喀爾喀汗阿林盟游牧所在土謝圖汗部・喀爾喀後路土謝圖汗部》。
〔註55〕「○」據稿本外。底本作空格。
〔註56〕「百二十六」，稿本為小字注文。
〔註57〕眉批：「語文」、「入廿四卷」、「《度人經》乃道家經典，俟考」。
　　　　按：此條重見稿本第二十七冊，眉批：「《度人經》乃道家經典，俟考」。
〔註58〕見《南村輟耕錄》卷一《氏族・漢人八種》。
〔註59〕見《南村輟耕錄》卷一《氏族・色目三十一種》。
〔註60〕按：此條重見稿本第二十七冊，至「疑亦此類」。

《後漢書‧臧洪傳》〔註61〕，《注》引謝承書：「洪父旻遷匈奴中郎將，還京師。太尉袁逢問西域諸國土地、風俗、人物、種類，旻具答，言西域本三十六國，後分為五十五，稍散至百餘國。其不與中國同者，悉陳其狀。」按：此可知漢時頗重人種之學。惜百餘國名，後世不甚可考矣。〔註62〕

洪鈞《元史各教名考》云：「木速蠻，即天方教，聞諸波斯使臣。木速兒，義為正教。蠻謂人類，阿剌比語也。按：英語亦稱人曰蠻，或沿用阿剌伯語耶？答失蠻，亦木速兒，蠻教中別派。昔有教士伯克答失創行是教，遂以人名名之，今土耳其國內尚有此種教人。」按：《至元辨偽錄》云：「達失蠻叫空，謝天賜與。」顧亭林《山東考古錄》又作達識蠻。〔註63〕

《至元辨偽錄》之迭屑，或即以為聶斯託爾教之轉音。然則聶斯託爾派亦奉彌失訶，即摩西。而不專奉耶蘇者也。西書言元憲宗時，教王使人路卜洛克至和林，則已有聶斯託爾教人為之譯語。邱長春《西遊記》云：「九月四日，宿輪臺之東，迭屑頭目來迎」，豈即是歟？洪鈞自注，言有《西遊記注》，今未見其書。聶斯託爾既創議，言耶蘇為立教之聖人，非即上天之子，則必遠循列祖，兼述摩西，是可謂猶太之分支，而不可為耶蘇之嫡派也。惜不得其所著書細考之耳。西人教會書尚有言波斯聶派事者，當譯而考之。〔註64〕

《元史譯文證補》卷二十六〔註65〕：波斯以箭頭字鐫石，字形多作箭頭。作今字形，西人名為箭頭字。按：箭頭字即巴比倫之尖桴文。《古教彙參》言挪亞出方舟後，住亞細亞洲中間。其三子閃含雅弗守業不遷，始造文字曰尖桴。其文無字母，亦無個數，葉韻諧聲，運用最為靈便。日本人又譯作楔形字。西人有亞里西亞、腓尼西亞、埃及、希臘諸邦文字對照表，言其本源皆同一象形。今日西人文字多由亞里西亞改變。亞里西亞字與梵文亦同出一源。〔註66〕

〔註61〕見《後漢書》卷五十八。

〔註62〕眉批：「種族。」
　　　按：此條重見稿本第二十七冊。

〔註63〕眉批：「宗教」、「入四教條」。
　　　按：此條重見稿本第二十七冊。

〔註64〕按：此條重見稿本第二十七冊。

〔註65〕「卷二十六」，稿本為小字注文。

〔註66〕眉批：「□文」（漫漶，疑為「語」字）；又一條眉批漫漶；「此條可入廿四冊五十三頁『傅蘭雅《記古石》』一條後」，見刻本卷二十五。
　　　按：此條重見稿本第二十七冊。

西人以《爾雅》歲名與猶太同，雖未詳其說，然《爾雅》實有印度語，今姑舉一說證之。《爾雅》云：「狻麑如虦貓，食虎豹。」狻猊即師子，非中國獸也。三代之前，若果有之，則詩書紀載必不稱犀象而轉遺師子。《文選·西京賦》，薛綜注云〔註67〕：「狻猊，一曰師子。」源順日本人，當中國五代時。《倭名類聚鈔》引唐釋遠年《兼明菀》云：「師子，一名狻猊。」狩谷望之注云：「《說文》無獅字。」「虥」字注：「虎鳴也。一曰師子。」釋潮音曰：「師子，梵言枲伽，見《梵語雜名》。狻麑即枲伽之一轉，師亦枲伽之下略。」然則狻猊也、師也，皆梵語之譌略，非漢名。其謂之師子者，漢人所加呼，蓋穆滿西征之時，已採用中天名物矣。《穆天子傳》：「乃膜拜而受」，注云：「今之胡禮拜，舉手加頭，稱南膜拜者即此，音摸。」周時已譯用印度語，此亦一證。〔註68〕

唐人自稱涼武昭王之後，而唐之宗室有李暠，或不得其解。按：《檀弓》：「捨舊而諱新。」鄭《注》曰：「易說帝乙曰：《易》之帝乙為成湯，《書》之帝乙六世王。」孔《疏》曰：「祖乙是湯六世孫，與湯同名。」是六世得同名。李暠去涼武昭王世數遠矣，故同名而唐制不禁。今之欲改己名者，輒託於與遠祖同名，隨宜更改，既無定名，又誣其祖，尤非禮之所許也。姜西溟《湛園札記》卷一〔註69〕云：「王儉孫承，字安期，與晉王湛子名氏悉同，以湛是太原派故爾。若王筠子名祥，則不可。筠亦覽後也。」此未諳古人不諱遠祖之義。《三國志·張昭傳》〔註70〕，《注》引張昭論應劭宜為舊君諱，議云：「《曲禮》有不逮事之義則不諱。不諱者，蓋名之謂。」又云：「周穆王諱滿，至定王時有王孫滿為大夫，是臣協君也。又厲王諱胡，及莊王之子名胡，其比眾多。」〔註71〕

《露國事情》五百三十六頁。云：「馬哈默德教徒有教會於倭哈，每三年選二人或三人主宰教會會議。又有一人為馬士跌，六人為卡列士，成立叨利克

〔註67〕見《文選》卷二。
〔註68〕眉批：「獅子一名僧伽，見《山谷詩注》。僧伽亦枲伽之轉音」；「此據《海錄碎事》道釋部所引，當在檢今本」，指《穆天子傳》郭注，見《海錄碎事》卷十三上《鬼神道釋部·僧門》。
　　　按：此條重見稿本第二十七冊，眉批：「獅子一名僧伽，見《山谷詩注》。僧伽亦枲伽之轉音」；「此據《海錄碎事》道釋部所引，當再檢今本」。
〔註69〕「卷一」，稿本為小字注文。
〔註70〕見《三國志》卷五十二《吳書七》。
〔註71〕眉批：「氏族」、「附名諱」。
　　　按：此條重見稿本第二十七冊，無「三國志」以下文字。

教會，設於希麥海兒波兒。是等之會，皆由宗教家以候補者試驗得之。」又云：「拖蘭士、加士比安、馬哈默德教徒分二宗其一稱太陽宗者，麥甫點一人為其教主；其一稱希阿伊多宗派，唯色苦兒教徒承認之。」〔註72〕

天方教禁酒，而伊思瑪哀耳之派不禁酒。見洪鈞《木剌夷補傳》。釋教禁色，而日本真宗今東西本願寺皆此派。之派不禁色。《記》曰〔註73〕：「飲食男女，人之大欲存焉。」天主教士不要妻，而耶蘇教士娶妻，亦以為便也。天方教禁酒、禁博弈，見《可蘭經》卷〔註74〕五篇。〔註75〕

釋教以釋迦為世尊，而婦女之皈依者，則有觀世音。按：婦女宜皈依大愛道。所以不然者，大愛道乃比邱尼，非優婆夷。道教以伯陽為太上，而婦女之學仙者，則奉西王母。此增所本無，為行教地也。耶蘇自稱天主，而婦女則多祀其母瑪里亞。穆罕驀德自稱天使，而婦女則特奉其女法圖昧。洪文卿《譯補元史》作「法梯昧」，與中國回教所稱之音不合。教中人稱之曰法圖昧奶奶，每年有大祭，誦大經，儀典甚盛。則飾所本有，亦為行教地也。蓋各教崇奉之眾，必由於女子。耶蘇之教，兼治婚姻，宜其統治之人數多於各教矣。《國家學》卷二曰：「果予議權於婦女，則宗教必逞其勢，至於政教混一，國家不復振。」其說可與余言互證。〔註76〕

陸象山《語錄》曰〔註77〕：「臨安四聖觀，六月間，傾城士女，咸出禱祠。或問何以致人歸向如此，答曰：只是賞罰不明。」余嘗謂政治家當言賞罰，宗教家則言吉凶。賞罰明，則行善者吉，作惡者凶，天下曉然祈禳之事自息矣。以六經言之，《春秋》賞善罰惡，政治之書也；《周易》但言吉凶悔吝而無有達占，宗教之書也。孔子作《春秋》，云：「欲託之空言，不如見之行事之深切著明」，蓋不欲徒以吉凶之說聳動後世也。孔子為政治家垂不易之法，故周、漢之間，以素王稱孔子，而不以教主推孔子者，於《春秋》一經見之也。〔註78〕

〔註72〕眉批：「宗教。」
　　　　按：此條重見稿本第二十七冊。
〔註73〕見《禮記・禮運第九》。
〔註74〕「卷」，稿本作「第」。
〔註75〕眉批：「宗教。」
　　　　按：此條重見稿本第二十七冊。
〔註76〕眉批：「又。」
　　　　按：此條重見稿本第二十七冊。
〔註77〕見宋・陸九淵《象山先生全集》卷三十四《語錄上》。
〔註78〕按：此條重見稿本第二十七冊。

宋范致明《岳陽風土記》云〔註79〕:「石瀨廟乃關羽廟。《湘州記》云:石子山溪西有小溪,溪水映徹。關羽南征,嘗憩此,因名羽瀨。今廟亦以此名之。隨軍土地,三軍廟、助順廟,《圖經》皆以為關羽並呂蒙行軍所置。」「並」字或疑有誤。按:自元以後,關前將軍廟稱王稱帝,而石瀨廟之名殆於湮沒矣。《岳陽風土記》有洞庭真君廟,有柳毅井,而引《靈姻記》以為附會,今則洞庭君即祀柳毅,大約其誤當在宋後矣。〔註80〕

趙彥衛《雲麓漫鈔》卷五:「《荊門軍圖經》:關將軍廟在當陽縣玉泉山。」姜宸英《湛園札記》卷三云:「虞集《廣濟禪師塔銘》〔註81〕:『當陽玉泉景德禪寺者,智者大師道場也。相傳有神,自稱漢前將軍關侯,沒而藏神於此,願佐師,遂建道場焉。自隋歷唐至宋,主之者皆名世之士。』觀此,則侯之護持佛法,自梁時已然矣。此時即建關將軍廟於寺側。《元史·祭祀志》:『至元七年起,每歲二月十五日,於大殿啟建白傘蓋佛事,移文樞密院,八衛撥擡舁監壇漢關將軍神轎軍及雜用五百人。』」明謝肇淛《五雜組》卷十五。云〔註82〕:「今天下神祠,香火之盛,莫過於關壯繆。然王自唐以前,未之有聞。迨宋以鹽池一事,遂著靈異。王以破黃巾起家,冥冥之中,又受天師號令,不可解也。」《太平廣記》:卷三百三十六。「會昌元年,戎州水漲,浮木塞江。刺史趙士宗召水軍接木,修開元寺。後月餘,有夷人逢一人,如猴,著故青衣,云關將軍遣來採木,被此州接去」〔註83〕云云。按:此即近時所謂龍木也。戎州,今敘州地,疑是時已有關將軍廟矣。〔註84〕

懺悔之法,釋教、天主教皆有之。天主教行之,名弊而修教出焉。回教之悔罪,則名曰淘拜,但譯其音,非取此義也。舊典亦不過誦經祈禱而已。數十年來,有新回教,其誦經則搖動其身體,吟哦其字句。其悔罪之禮,男子尚無大異,婦人悔罪,則有所謂摩淘拜者。誦經之頃,使其阿渾讀如洪。徧體摩抑,

---

〔註79〕見宋·范致明《岳陽風土記》。
〔註80〕眉批:「祠祭。」
　　　　按:此條重見稿本第二十七冊。
〔註81〕見元·虞集《道園學古錄》卷四十九《廣鑄禪師塔銘》。文氏作「廣濟」,《湛園札記》作「廣智」,均與虞集原題不同。
〔註82〕見《五雜組》卷十五《事部三》。
〔註83〕亦見姜宸英《湛園札記》卷三。按:《湛園札記》所錄文字順序與文氏所引不同,依次為「《元史·祭祀志》」、「《太平廣記》」、「虞集《廣智禪師塔銘》」。
〔註84〕眉批:「又。」
　　　　按:此條重見稿本第二十七冊。

以為可以消辜，由是風氣大壞。其餘規誡亦多。更革舊教，惡之起而相仇。乙未涼州之變，亦由此也。近二十年，新教且延及山東、江南，而回教之疆界，亦頗非前日之固矣。〔註85〕

山東鄒縣有拔貢唐傳猷，年七十餘，以光緒己亥卒，回教人也。曾以華文徧譯回經，藏於家。〔註86〕

《輟耕錄》嘲回回云阿剌。郎葛反。一聲絕無聞阿剌，回語也。卷二十八〔註87〕。是回文與阿剌伯同，元人固則之。《會典》卷八十曰：「普見按：他書或作普爾。以紅銅為之，其輪廓孔方之法，一如內地，面用乾隆通寶漢字，以葉爾羌、阿克蘇諸地名回字附於背。」按：此不用清文而用回字者，取其便於行用也。《西洋朝貢典錄》卷下云：「天方國修回回教，其語用阿剌畢國。禮拜之寺曰天堂，堂四方而高廣，謂之愷阿白。以黃金為佛像，以玉為座。」按：回教無像設，而此云以黃金為佛像，深可疑焉。《典錄》言其交易以金錢，名曰倘伽。〔註88〕

日本倣效西法，然至今三十餘年，而民主之說不甚熾者，一則其國一姓相傳，二千餘年，木深則難拔；一則變法之初，已慮及此，故能防之於早也。楠木後覺者，學朱子之學者也。其明治七年有上華頂親王書，云：「臣側聞廟堂之上，凡百臣僚，主張西洋之學，發一制，出一令，事事模西，件件倣洋。彼西法非無可取者，然兼本末而取之，則不得不變我皇極。苟變我皇極，則不得不動我皇基。苟動我皇基，則必一變而為共和政治，而其所馴致奴於彼、隸於彼，亦必所甘焉，甚可寒心。臣僚用心如此之謂何？臣恐此或似列聖之逆臣而賣國者。臣而賣國，罪不容誅矣。」楠木此書，可謂有識。楠木所著，有《匭躬膽議》，中載此書。然一二世後，或君失德，變故棘，則其國論猶未可知也。井上毅《主權論序》云：「距今百有餘年，佛國有蘆鎖氏者，憤世矯俗，放言自快，所著之書，巧刺沖心神，使人去恭敬馴服之志，有激昂不羈之意，聞者攘臂而起，萬日響應。要其所說，謂主權在民不在君。民意所同，可以做

〔註85〕眉批：「宗教。」
　　　　按：此條重見稿本第二十七冊。
〔註86〕眉批：「又。」
　　　　按：此條重見稿本第二十七冊。
〔註87〕「二十八」，稿本作「廿八」。
〔註88〕眉批：「又。」
　　　　按：此條重見稿本第二十七冊。

法，亦可以敗法；可以奉君，亦可以廢君。顛覆為天權，違眾為悖逆。蓋古今立言之流，未有如盧鎖氏強悍而痛快者也。世運浸變，人心思亂。民主之說，入人之易，如湯沃雪。及其漸風靡一世，有急欲試之事實者，有乘機煽亂藉為口實者。」佛國千七百九十一年，憲法曰主權之大本，確存國民。何人非出於國民，不得行政權。白耳義立王之國也，其憲法乃〔註89〕曰諸般政權出於國民，是即盧鎖之說。其施於事實者如此也。變古為今者，盧銷氏之力蓋居第一焉。而其毒之慘，亦未有如盧鎖氏之甚者也。〔註90〕

　　國朝滿洲人生子，每以祖父母現存之年歲名之。余所見甚多。七十一著《西域聞見錄》，題椿園氏著。而七十一實其名也，洪文卿《元史譯補》乃以為椿園自記其年，誤矣。國初董含《三岡識略》卷七〔註91〕云：「近閱邸報，見有均房總兵四十六者，不解其義。及覽元明諸紀載，有元將軍五十八、六十八，監察御史九十九，參政七十，尚舍卿七十六，與此正同。」今滿洲以數命名者極多，此足證洪說之誤。董閏石不解其義者，由不知滿洲、蒙古風俗也。《五代史記·唐明宗紀》有「吐渾使念九來」〔註92〕，「念九」蓋即廿九字。〔註93〕

　　元黎崱《安南志略》卷十二《李氏世家》云：「孝宗隆興二年秋八月，交趾入貢，賜安南國名，原注云：「自此始。」加封南平王。三年，天祚薨，龍翰立。原注：翰音札。淳熙六年冬十月，封安南國王。」據此，則安南國名出於特賜，與周益公所記異。翰字，今各書多誤作「翰」。乾隆、嘉慶間，安南曾請改名南越。紀文達時為禮部尚書，奏駁之。見李宗昉《聞妙香室文集》。〔註94〕

　　《志略》卷十四言安南章服：「黼黻大粉〔註95〕，華蟲組綬，垂佩方心，曲領冕旒，稍類中州。」又云：「其裝飾，王侯及庶民常著圓領玄裳、白羅紈綺，鞋尚革。」吳光奉使安南，國初人事，見《三岡識略》。〔註96〕歸，云：「安南

〔註89〕「乃」，稿本作「仍」。
〔註90〕眉批：「政治。」
　　　　按：此條重見稿本第二十七冊。
〔註91〕「卷七」，稿本為小字注文。
〔註92〕見《五代史記注》卷六中《唐本紀》。又見《新五代史》卷六《唐本紀》。
〔註93〕眉批：「氏族」、「附名諱」。
　　　　按：此條重見稿本第二十七冊，無「五代史記」以下文字。
〔註94〕眉批：「夷情」、「入周必大《玉堂嘉話》後」。
　　　　按：此條重見稿本第二十七冊。
〔註95〕「大粉」，《安南志略》作「粉米」。
〔註96〕《三岡識略》卷六《鬼門關》：
　　　　天下山水之奇，莫過於粵西，然地極險僻，兼多瘴厲，故宦遊者往往不能窮

冠服頗類中華，束帶垂紳，絳袍烏帽，與明無異。但其君臣兩足俱赤，殊不
雅觀。」按：黎氏不記履制，則吳太史之言當不誤耳。〔註97〕

本朝避諱之法，自世宗不頒諱後，歷世崇寬。光緒初年，奉天府丞王家
璧奏，後偏旁一概不諱。今俗間猶有諱寧、韋、恬等字者，不知國家制度者
也。惟列朝宗室近支王公與御名上一字同者，或御名既改則不復避，如「永」
字、「緜」字之類。或雖同而異其點畫。如「弘」字去一點之類。按：此條見《大清會典》
卷一。今則「奕」字、「載」字均免迴避，且毋庸缺筆。則文宗以來之曠典也。
然開板者多不諳故事，或應避而不避，或不應避而妄改，蓋不可究詰，而有
司亦無有以諱字責坊市者。惟士子應試，略存榘則耳。醇賢親王薨時，禮部
議奏請頒諱，後不果行。〔註98〕

道光七年，重刊《康熙字典》，諸臣奏云：「『真』、『慎』等字，科場條例
並未言應缺筆。查乾隆年間所刻《御纂春秋直解》，於『慎』字、『真』字，未
經缺點。擬遵照，無庸缺筆。」按：此偏旁不諱之始。

元盧疎齋集已佚，然《永樂大典》載之極黟。余嘗集而錄之，詩文各數
十篇，尚可得二三卷。《輟耕錄》卷五云：「翰林學士盧疎齋先生摯，字處道，
涿郡人。坐右銘大書一天字，其下細注六字，云：有記性，不急性。可謂知畏
天者矣。」張雨《句曲外史集》卷中：「盧疎齋集，宣城校官本，讀之一過，
生氣懍然。有懷哲人，援筆而賦。」詩云：「人物西清第一流，曾看繡斧下瀛
洲。難求冀北千金骨，空載江南數斛愁。小謝夢無青草句，大蘇詩有景疏樓。
敬亭依舊峨嵋月，付與騎鯨一作盧遨。汗漫遊。」盛名若此，而四庫館臣編元
人集，乃獨遺之，亦可異也。〔註99〕

德國伯侖知《理國家學》卷四云：「加路王上尊號曰皇帝，教王恭捧寶冠，
如奉神命狀。王使羅馬人誓，忠貞勤王，自是主權始判為二。王賴教王之援

其勝概。菰城吳太守光奉使安南，隨地有紀。其過鬼門關，題壁曰：「路入鬼
門隘，崎嶇擁漢旌。翠山蠻霧合，白屋野煙平。樹蝀陰天見，林鼯白晝行。
詞人遷謫地，萬古一含情。」太史語予云：「安南冠服頗類中華，束帶垂紳，
絳袍烏帽，與明無異，但其君臣兩足俱赤，則殊不雅觀耳。」
按：《清代詩文集彙編》第127冊收錄吳光《使交集》一卷，民國十年（1921）
吳興劉氏嘉業堂刻吳興叢書本。
〔註97〕按：此條重見稿本第二十七冊，文首有「安南」二字。
〔註98〕眉批：「掌故」、「制度」。
　　　　按：此條重見稿本第二十七冊。
〔註99〕眉批：「文學」、「詩」、「著述」。

助與媒介，得羅馬皇帝之尊號，不得不酬其德，故待教王甚厚。後世羅馬人引當時之例為口實，盛倡皇帝從教王受政權之說，可謂狡獪。加路王之時，教王新立，見皇帝之使節，誓忠貞不敢負，以為恒例。不如是，則不得為教王。又當時，羅馬貨幣一面印皇帝之名，一面印聖彼得並教王之名。此二事足以知羅馬人之妄。」按：此知誓不負國，實羅馬古教之成規。至其狡獪得施，則由於各國史學不講，而書籍多出於教徒。其誣元定宗及本朝仁皇帝為習其教者，亦欲用此狡獪也。又卷五云：「俄國至彼得大帝，更以教正及亞路喜曼德留天僧侶一種。等僧侶組織一個團體，名曰神聖宗教議會，舉教會統治上事務委於其議員，議凡十二名，皆獻忠實奉公之誓詞於帝，決要得帝之允准，故俄帝實兼大師之職。」《俄國新志》云：「俄國教派以皇帝為首，所以大小各職必由國皇派定。教主雖可保舉他人，然用人之權仍歸國皇。」《露國事情》第八編云：「彼得大帝定宗教條例，當時入脩道院者，多逃兵役，故定嚴酷法律以待之。法律成，入脩道院者其數遂減。」丁韙良譯《公法會通》第一百一章一百二章。云：「昔俄、布、奧等國會盟，謂之聖盟。蓋欲憑耶蘇之道，以斷公法之案。實屬乖繆，緣公法不以教為本故也。教與法判然為二，不可混淆。」余謂宗教世界易為法律世界，此近時各國之大進步也。〔註100〕

唐來鵠《儒義說》曰：「《儒行》篇非聖人之言，《程氏遺書》卷十七〔註101〕：『伊川曰：《儒行》之篇，全無義理，如後世游說之士所為誇大之說。觀孔子平日語言，有如是者否？』余謂孔子之教，不名為儒。自墨家有非儒之說，以儒目孔門，而孔門亦從而仞之，遂以當時仲弓、子游、子夏諸賢門人之所行，編為《儒行》，而託之於孔子，猶阿難、迦葉延結集之經，概加以佛說也。孔仲達《正義》曰：『案下文云儒有過失，可微辨而不可面數，搏猛引重，不程勇力，此皆剛猛得為儒者』云云。」余按：此當是漆雕氏之儒，見《韓非·顯學篇》。兼有俠行者。蓬戶甕牖，不詘仕上，則原憲之流也。此篇正當出於戰國諸儒，深可見孔教之多術耳。〔註102〕

宋人每以《儒行》十五儒皆過乎中庸，謂非夫子語。〔註103〕孔舁軒駁之，

〔註100〕眉批：「□□」、「入卷三十八教□□條。卅冊廿六頁天主教一條亦應與此條接」。
〔註101〕「卷十七」，稿本為小字注文。
〔註102〕眉批：「儒術」、「論學」。
〔註103〕宋立林、孫寶華《讀〈儒行〉劄記》(《管子學刊》2010年第3期)：
比如宋代大儒程頤以為：「《儒行》之篇，此書全無義理，如後世游說之士所

曰〔註104〕：「儒行云者，固言儒者之行，未嘗目為時中之至行也。」李中孚《二曲集》特表章《儒行》一篇。〔註105〕陳東塾師云：「《儒行》中『博學以知服』一言，足以為學者法。」

近人某《印度紀行》云：「莫羅多，英之重鎮也。咸豐八年兵變，即肇釁於此。初時，英制來復鎗須以脂塗彈，方可入孔。印度教與回教皆忌豬肉，英人以新鎗發土兵試用，土兵不從，遂殺英弁而叛。」余案：猶太教、回教忌豕肉，遠見紀載。婆羅門教則牛戒、狗戒為重。而此乃以豕戒生釁，或漸染回風歟？《西洋朝貢典錄》云：「南昆柯枝國、古里國，其人五種：一曰南昆。是為王族；二曰回回，是為仕族；三曰哲地，是為富族；四曰革令，專為庸保；五曰木瓜，為賤類。不食牛，回回不食豕，互以為禁。」是明時猶截然不同。近世蒲刺那教見英吉利人所撰《印度教》。雖與婆羅門教異，而固不禁豕也。澀江保《印度蠶食戰史》云：「丁巳按：丁巳為咸豐七年。一月，孟加拉政廳交付兵新銃，應用牛脂塗銃包。印度宗教以牛脂為無上污穢物，回教徒以豚脂為無上污穢物，故英人常注意。今當局者偶不注意，遂致兵禍。」其敘述較翔實矣。〔註106〕

蒲刺那教所祀諸神甚多，而以衛世努、西窪二神及其妻為尤夥。方今盛行扒希納八士者，祀衛世努之派也；沙依拔士者，祀西窪之派也。二派教義所載之書，名《蒲刺那》。英人謂其成書在耶穌紀元後八百年，頃則當中國晚唐之世矣。書中所載各派宗意及其禮拜儀式，種類甚多。婆羅門中稍有學識者，往往非之。然其教實由婆羅門教脫化而出，所記世界創造及其他諸說，

為誇大之說。觀孔子平日語言，有如是者否？」言下之意，此篇所謂「子曰」者乃後世偽託。而此說為後來多數學者所承襲。如宋儒呂大臨曰：「此篇之說，有誇大勝人之氣，少雍容深厚之風，竊意末世儒者將以自尊其教，謂『孔子言之』，殊可疑。」

另，《二程集》卷19《河南程氏遺書·伊川先生語五》載：「《禮記·儒行》、《經解》全不是。因舉呂與叔解亦云：『《儒行》誇大之語，非孔子之言，然亦不害義理。』先生曰：煞害義理。恰限《易》，便只潔靜精微了卻；《詩》，便只溫柔敦厚了卻。皆不是也。」

〔註104〕見清·孔廣森《禮學卮言》卷五《小戴禮記雜義》。
〔註105〕清·李顒《二曲集》卷十三《關中書院會約·儒行》：
士人儒服儒言，咸名曰儒。抑知儒之所以為儒，原自有在也夫？儒服儒言，未必真儒。行儒之行，始為真儒，則《儒行》篇不可以不之監也。是篇雜在《禮記》，茲謹表出，以式同志懿德之好。人有同然，誠因觀生感，因感生奮，躬體力踐，有儒之實，斯儒服儒言無媿儒之名矣。
〔註106〕眉批：「宗教。」

悉出古教經典，特強加衍釋，以立新教而已。〔註107〕

　　日本服天遊，儒士也。其所箸《赤倮倮中論》、《佛法源流》，亦具有本末。今詳錄之。《論》云：「竺土之俗，尚治心學。所謂外道者，先於佛數百年，其學在修禪定，乃住心一境，使人不散其功之成，託言之生天，就其成果之勝劣而層層設諸天，所謂色、無色、四禪、四空處也。釋迦之興，初亦從外道遊，後別出機軸，立一家言，以生天為未解脫，以出三界為究竟，演四諦以示觀境，列四果以明階差，所謂聲聞乘也。一代教法，止於小乘。佛入滅後，弟子結集三藏。其迦葉等大阿羅漢，於七葉巖內，號上座部，是佛門正統也。數萬凡聖於巖外，號之大眾部，則旁流也。二部蔑有諍競。及佛後百年，大眾部有一師名曰大天，始別立新義，唱生死涅槃，皆是假名之旨。蓋後世大乘之說，胚胎於此云。大眾部信而用之。上座部惡其違舊義，大起乖諍，互相謗毀。後第二百年至四百年，二部漸分，破為二十部。余按：其詳見陳真諦、唐玄奘所譯論。逮五百年後，馬鳴、龍樹、無著、天親諸師後先挺出，見諸部紛紜，欲唱方廣深義以破之，乃擬造大乘修多羅，以彈斥小乘三藏教。其徒又撰述諸論以羽翼之，摩訶衍法於是盛興。按：印度多以小乘為真，大乘為偽。此蓋用其說。後南天又出二匠，達摩創教外直指，龍智傳祕密真言。竺土佛法源流大略如此。自漢明夢金人，騰蘭踰蔥嶺，出世之教，乃始東漸。最初譯出經四十二章而已，其經旨多依小乘，而要歸在大乘，觀無念無住、無修無證之說而可見爾。按：此義已見明人《四十二章經注》。自後吳晉所譯大小經論，無慮數百部，然時尚草昧，教未大張。渡江之後，有釋道安天資聰敏，潛思梵語，獨得之見，不藉師承。乃盡取諸經，為加隴括。蓋永平已後，諸經皆四十二章之比，摘錄要義，各章別說，余按：此釋家用《道德經》、《論語》之體也。文義不屬，蔑有次序。及至道安，新立體統，序正流通，三分始判，大科細段，綱舉目張。東流經體，於是一變。安又聞西域有鳩摩羅什，欲以新義質之。安卒二十餘歲，什至長安，所譯一遵安規則，且定為恒式。自是之後，歷世翻經，不敢違安、什約束云。什所譯大小經論數十部，其所主張特在般若空宗耳。梁天監中，曇摩按：即達摩。泛海至金陵，教外之宗，於是始傳。獨怪西來已後，不聞竺土有復傳燈者。何也？豈入梁見義學紛紛，乃應變所創邪？然亦唯曰直指人心，見性成佛而已。若夫行棒下喝，舉揚無謂之

〔註107〕眉批：「又。」

談，則實起於岳、原按：岳，南岳；原，青原也。以後，蓋法久弊生，不得不然
也。按：此儒家之論，禪家必不謂然。北齊惠文依《中觀論》立三觀，授之陳惠思。
思又依法華修三昧，授之隋智顗。顗教則依法華為演玄義文句，觀則用三諦，
因為之說摩訶止觀，可謂教門集大成之才也。同時有終南杜順，又別開一家，
教則依華嚴，觀則立四無礙。而其四無礙理，則與四諦符。夫諸師所設，必
教觀雙詮，何也？蓋非教難以取信，非觀無以示修，乃弘濟之能事，無怪其
三諦不出於法華、四無礙無見於華嚴爾。唐玄奘求法西遊，歸獻之朝，新譯
於是乎出。且親謁戒賢，稟學法相，唯識宗旨遂乃東漸。開元中，南天金剛
智、不空、無畏、三三藏連至長安，俱傳曼陀羅密教。大抵從前一切修多羅，
靡不託之迦文所說，獨密教則言是毘盧舍那法身所說，金剛薩埵受之，祕諸
南天鐵塔後，龍猛開塔，承之薩埵，而後流傳於世。荒渺之談，實藉重之最
矣。按：《西域記》有婆毘吠迦論師，至南天礫迦國，呪芥子以擊開巖壁，
入彌勒阿素洛宮之說。意者三三藏附會是等事，捏造毘盧緣起歟？且三三藏
所傳，亦唯壇場儀軌事法耳，理、觀則與臺、賢二家無殊也。意者一行之徒，
竊理於斯，緣飾之事法也。抑佛法之行於支那，莫盛於唐，相宗則慈恩，法
華則荊溪，華嚴則賢首，清涼、密教則無畏、不空，教外則曹溪，毘尼則南
山，盛矣哉！及五代法運式微，宣流乏人。宋興，華嚴有子璿，律有元照，
死灰復然，而亦尋熸矣。其巋然存者，唯禪與天台之二宗邪。且智禮之唱性
惡，有光於前哲；宗果之提無字，貽謀於後昆。下至元、明，往往有人。然
弩末之勢，識者不能無慨焉。」《橋陰散語》云：「服部天遊年三十八，剃髮
為僧。」此書或作於剃髮之後。〔註108〕

　　《列女傳》〔註109〕：「黎莊公夫人，衛侯之女也。既往而不同欲，未嘗
得見其傅母。閔夫人賢，謂夫人曰：『胡不去乎？』乃作詩，曰：『式微式微，
胡不歸？』夫人曰：『婦人之道，一而已矣。彼雖不吾以，吾何可以離於婦道
乎？』乃作詩，曰：『微君之故，胡為乎中路？』終執貞壹，以俟君命。君子
故序之以編年。」按：此聯句詩開柏梁宴之先者也。李富孫《詩氏族考》亦以
為聯句所昉。又云：「其說與《序》大異，不可據。」夫劉子政所學，《魯詩》
也，豈毛足據而魯不足據乎？〔註110〕

〔註108〕眉批：「佛學」、「宗教」。
〔註109〕見漢・劉向《古列女傳》卷四《貞順傳・黎莊夫人》。
〔註110〕眉批：「文學」、「詩」。

　　以《英民史略》考之，英吉利之先亦行多神教，以屋敦為始祖，而以今之禮拜三日祭之。其禮拜四日則敬雷神，名道爾；禮拜五日則敬比亞爾神；主平安喜悅萬物發生之事。禮拜六日則敬璲得爾楷，乃土星之神也；禮拜二日則敬暗神名丟遇者，不吉；又有旦神名義和斯德爾，又曰春神。主天明。今時每年春日記念耶蘇復活之日，即用春神義和斯德爾之名。余案：比亞爾者，生物之天。暗神、晝神，即一陰一陽之事。與婆羅門教、波斯教大旨相似。其所多者，雷神與土星神爾。其敬始祖屋敦，尤合人本乎祖之義。蓋敬天事祖，近於人之生，知自宗教家損益因革之，而各國乃紛紛異俗耳。〔註111〕

　　《英民史略》又云：「所有其敬之神曰鑪底神。」余謂此即《禮記》五祀中祀竈之事。古有竈爨之祭，英民所敬，當似祭爨。然對文則別，散文則通，故不必細為分析也。

　　《金七十論》，僧佉所作，故有破釋迦執、破衛世師執語，而題外道迦毘羅仙人造，蓋述迦毘羅之說，即題迦毘羅之名，當是印度通例。然則諸經雖不盡出釋迦，而亦概標佛說，正用此例，而不必疑其依託也。迦毘羅即佉盧。〔註112〕

　　英吉利女子著《印度古昔性命書》，書名《來復因恩銤度印第亞》。云：「上帝未樹耶蘇教於地上之前，先折其一枝投之於印度。」蓋言佛教甚近耶蘇也。而明代天主教初來，則專與佛教為敵，其駁難之語，書不勝書。而其最詭異者，明許大受《闢裂性篇》見明徐昌治《破邪集卷四》。云：「艾儒略曰：『天主初成世界，隨造三十六神。第一巨神曰輅齊弗兒，是為佛氏之祖。自謂其智與天主等。天主怒，而貶入地獄，亦即是今之閻羅王。然輅齊雖入地獄受苦，而一半魂神作魔鬼，遊行世間，退人善念，即天主亦付之誰何。』」此等說亦非基督本來所有，蓋利艾初來，為鬥諍計，強立諸說，適以自誣。故後來基督教中亦無有述之者。北村三郎《猶太史》云：「耶蘇幼時之事，《新約全書》全無紀載。馬尼剌米國領事拉沙兒哇甫云：基督自十二歲至三十歲時，常從馬優茲忻教徒講學，偕教徒棲住訥莎列士邑傍。其教義暗暗似婆羅門教，世人云基督幼時學彿教，蓋為此等。雖歷史無徵，難判真，偽姑存疑，以俟識者焉。」余按：此說必有所據，惜拉沙兒哇甫所讀之書未流傳於亞洲耳。〔註113〕

〔註111〕眉批：「宗教」、「祀祭」。
〔註112〕眉批：「佛經」、「佛學」。
〔註113〕眉批：「宗教。」

回教未行之先，亞剌比亞之古教以女神阿剌美多、納科沙二神為真神之愛女，與基督教稱耶穌為神子相同。〔註114〕

王詠霓《道西齋日記》：「立字耳梯，譯言自主之神。」〔註115〕

宋曾敏行《獨醒雜志》八。云：「京師戒嚴，金人發礮攻城甚力，有獻策欲結索網障之。其人歸自太原，具見張孝純、王稟等設此而礮無所施。朝廷以為迂，不肯試。不知吳越將孫琰守蘇州，嘗用此拒礮，而淮南不能攻，時號為『孫百計』也。」此所說乃專用礮石之礮。〔註116〕

《海錄碎事》：卷廿一。〔註117〕「孔融臨終詩云：『河潰蟻孔端，山壞由猿穴。』」此當原本漢禍，追咎當時，惜不見其全篇。〔註118〕

《墨子・親士篇》〔註119〕：「甘井近竭，招木近伐。」按：「招」字當是「橋」字之誤。《莊子・山木篇》：「直木先伐，甘井先竭。」此墨家、道家相同之說。〔註120〕

《朝鮮史綱》云：「躭羅在南海中，今濟州島。」余按：沈存中《筆記》之屯羅即躭羅也。屯羅別有文字，蓋即用高麗之諺文。元人李志剛有《躭羅志略》三卷，永嘉人，樞密院祕書。見《補遼金元藝文志》。

《唐會要》：「回紇既娶咸安公主，請改紇為鶻，蓋欲誇國俗俊捷如鶻者。德宗從之。」《海錄碎事》卷四上。〔註121〕

以雁門為文姓郡望，見陳元靚《事林廣記》壬集卷十。此誤之始也。

《倭名類聚鈔》龍魚類引《字略》。〔註122〕

美人以屋敦為始祖，迭文字分地界。英氏《史略》。〔註123〕

〔註114〕眉批：「宗教。」
〔註115〕眉批：「又。」
〔註116〕眉批：「入用礮條」、「武事」、「此接廿一冊廿三頁」。
〔註117〕見《海錄碎事》卷二十一《政事禮儀部・猿穴壞山》。
〔註118〕眉批：「入孔融詩條」、「按：全篇已見，此條刪去」。
　　　　按：此條刻本無。《純常子枝語》並無此條，故據稿本補。
〔註119〕見《墨子》卷一《親士第一》。
〔註120〕眉批：「諸子。」
〔註121〕見《海錄碎事》卷四上《地部下・廻鶻》。
　　　　眉批：「夷情」、「此條似今本所無，俟檢」。
〔註122〕按：此條刻本無，據稿本補。
　　　　又，《倭名類聚鈔》卷第十九《鱗介部第三十》龍魚類二百卅六、龍魚體二百卅七屢引《文字集略》。
〔註123〕按：此條刻本無，據稿本補。

抱朴子《金丹經》。唐梅彪《石藥爾雅》卷下。〔註124〕

胡應麟《筆叢》曰〔註125〕：「柳玭訓序言在蜀時，嘗閱書肆鬻字書小學，率雕本。則唐有刻本。」

〔註124〕眉批：「入《晉藝文志》。」
　　　　按：此條刻本無，據稿本補。
〔註125〕見明・胡應麟《少室山房筆叢》甲部《經籍會通四》。

卷二十四〔註1〕

《古史略》言天主造世界中，有背天主頭領，是大魔鬼路祭弗爾；不背之好天神，首領為彌額爾。然則天主者，巴瑪也；路祭弗爾者，息罷也；彌額爾者，衛世努也。猶太古教蓋與印度古教同出一源也。〔註2〕

又按：費大，譯言明也。唐釋窺基《因明論疏》云：「費陀言明。」費陀即費大。窺基云：「二字並舌頭，以輕音呼之。」婆羅門有五明論，即費大書，因明蓋亦其一。故窺基疏云：「惟我親教三藏大師道貫五明」；又云：「明者，五明之通名。因者，一明之別稱。」按：釋典每稱四韋陀為四明。《印度史》云：「韋陀，梵語，譯明論。」若智論即哲學。

阿含與小乘教亦略異。《因明論疏》卷五云：「依大乘殊勝義立，非依小乘，亦無違於阿含等教，色離識有。」是阿含教派在大乘小乘之外。唐釋澄觀《華嚴經隨疏演義鈔》第七云：「阿含具云阿笈摩，此云教也。」

波斯之古教名馬格教，一名波斯教。其古昔迷地亞與波斯所有之書，名神大佛司他，為蘇樂阿司得所著。西書又云：「此書實成於眾手，題一人所作耳。書成約在希臘之君亞歷山特在位時，與印度利蛤費大書殊塗同趣，若孿生者然。」《四裔編年表》周靈王二十一年：「是時，瑣羅阿司得著經書，為波斯之聖，與佛同時。蓋神大佛司他祈禱之詞，與費大書頌美之詞極相似也。其書分二種，一為律法祭經與古禱祀文，一為禱祀等雜文。大旨以敬天神、治家國為要。迨隋、唐間，回人征服波斯，強其民從回教，古教遂衰。其奉教人有逃至

〔註1〕按：稿本乙封題「純常子枝語弟廿三冊抄本　第二十三冊」。
〔註2〕眉批：「宗教。」

考耳蠻曠野者，有寄居印度者。今合二處所遺支派統計之，馬格教人尚近百萬。波斯本國奉此教者，除吉孛人之外不多見。」此約各譯及《教派叢書》述之。波斯為回教所攻，始入印度。婆羅門之祀火，遠在其先，則《古教彙參》謂波斯火教流入印度者，誤也。蘇樂阿司得，蓋亦梭都司德之異譯耳。〔註3〕

日本狩野良知《支那教學史略》卷三云：「按西籍，昔大夏國有曾呂亞斯太，據亞里亞人所傳神說，創立一教。當周初，弘行於波斯地方。其教崇火，諸史西域傳載波斯俗，謂其所事神曰天神、火神，或曰火祆神，或曰祆神。而所謂祆教，自波斯來，則其為曾呂亞斯太教無可疑。」按：曾呂亞斯太即蘇樂阿司得之異譯。亞里亞即亞利安，乃歐洲人自述其種族所出之地也。蘇樂阿司得火祆之說，即本亞利安族之神說，是摩西教所崇之天神亦火天歟？日本高橋重藏《波斯教大意》云：「吠陀教即費大。與亞比斯達〔註4〕教固有相違之處，然其源同，決非一人所成。其開祖莎辣嘶達勒〔註5〕，即梭都司德。聚古來宗教思想，加以自己構想結果之，組織過一個宗教。」〔註6〕

日本山上厲次郎《萬國地理》云：「歐羅巴蕃教信徒有二十萬蕃教，即希陳教，耶穌教所謂他宗也。又有斐敵士教，譯即生物與植物之質體無識之人，謂萬物之中有數，物能福人，亦能禍人，因畏拜求祐。阿非利洲土人、亞美利加洲北中南各處土人與太平洋各島土人，俱尚此教，其人數非洲約八千萬，美洲約四百萬，太平洋各島約一百二十萬。」然以山上萬次郎說證之，則歐洲亦有習別教者，未知與非洲教同異若何。〔註7〕

《達屙美風土記》云：「黑人諸邦皆崇木石禽獸為神，此邦乃獨尊蛇蟒，見蛇輒拜納之。蛇堂堂廣三十四丈高，稱之中有虵數萬頭，大者至二三丈，土人詣者皆裸體入室拜伏，使蛇纏其身，此豈亦斐敵士之教歟？」西人著書，言亞利安民族有一種特別情性，自然崇奉多神，然則黑人諸邦，廣拜禽獸，與亞利安族人性情亦略相似也。〔註8〕

〔註3〕眉批：「宗教。」
〔註4〕「亞比斯達」旁，稿本有日文「アヘスタ」。
〔註5〕「莎辣嘶達勒」旁，稿本有日文サラシストラ。
〔註6〕眉批：「又。」
〔註7〕眉批：「宗教。」
〔註8〕眉批：「又。」

升泰《藏印邊務錄奏督飭停戰摺》云〔註9〕：「近年開導之難，實因當日初有洋務之時，商上辦事人等思欲聚眾以抗駐藏大臣，故邀三大寺僧眾以固教為名，共立誓詞，云：『藏地男女不願與洋人共生於天地之間，此後藏中無論如何，不得有違此事。如藏中大小辦事人等，但有違犯此誓，即係有背黃教，人人得而誅之。』此本當日不肖人等為聚眾抗官之謀，三大寺僧眾亦藉此干預諸事。」余謂英人既逼，黃教自保，為此誓詞，固事理之當然。且其誓云「不願與洋人共生天地」，語意明晰，而升泰所奏，一則曰「欲抗駐藏大臣」，再則曰「聚眾抗官之謀」，坐之以罪，而後責其撤兵棄地，則唐古忒目之為洋黨，亦其有以自取也。惟棍克雜臘摻告余云：「前在藏地，一切洋貨溢於市廛，實已暗與通商，其戰出於私憤耳。」此則旁觀之言，諒多得實。〔註10〕

宋姚令威《西溪叢語》錄其兄伯聲《火祆字攷》，今時論西教者皆能引之。然伯聲以祆為佛經之摩醯首羅，又云：「本起大波斯國，號蘇魯支，有弟子名玄真，習師之法，居波斯國大總長如火山，後行化於中國。」是以婆羅門之事火與波斯之火教合為一途，似少分晰。蘇魯支，今時譯作梭都司德。西書謂當春秋世，與佛同時，固當在婆羅門教後耳。《隋書·經籍志》云〔註11〕：「初，天竺多諸外道，並事水火毒龍，而善諸變幻。釋迦苦行，是諸邪道並來嬲惱。」此可證婆羅門事水火在佛未出世之先。《萬國通鑑》卷二〔註12〕云：「瑪代、波斯，古時此兩國中有一教興起，乃搜羅亞斯特按：即梭都司德，一作瑣羅斯。所立論，有二神，一名阿耳木斯，乃光明之神；一名阿立曼，乃昏暗之神。二神分司善惡，戰至末日，善神必勝。其教無神像，有祭司築壇於高山上，壇上然火，晝夜不熄，眾民來此禮拜。」按：以《毘盧遮那經》證之，知婆羅門祀火之義及祭祀之儀軌，均與波斯不同，不得牽合為一也。楊榮鋕《火祆攷原》云：「波斯夏扃王時，有聖人姓士必達馬，名祚樂阿士，按：即瑣羅斯之異譯。著書曰《仁了雅士》，今僅存篇目，惟第二十卷尚完。其論道之大原，皆從歐拉密譯，即剏造天地萬物之主也。論善惡各有大神，善神之主名阿密帝，惡神之主名阿施幻，人必殫竭心力，合阿密帝之神，無為阿施幻所害。其後漸以阿密帝為歐拉密。又其後以日為巨光之首，宗事太陽，如古人事無形之歐拉

〔註9〕見朱壽朋《東華續錄·光緒九十一》光緒十四年九月庚戌。
〔註10〕眉批：「掌故。」
〔註11〕見《隋書》卷三十五。
〔註12〕「卷二」，稿本為小字注文。

密。再其後以火為發光之原，竟以火為宗。此後世以異端淆祆阿樂土之教也。」按：此推瑣羅斯為夏時人，與諸書異，蓋不足據。〔註13〕

　　道家之大支為神仙家。神仙家雖歷代相傳，然其學術固未能與儒、釋抗衡也。乃其鍊金丹之術，伯陽而後，世乏其人，稚川丹砂，殆無留汞。然一流於外域，遂開化學之端，窮察物情，廣生妙用。大至宇宙，細及飛潛，千古而後，方新其緒。此則別子所出，蔚為大宗者也。至於呼吸吐納，熊經鳥伸，是為養生家言，故與醫家為近。似聞西方博士近亦考焉。伯陽奧旨，實通易曆，假象設譬，其類股繁。若其師師相傳，則必誓而後授。西士精於考驗火候之說，或以屢試得之，則將來清淨合氣兩門，變化固難測矣。友人萬潛齋言：「嘗居廬山，有數西人來訪，精論仙術，雖無口訣，良多心得。」曾侍郎紀澤《日記》，言駱滋醫士，好譯中國書籍，講求呼吸吐納之衛，即以治人疾病，為西人新開一種法門。渠輩好為深玄之思，或又將生無數途徑，則亦化臭腐為神奇之一端也。〔註14〕

　　《古教彙參》卷二序巴西教，即波斯教。言：「雅弗之後，久居故土，南至印度，北至阿勒河，東北至奧蛤斯，按：即高加索之異譯。西北至加斯班海，皆其苗裔。後有一聖人，著費大四書，本無文字，後用梵文寫出，大意講明上帝之道。事久道變，或以日為上帝，或以火為上帝。」余按：此婆羅門之火祆，即摩醯首羅天也。又云：「祚樂阿士對，又名資拉士呵斯大，此人貶抑多神之說，勸人歸費大本旨。曾到迦南，見亞伯拉罕，歸著一大聖書，名《仁遏瓦遏斯大》，譯云《注解經》也。巴比倫、希利尼、羅馬等處咸景仰焉。書分五大部，二部名牙撒納。牙撒納書先部名蛤達，譯出詩篇也。書共五篇，行間音韻與費大等。大略言何者為獨一無二之真神，令人不許拜費大所載之日神、火神等神也，稱真神為阿呼拉馬扎，譯言創造天地萬物之活神也。又有善惡二神，日久，巴西人忘阿呼拉為真神，即以善惡二神當之，謂祕達是亮光，阿善慢是黑暗，未知何據，始以日為亮光，故皆拜日，繼以火為日之本，故又拜火。今日之巴西，不拜馬扎而拜火，未免數典忘祖矣。」余按：此波斯之火教也。二火教轉變略同，而其源流固截然巨異也。〔註15〕

〔註13〕眉批：「宗教。」
〔註14〕眉批：「巫醫」、「方術」。
〔註15〕眉批：「宗教。」

《俄國新志》六《北高加索與外高加索〔註16〕奉教表》，教名有拉司哥尼格司教、阿米尼亞哥來格里教、阿米尼亞楷土力教。」按：此等教皆希臘之變派。哥來格里、楷土力，又阿米尼亞之分支也。楷土力，疑即加特力之異譯。有門恩教，亦天主之別派。又有孫害回教，未知與東西回教異同若何。又有也斯德教，蓋即波斯之男司禿教，惟外高加索有之。英人西多尼論弭兵會云：「俄國有一教派曰儒哥駁爾底，以慈愛為宗旨，以治平為準的。然政府視之如仇，甚至搜捕下獄。高加索地方官曾下令逐之，政府特為嘉獎云。」又丁酉年西八月，勒當報記俄國培果尼教自焚之事，以為極慘。然其述培果尼黨亞沙，非事奉教者自焚，遺囑有答上帝之恩語。又見一縫帳，與俄國鄉人於洛亞節日所設縫帳以祭河水為祝耶蘇受洗之禮者相同。是此異教仍為天主教之別派，但《新志》所載各教，或未及此耳。報又云：「古時拉司穀爾黨系為奴役之例而起自俄皇阿立山打第二免為奴之例後，民智日開，如培果尼及司篤潑齊教，則信之者已絕無僅有矣。」《萬國史記・俄羅斯記》云：「加他鄰待教頗寬，雖非國教者無禁。如耶修的教，歐羅巴諸國皆禁之，加他鄰獨容之不禁。」〔註17〕

佛教既入中國，而婆羅門方術亦與之俱來，沿至今日。凡曆算、聲韻、醫學、術數、音樂、風俗、宮室、草木，其由天竺漸染者，蓋不可勝數矣。今姑就隋、唐《經籍》、《藝文》兩志考之，則其跡尚有可見者。《隋志》小學類：《婆羅門書》一卷；儀注類：釋曇瑗《僧家書儀》五卷；地理類：《大隋翻經婆羅門法師外國傳》五卷；天文類：《摩登伽經說星圖》一卷、《婆羅門天文經》二十一卷、婆羅門舍仙人所說。《婆羅門竭伽仙人天文說》三十卷、《婆羅門天文》一卷；曆數類：《婆羅門算法》三卷、《婆羅門陰陽算曆》一卷、《婆羅門算經》三卷；五行類：《海中仙人占災祥書》三卷、兩見。《竭伽仙人占夢書》一卷、《海中仙人占體瞤及雜吉凶書》三卷、《海中仙人占吉凶要略》二卷；醫方類：《摩訶出胡國方》十卷、摩訶胡沙門撰。《釋僧匡針灸經》一卷、《龍樹菩薩藥方》四卷、《西域諸仙所說藥方》二十三卷目一卷，本二十五卷。《香山仙人藥方》十卷、《西錄波羅仙人方》三卷、《西域名醫所集要方》四卷、本十二卷。《婆羅門諸仙藥方》二十卷、《婆羅門藥方》五卷、《耆婆所述仙人命論方》二卷、目一卷，本三卷。《乾陀利治鬼方》十卷、《新錄乾陀利治鬼方》四卷、本

五卷闕。《龍樹菩薩和香法》二卷、《龍樹菩薩養性方》一卷。《舊唐志》於以上各書悉未著錄。《新唐志》小學類：僧猷智《辨體補修加字切韻》五卷；天文類：瞿曇悉達《大唐開元占經》一百一十卷；曆算類：僧一行《開元大衍曆》一卷、又《曆議》十卷、《曆立成》十二卷、《曆草》二十四卷、《七政長曆》三卷、《心機算術括》一卷，《都利聿斯經》二卷。貞元中，都利術士李彌乾傳自西天竺，有璩公者譯其文。陳輔《聿斯四門經》一卷；醫術類：鄭虔《胡本草》七卷。按：杜少陵《八哀詩》鄭虔一首云：「藥纂西極名」，即指此書。又《宋藝文志》小學類：釋元沖《五音韻鏡》一卷；雜家類：僧贊寧《物類相感志》十卷；天文類：《文殊星曆》二卷、《文殊七曜經》一卷、《七曜會聚》一作曆。一卷、《聿斯歌》一卷；《聿斯經》已見《唐志》，不錄。五行類：一行《庫樓經》一卷、僧一行《地理經》十五卷、李淳風《一行禪師葬律祕密經》十卷、《聿斯經訣》一卷、《聿斯隱經》三卷；曆算類；錢明逸《西國七曜曆》一卷、閻子明《注安修睦都聿斯訣》一卷、《聿斯妙利要旨》一卷；醫書類：《耆婆要用方》一卷。按：疑即王燾撰。此皆彰彰見於史冊者。至於《七音韻鑒》、《悉曇章》、《天竺字源》等書，史所失載者，猶未能一一徧數也。今釋藏有譯外道論二種：《一勝宗十句義論》一卷、《金七十論》一卷，皆婆羅門書。〔註18〕

　　《宋志》又有姚舜輔《蝕神隱耀曆》三卷。按：此當是述羅睺計都之類，亦竺學也。王溥《五代會要》卷十：「周顯德三年，王朴奏曰：『臣檢討今古曆書，皆無蝕神首尾之文，蓋天竺胡僧之妖說也。近自司天卜祝小術不能舉其大體，遂為等接之法，蓋從假用以求徑捷，於是乎交有逆行之數。後之學者不能詳知，便言曆有九曜，以為注曆之常式，今並削而去之。』」則其行用亦已久矣。〔註19〕

　　《通雅》卷三云：「《宋史·藝文志》有《都利聿斯經》、《四門經》。陳振孫曰：『唐待詔陳周輔撰。』《聿斯歌》，青蘿布衣王希明撰。貴與未判原委。按：《唐志》：《都利聿斯經》二卷，本梵書。唐貞元初有都利術士李彌乾至京，推十一星行曆，知人命貴賤。陳輔修之，即文殊所《說宿曜經》。宋楚衍、劉熙古皆明聿斯說。」《文獻通考·經籍門》〔註20〕：「《秤星經》三卷。晁氏曰：『以日月五星、羅睺、計都、紫氣、月孛、十一曜演十二星

〔註18〕眉批：「又」、「佛學」。
〔註19〕眉批：「又」、「術數」。
〔註20〕見《文獻通考》卷二百二十《經籍考》。

宿度，以推人貴賤壽夭休咎，不知其術所起，或云天竺梵學也。』」日本新書寫請來法門等目錄云：「唐咸通六年，於長安城右衛西明寺，日本留學僧圓載法師求寫雜法門等目錄，有《都利聿斯經》一部五卷。」是聿斯之學且傳於倭，未知其書尚存否。《妙吉祥菩薩說除災教令法輪》云：「或妖星彗孛陵押王者貴人命宿，或日月虧損於本命宮中，應用此教，息災護摩。」此命宮有祈禳之說。

《五洲風俗考》云：「今波斯德結司登地有病者，必置火鑪於下，令病者躍過，以為禳禱。又美洲伯得姑尼亞地，民間有病，則必放火鎗，或擲火球空中，以通上天之意。今德、法鄉間愚民多用此者，無論何人得病，其家主即叩拜火神，並以兩木摩火，供諸神前，名曰野火。農人播種，亦從火燄中攜過種子，則火天眷之，可以豐收。地磽瘠，歲數不登，則必聚高大火堆，令光燄遠射，言光到處，神護之，必轉枯為沃。要之，歐洲火教謂可除魔鬼，愈百病，稱聖明，且以為將來世界之終必毀於火，預為懺悔，則其時可逃。」云是火教，歐洲、美洲皆有之，不獨波斯舊壤已。〔註21〕

又云：「印度古昔娶婦入門，必向火環走三周，以為敬神之禮。環走時，首俯若默，兩目垂視必誠必莊。今德、俄、荷諸國娶婦時，亦間有行此禮者。」按：《大毘盧遮那成佛神變加持經》卷六云〔註22〕：「浴妻之所，用以薔蘗盧火」，蓋即此事。《火教說》云：「新婦繞爐之後，又拔髮三莖投火中，以寓捨身之意。以紅色繩束胸間，冀火神鑒其誠。紅者與聖火同色也。」《風俗考》又云：「墨西哥古時亦拜火神，以為火之為神，乃上天萬聖之祖，職尊無出其右。其國中長明之火，特然於大塔之頂，如設像然，每年定為節期。屆期，舉國向塔叩拜。」余按：西國古史記火政一官，古所最重，如埃及、希臘、波斯、臘頂、羅馬諸國，咸特造廟屋，置火其中，使祭司長專司之，以為公用。蓋當時無鑽燧之法，除昏熟食，得火為難，後遂崇奉以為天神，向之叩拜。羅馬有火神廟一座，高廣無匹，中懸長明燈，偶然息滅，則謂奉神不虔，將降大禍。自國君以至庶民，並停辦各事，舉哀祈禱。俟祭司鑽木擊石，得火然後已。然則墨西哥所行，猶希臘羅馬之舊俗耳。赫胥黎《天演論》引額拉吉來圖當中國周景王時人。之論，以火化為宇宙萬物根本，皆出於火，皆入於火，由火

〔註21〕眉批：「宗教。」
〔註22〕見唐·輸波迦羅共一行《大毗盧遮那成佛神變加持經》卷六《世出世護摩法品第二十七》。

生成，由火毀滅，遞劫盈虛，周而復始，故世界循環，初不必有物焉以綱維張弛之也。額拉為希臘伊匪蘇人，其論火為萬物根本者，蓋當時之顯學，其言「不必有物綱維之」者，則不信火祆之說也。然以火化為天地之祕，與神同體，則萬物之公理。而化學一門，此其萌蘗矣。

《出谷記》記義撒厄爾民渡紅海事，云：「法勞兵見空中有烈火，火光中一位天神。」《基督教聖母傳》云：「聖偕宗徒等祈禱天主，乞使聖神臨格。第十日，聖神果降，託火舌形，臨眾人頂。」然則摩西基督所禱之天亦火天也。既託火形，居然可知，後乃不復言火矣。

《易‧同人》：「象曰：天與火同人。」蘇子瞻《易傳》云〔註23〕：「水之於地為《比》，火之與天為《同人》。《同人》與《比》，相近而不同。」余謂火出於日，故與天為類也。蓋火天之說，三代以前中國容亦有之。〔註24〕

《五洲風俗記》云：「天主教與耶蘇教雖出一本，而不同之處甚多。如人死之後，天主教以為其人生前必有罪孽，須在煉獄煉過後，俟所受之苦適敵所犯之罪，然後可上昇天堂。耶蘇教則言改過須在生前。此亦不同之一端也。」按：天主教有聖殮布，經言布上有耶蘇苦難之跡，遺於眾人，赦免煉獄云。德意志人須多因氏講義云：「新舊耶蘇宗教，舊教加特力宗，新教波的坦宗按：即婆羅特斯頓之異譯。新教推自良心，感正信理者即自力宗；舊教從他念力，應妄信教者即他力宗。」

《五洲風俗考》云：「天主教祭祀曰彌撒，耶蘇教謂之拜神。其外有聽功禮、按：即告解禮，譯者異辭。追思禮，按：即終傳禮。皆天主教有之。聽功者，以所作事善惡邪正告之教師，教師誘掖警戒之也。追思者，人死之後，為之祈禳，消失罪愆也。其外又有開屍棺清淨諸禮，文繁節縟。耶蘇教則禮甚簡而敬稍弛，入其教者易於遵守。」

《斯賓塞爾文集》卷一云〔註25〕：「言民權者，必異其衣服，頌禮以為標識。至爭教亦有類是者。如清淨教人以為官吏皆蓄髮，故翦之以示異，號曰圓頭。而衣冠說言以變，其禮儀亦變。摸納匪亞之兄弟教。其初倡時，所尊奉者與耶蘇教別派異，其衣服舉止亦異。此其大略也。」

〔註23〕見宋‧蘇軾《東坡易傳》卷二《同人》。
〔註24〕眉批：「此於前條為連類。」
〔註25〕湘鄉曾廣銓綵譯，餘杭章炳麟筆述《斯賓塞爾文集》第二論《論禮儀》。（《章太炎全集‧譯文集》第26頁）

　　西人言費大有前後二教，今以釋典證之。《因明論疏》卷五云〔註26〕：「成劫之初，有外道出，名劫比羅。此云黃赤色仙人，鬚髮面色皆黃赤，故古云迦毗羅仙人，訛也。其後，弟子十八部中，上首者名筏里沙。此名為雨雨際生，故其雨徒黨名雨眾。」按：《瑜伽師地論》卷六云「雨眾外道計，因中具有果性」〔註27〕即此。「梵云僧佉奢薩坦羅，此名數論謂以智數、數度諸法從數起論，論能生數，復名數論。其學數論及造彼者，名數論師。彼語二十五諦，略為三，謂自性、變易、我知。」〔註28〕我知即神我諦。按：此言成劫之初，蓋費大前教也。又云〔註29〕：「成劫之末，有外道出，名嗢露迦。此云鵂鶹，晝藏夜出，遊行乞利，人以為名。舊云佉屢迦，訛也。亦云吠世史迦，此云勝論。古云鞞世師、衛世師，皆訛也。造六句論：一實，二德，三業，四有，五同異，六和合。」按：此言成劫之末，蓋費大後教也。又《西人教派考》云：「周初，婆羅門後分兩大支，一名山支訶，一名月各。山支訶之祖名葛必力。按：即迦毗羅。其說以天地萬物皆自然而有故，其道皆具相生之理，謂太初時先有根本，續生靈明，靈明生知覺，知覺生五行、五行：一清氣，二濁氣，三火，四水，五土。五官、五體、心思、主宰，心思、主宰生靈魂，靈魂常生不死，無論落何等形模，皆合其用人。惟竭智盡力，方出三界。不然，必入輪廻，受生老病死之苦。」按：此即《因明論疏》所謂二十五諦也。月各派之祖名巴但照利，與葛必力同時，而不然其說。謂天地萬物有造化主，曰阿盧，蓋即三位一體之意。三位者，天印度、日印度、晝印度也。言人有八病，而治之之法，以不殺、不貪、不婬、不盜、不誑語為第一級。又有坐功調攝之法，使軀體聽命於心君。此巴但照利之道派也。巴馬為古教，山支訶、月各為新教，三派皆淵源於費大，然異端尤多，不能悉數。又按：費大書論神道者，有曰花羅尼者，謂天印度也；曰彌達黎者，日印度也；曰仁達黎者，晝印度也。此月各派之所本。月各派，蓋即嗢露迦，譯音相近。龍樹《壹輸盧迦論》又作優樓迦。〔註30〕

　　西人論教者，如天主、耶穌、猶太、回回，皆所謂拜獨一天主者也。然天主教所奉之天主，實有三位。明高一志所譯《聖母行實》云：「聖母嘗以最約

〔註26〕見唐・釋窺基《因明大疏》卷中。
〔註27〕見唐・玄奘《瑜伽師地論》卷六《本地分中有尋有伺等三地之三》。
〔註28〕見《因明大疏》卷中。
〔註29〕見《因明大疏》卷中。
〔註30〕眉批：「宗教。」

－703－

之規示一貞女，每日奉獻天主第一位罷德肋、天主第二位費略、天主第三位斯彼利多。」三位是天主，不為獨一，殆即所謂三一妙身者歟？又按：印度天主亦有多名。《因明論疏》卷一云：「外道有言，成劫之始，大自在天人間化導二十四相。匡利既畢，自在歸天。事者傾戀，遂立其像，像其苦行焠疲飢羸，骨節相連，形狀如瓇，名骨瓇天。梵言商羯羅，此云骨瓇。劫初雖有千名，時減猶存十號，此骨瓇天即一名也。」以此推之，西書言印度祀巴馬為創造萬物之神，巴馬亦十號之一矣。〔註31〕

又按：《萬國通鑑》卷一云：「印度所信之道，但遵自古所傳一部《偉達按：即費大。經》耳。查閱此經，即知其古昔祇以蒼天日月星辰風雲雷雨等等為神。其經中有云：『百拉蘇按：即巴馬。神生出天地萬物。』又云：『百拉蘇神附於萬物之中，一如靈魂附於人身，如儒書言鬼神體物而不遺也，謂人之靈魂與百拉蘇同體，若纖小火星，與火體同。人生所受苦難，乃磨礪其性。若持齋誦經，修身養性，克去污穢，期望歿後，仍歸百拉蘇神，如一滴水歸於大海也。否則，來生必墮畜道中，遠離百拉蘇神矣。』」按：此四韋陀之大義。然則《肇論》所謂「天地與我同根，萬物與我一體」者，乃婆羅門之舊說也。《萬國通鑑》又云：「百拉滿按：即婆羅門。此書譯巴馬為百拉蘇，婆羅門為百拉滿，其音極近。譯典言婆羅門，自云淨天所生，蓋即用自在天之名。《印度史》引《大般若經音義》云：『婆羅門，梵語，即梵天名也。唐言淨行，或云梵行。人自為十分潔淨，遂與下等人疏遠。』今印度人敬拜之神，極多極尊，即百拉蘇神為創造者，又有偉士努即衛士努。神為保護者，西窪即希法。神為滅絕者。」《四裔編年表一》虞舜四十三年：「印度始拜婆羅門。」拜婆羅門，即拜巴馬也。〔註32〕

龍樹《中論》第一云：「有人言萬物從大自在天生，有言從韋紐天生。」按：大自在天即淨天，韋紐天蓋即衛士努之異譯。提婆《百論》卷上云：「有人言韋紐天原注：秦言偏勝天。名世尊，又言摩醯首羅天原注：秦言大自在天。名世尊。」按：大自在天即巴馬也，韋紐天即衛士努。英吉利語，凡士克等字皆半音也。衛士努專主保護，與希法為對，故言偏勝。唐僧一行《大毗盧遮那成佛經疏》第一云：「或生梵天、毗紐天等，生一切法。」梵天即大自在天。北涼譯《優婆塞戒經》卷五云：「外道復言：大梵天王、大自在天毗紐天王〔註33〕，悉皆是

〔註31〕眉批：「又。」
〔註32〕眉批：「又」、「佛學」。
〔註33〕「王」，稿本作「主」。

一。復說生處各各別異。自在天者名自在天，名常名，主名有，名曰律陀，名曰尸婆。」又云：「阿周那人毗紐大天為作解脫。」「韋紐」作「毗紐」者，猶衛世師或譯作鞞世師也。堅意《入大乘論》卷下云：「摩醯首羅者，名字雖同，而人非一。有淨居摩醯首羅，有毗舍闍摩醯首羅。淨居即巴馬，毗舍闍即衛士努矣。」〔註34〕

西窪神不見於釋典。惟《現證三昧大教王經》云：「稱吽字時，所有大自在天等一切三界增上主宰並其眷屬皆悉來集。」又云：「所有極惡天等，一切有情，以吽字法悉能調伏，以極惡天列自在天後。」又《瑜伽師地論卷九十》云〔註35〕：「過他化自在天處，有欲界魔王所都眾魔宮殿及上梵世」云云，其即西窪神歟？〔註36〕

《止觀輔行傳・弘決第十》之一云：「言二天者，謂摩醯首羅天、毗紐天，亦云韋紐天，亦韋糅天。此翻偏勝，亦偏悶，亦偏淨。」《阿含》云：「是色天。」《俱舍》云：「第三禪頂天。」淨影云：「處欲界之極。」《大論》云：「偏淨天，四臂捉貝持輪，騎金翅鳥，有大神力，而多恚害，時人畏威，遂加尊事。」又《法華疏》云：「八天子是眾生父母，梵王是八天子父母，韋紐是梵王之父母。梵王生四姓，口生婆羅門，臂生剎利，脅生毗舍，足生首陀。摩醯首羅天者，此云大自在色界頂天。三目八臂，騎白牛，執白拂，有大威力，能傾覆世界，舉世尊之，以為化本。」《大論》云：「大自在天有菩薩居，名摩醯首羅。」

日本佛法有淨土真宗，與震旦淨土宗異。《寺本婉雅》云：「此宗以親鸞為初祖。按：《日本國志》云：又名一向宗。雖以淨土三經為主，三經者，即《大無量經》、《觀無量壽經》、《阿彌陀經》是也。而與淨土宗教理相違。淨土宗則以南無阿彌陀佛為本，稱其名號，以期往生淨土。真宗雖亦以南無阿彌陀佛為本，而不以稱念之力期往生，但因聞其名號，信心歡喜，乃至一念即得往生。故信心者，從佛力所給與也。信心即佛心，非從凡夫心生佛心、即佛性、即正定、聚不退之位也。由是於現在得信心，住正定聚，而命終後證佛果，則是現益與當益之二益也。淨土宗謂來迎到彼淨土，而真宗於現在得佛心，不言來迎。此相違之一端。」余謂教下多蘄佛力宗門，專重己靈。以此推之，則淨土宗

〔註34〕眉批：「又。」
〔註35〕見《瑜伽師地論》卷九十《攝事分中契經事處擇攝第二之二》。
〔註36〕眉批：「又。」

乃他力宗，浄土真宗乃自力宗矣。宋釋元照《阿彌陀經義疏》云：「非憑他力截業，惑以無期，此震旦浄土宗之大旨也。」晉支遁《集阿彌陀佛像贊序》云〔註37〕：「此晉邦五末之世，有諷誦《阿彌陀經》，誓生彼國，不替誠心者，命終靈逝化往之彼，見佛神悟，即得道矣。」是亦不言來迎也。〔註38〕

　　日本佛學有三論宗，乃《中論》、《本論》、《十二門論》也。唐沙門彥琮《法琳別傳》云：「師少學三論，名聞朝野。」〔註39〕即此佛門月報，言三論宗傳於唐土，日本入唐法師最澄《天台法華宗年分緣起》：太政官符治部省應分定年料度者數，並學業事。有三論業三人，二人令讀《三論》，一人令讀《成實論》。是唐時尚兼他論，然今日此宗已失傳。〔註40〕

　　日本佛教真言宗傳自空海，實佛家之密宗也。西藏達賴、班禪亦密宗之支派，然參雜南北二派，未能純一。紅教則真言宗為多。俞理初《癸巳類稿》云〔註41〕：「當明永樂時，宗喀巴喇嘛初習紅教，既深觀時數，即會眾自染黃帽。其事與釋迦文佛染濁赤色衣同。」按：此特別異教派，豈有奪於天人師哉？理初乃云「彌勒即黃教」，是後佛既出，末法已盡，而琳宮梵宇方徧寰區，八十種好居然如見，其為非實，斯可知矣。〔註42〕

　　《大般若經‧佛國品》云：「菩薩行願圓滿，各於所居嚴浄國土，證得無上正等覺。時所化有情，亦生彼土，共受浄土大乘法樂。」是浄土非一之證也。又《法性品》云：「如來所居之處，皆無雜穢，即是浄土。」

　　友人黃楙材《印度劄記》云：「布魯克巴部，一名布屯，西界哲孟雄，一名西金。南界亞山，東界貉貐野人，北界前後藏，其會城曰塔西蘇登。《西藏志》作扎什曲宗。俗重紅教喇嘛。有唐時賜篆曰唐師國寶之印。」又《西輶日記》亦豪伯所撰。云：「中甸撫夷同知所轄夷民，言語與藏地不同。所奉紅、黃二教，城外有大寺，喇嘛二千餘名。」〔註43〕

〔註37〕見唐‧釋道宣《廣弘明集》卷十五。
〔註38〕眉批：「此條下可接入卅一冊十頁西人書一條」，即卷三十一「西人書言阿彌陀佛譯」一條。
〔註39〕按：此語出虞世南《破邪論序》，見唐‧釋法琳《破邪論》卷首、《全唐文》卷一百三十八。
〔註40〕眉批：「又」；「此條下應加入卅一冊九頁釋門事紀一條」，即卷三十一「釋門事物紀原」一條。
〔註41〕見《癸巳類稿》卷十五《紅教黃教論》。
〔註42〕眉批：「又。」
〔註43〕眉批：「宗教。」

千總辛玉山泰安人。言：光緒辛卯冬朝陽亂時，曾入喇嘛廟祕殿中，有銅鑄牛形與女子交像。按：此即婆羅門天神化牛以傳人種之說。又有一四面佛，裸體直〔註44〕立，未知出何經典，俟考。〔註45〕唐一行《大毗盧遮那成佛經疏》卷十九云〔註46〕：「過去劫，初素里耶火大梵王下世間，作牛形而行婬欲，因生種類。由此有婆羅門種。」

華蓋喇嘛住五臺坐禪，二年還京師，為余言習禪觀時，心眼中無量壽佛晃然悉現，惟一衣角未具耳。按：其所言，實行鳩摩羅什所譯《思惟略要法》中觀無量壽佛法也。紀文達《灤陽消夏錄》卷六〔註47〕云〔註48〕：「黃教講道德，明因果，與禪家派別而源同。」余按：如華蓋所修，又與禪家略異。〔註49〕

謝濟世《西北域記》云：「喇嘛即釋子也。然釋子在中國諱淫殺，喇嘛在塞外，假岐黃之名，擁妻子之奉，鮮衣怒馬，烹羊啖牛，攘人囊橐，殘人骼胔。」按：蒙古葬法，喇嘛主之。或以石壓，或以薪化，或以肉餧牛馬，而以水土和煮其骨，為小浮圖，以供奉之。此梅莊所謂「殘人骼胔」之事也。〔註50〕

《隋書·經籍志》孝經類有釋慧始《注孝經》一卷、陶弘景《集注孝經》一卷，固知人行莫大於孝，二氏所不能廢也。釋宗密《盂蘭盆經疏》云：「始於混沌，塞乎天地，通人神，貫貴賤，儒釋皆宗之，其唯孝道矣。」周松靄《佛爾雅序》云：「朱石君中丞撰《佛孝經》。」余按：石君相國書，未知成否，其意蓋欲通儒釋之郵耳。〔註51〕

楊榮鋕，耶穌教士也，自稱景門後學，撰《景教碑文紀事》三卷，頗採西書，力辨景教之為耶穌教。然不獨未見《貞元釋教錄》，即明陽瑪諾之《景教碑正詮》，亦未之見。余按：景教碑之為猶太教，莫要於「景尊彌施訶」一語。唐人既以彌尸稱之，尤為摩西之確據。乃陽瑪諾《詮》云：「彌施訶，吾主聖

〔註44〕「直」，稿本作「植」。
〔註45〕此處稿本、刻本均有一空格。
〔註46〕見唐·釋一行《大毗盧遮那成佛經疏》卷十九《次護摩品第二十七》。按：此引文又見卷二十九「符秦僧伽跋澄等譯《尊婆須蜜論》卷十云」一條。
〔註47〕「卷六」，稿本為小字注文。
〔註48〕見清·紀昀《閱微草堂筆記》卷六《灤陽消夏錄六》。
〔註49〕眉批：「又。」
〔註50〕眉批：「又。」
〔註51〕眉批：「又」、「佛學」、「此條可與廿一冊第五頁相接」。

號也，譯言天主，先許降生，救世主也。此乃天主三位之一第二位聖子，為昔人攸望降來救世之主。」考《古史參箋》、《聖母行實》諸書，天主第二位名費略，不名彌施訶也。此陽瑪諾之遁辭也。楊榮銈則云：「彌施訶者，希伯來音譯，即沐膏之謂，與希利尼音基督同義。古經中文言之，則曰彌施訶。質言之，則曰受膏。」按：其意蓋以彌施訶為彌撒之對音字。夫彌撒乃天主教之祭禮，豈可以稱其人？猶中國祭孔子曰釋奠，豈可遂稱孔子為釋奠乎？且碑中番字以希利尼，紀年用希利尼文字，而此乃獨用希伯來語乎？此又楊榮銈之遁辭也。總之，景教實即猶太教，其來較早。天主教則自元時始入中國，斷然無疑也。〔註52〕

楊榮銈所據者，以西人譯碑中，番字有祖師漢安依娑訶在位時數字。又云：「東方聖會史記載漢安依娑訶於唐代宗大曆九年，立為東方教主，其死在大曆十三年。景淨立碑時，實死四年矣。緣尼氏會規，屆六年，教主始有信徧通各國」云。此其附會，尤屬顯然。波斯與唐互市，往來萬輩，何至四年不通音問？且稽之教皇洪序，是時在位者為若望，為波尼法爵，何以不奉教皇而奉教主？又碑文番字題希利尼一千零九十二年，何以不題耶穌降生七百八十二年，而用希利尼紀歲？皆足為證此碑非基督教之證。然則漢安依娑訶者，正當是猶太教師之名偶與基督教會中人同名耳。西人同名者至多，如保祿、若望之類，教王中已不啻十數人矣。

日本狩野良知《支那教學史略》云：「猶太教入於漢季，而行於宋代。宋孝宗時，建祠於汴」云。按：宋孝宗時，汴已屬金，此或以宋統金，亦未可知。其汴京之祠，或即一賜樂業殿歟？其教唯事天，教典書以猶太字，即《舊約全書》是也。先於基督教，大行於亞西亞土爾其諸國。

楊榮銈又云：「景教流行各國，有各國之古道古禮攙入。如《景碑》之『十字定四方』、『元風生二氣』、『東禮趨生』、『存鬚削頂』之類，考之景經，均無是說。」余謂耶穌既無是說，則正不必以景教為耶穌教也。郭筠仙侍郎《使西紀程》云：「《景教流行碑》所奉祆神，僧景淨釋以為天神，謂其教起於拂菻，則正摩西之遺也。《碑》言『懸十字以建極』，天主教建立十字架，其原於此。」其說尚不甚謬。日本高楠順次郎云：見《哲學雜誌》百三十一號。「紀元七百八十年至八百四年之時，波斯之捏士多利亞派耶穌宣教師景淨。」是亦以景教為

〔註52〕眉批：「宗教」、「此下各條及廿四冊卅六頁一條，均應錄入十七冊四十二頁之後」。

尼氏教派，與楊氏說同，而以彌施訶為□□□〔註53〕，則譯言神使也，與楊氏以彌撒解之者異。要之，皆未足據。《至元辨偽錄》云〔註54〕：「釋道兩路，各不相妨，今先生言道門最高，原注：元人稱道士為先生。秀才人言儒門第一。迭屑人奉彌失訶，言得生天，達失蠻按：即答失蠻回教也。叫空謝天賜。」彌失訶即彌施訶，言迭屑人奉彌失訶，實奉摩西也。若謂彌施訶為彌撒，則豈得言奉彌撒得生天乎？亦太不辭矣。

　　唐宋以前，凡胡人祭天者，統謂之祆神。而其派別則未有能辨之者，惟董逌《廣川畫跋》略知其異。其《書常彥輔祆神像》云〔註55〕：「祆神〔註56〕，世所以奉胡神也。其相希異，即經所謂摩醯首羅，有大神威，普救一切苦，能攝伏四方，以衛佛法。當隋之初，其法始至中夏，立祠頒政坊，常有群胡奉事，聚火祝詛，奇幻變怪，至有出腹決腸，吞火蹈刀，故下俚庸人就以詛誓，取為信重。唐祠令有薩寶府官主司，又有胡祝以贊相禮事，其制甚重，在當時為顯祠。今君以禱獲應，既應則祠，其禮至矣。與得悉唐國順大�ﾝ賓同號胡神者，則有別也。」自注云：「河南立德坊及南市西坊有胡祆神廟，每年商胡祈福，夷士女烹宰，鼓樂酬之神后，募一胡人為祆主，取一刀刺腹，刃出背，亂攪腹，肚流血。食頃，噴水祝之，平復如初。涼州祆主以利刃從額釘之，直至胲下，即出，身輕若飛，須臾數百里，至西祆神前舞一曲，卻至舊祆所，乃為拔釘，一無所損。」余案：摩醯首羅乃印度之火祆也。其河南立德坊及涼州之祆主，殆即穆教之支流耳。【今河州鎖拉回戰時，猶每刺刃婦人胸中，共飲其血，非其遺教歟？】〔註57〕

　　佛法大小乘二派，多以小乘為真，大乘為偽。按：《成唯識論》卷三云：「聖慈氏以七種因，證大乘經真是佛說。一先不記故。若大乘經，佛滅度後，有餘為壞正法故說，何故世尊非如當起諸可怖事先預記別？二本俱行故。大小乘教，本來俱行，寧知大乘獨非佛說？余按：此證最確。三非餘境故。大乘所說，廣大甚深，非外道等思量境界。彼經論中，曾所未說，設為彼說，亦不信受，故大乘經非非佛說。四應極成故。若謂大乘是餘佛說，非今佛語，則大乘

〔註53〕稿本、刻本均闕三字。
〔註54〕見元·釋祥邁《大元至元辨偽錄》卷三。
〔註55〕見宋·董逌《廣川畫跋》卷四《書常彥輔祆神像》。
〔註56〕「神」，《廣川畫跋》作「祠」。
〔註57〕按：【　】刻本無，據稿本補。
　　　　另，眉批：「又。」

教是佛所說，其理極成。五有無有故。若有大乘，即應信此諸大乘教，是佛所說，離此大乘不可得故。若無大乘，聲聞乘教亦應非有，以離大乘，決定無有得成佛義，誰出於世說聲聞乘？故聲聞乘是佛所說，非大乘教，不應正理。六能對治故。依大乘經，勤修行者，皆能引得無分別智，能正對治一切煩惱，故應信此是佛所說。七義異文故。大乘所說，意趣甚深，不可隨文而取其義，便相誹謗，謂非佛語。是故大乘真是佛說。」余謂婆羅門教意趣已深，若佛無大乘，何能震動五天，使婆羅門中大知識悉改而從之乎？且有聖慈氏說如此，後世真不必致疑也。〔註58〕

無著《大乘莊嚴論》云：「成立大乘，略有八因。一者不記，二者同行，三者不行，四者成就，五者體，六者非體，七者能治，八者文異。」是與聖慈氏說同，惟第五因開作五、六二因耳。

狩野良知《支那教學史略》云：「喇嘛教喇嘛，藏語，譯無上。者，唐太宗時自印度所始，傳於西藏。佛教大乘之一派，所謂密教者也。其教以祈禱禁呪為主。元時，其教主八思巴為帝師，其後嗣世為西藏王。至明中葉，其教徒宗喀巴生於前藏，入山修業，多年後出，排密教，唱新義，著書甚多。於是喇嘛教分二派。因服色稱之，舊教為紅教，新教為黃教。」祁韻士《皇朝藩部要略》卷三〔註59〕云〔註60〕：「喀爾喀有所謂紅教者，與黃教爭。圖蒙肯尊黃教，為之護持，達賴喇嘛賢之，授賽因諾顏，號令所部奉之視三汗。」按：達賴喇嘛之權力行於蒙古，亦如百年前天主教皇之權力行於歐洲也。《西藏要略》云：「紅黃二教以冠別，尤重黃教。達賴喇嘛、班禪喇嘛，明宗喀巴二大弟子。宗喀巴興，黃教弟子數千人，達賴喇嘛居首，其名曰羅倫嘉穆錯。」日本北村三郎《印度史》云：「喇嘛教蔓衍支那內外部，黃教稱黃衣派，古來之佛教稱青衣派。」〔註61〕

日來以神教為國教，顧其書不數見。近時內藤正直所箸《碧海學說》，則主張神教之書也。其言曰：「資漢學以明神道者，是之謂正學。昔之談神道者，必附會儒佛之旨，牽強杜撰，以粉飾古言，謂不如是不足以抗二教。不知祖宗之訓，既發人道之大端，固不須曲學細論也。然學者能資之孔子經典，以

〔註58〕眉批：「佛學。」
〔註59〕「卷三」，稿本為小字注文。
〔註60〕見清·祁韻士《清藩部要略》卷三《外蒙古喀爾喀部要略一》。
〔註61〕眉批：「宗教。」

說我道，則其精微之旨明瑩透徹，固不待牽強而彰然較著。」是吾資彼以明神教者，固不待粉飾也。又曰：「耶穌奉天主，措之君父之上，其說最迷謬。蓋神道雖僅祭祀，而推崇君父，其術固與儒相近也。」又其言曰：「天者蒼蒼漠漠，無可祭之義。且以天之所覆至廣，固非我私有，恩義亦不與民關，祭之無益。日本桓武、文德二帝嘗祭天，余未嘗行。」是日本未嘗敬天禮日。萬物本乎天，人本乎祖，東人祭祖而不祭天，西人祭天而不祭祖，惟華夏兼行之，此其所以稱中國歟？如《大學》一篇，「大學之道」句文法與日本同，「在明明德」句文法與泰西同，是中國亦兼二種文法也。〔註 62〕

關機近世《日本外史》卷一〔註 63〕云：「板倉重宗聽訟，必西向遙拜，曰：『吾聞愛宕之神』，甚有靈驗。吾聽訟，一有不公，欲神殛之，故嘗以是禱請焉。愛宕，山名，近西京，其神最有靈驗云。」〔註 64〕

日本和銅間，當中國唐睿宗朝。安萬侶撰《古事記》，首天神，次國之常立神，又伊邪那岐、伊邪那美二神，共所生島一十四島神、三十五神，於是輾轉而生神倭伊波禮毘古命，即所謂神武天皇也。日本自託神裔，故其神教最尊。然其首三柱神，云天地初發之時，於高天原成神，名天之御中主神，次高御產巢日神，次神產巢日神。此三柱神者並獨神，獨神者無配偶之謂。成坐而隱身者也。則祀此三神，猶是大報天，而主日之義，其為之立名者，亦猶緯書耀魄寶、靈威仰之類也。〔註 65〕

回教言天神迦畢試來錫穆罕驀德之命。《玫瑰經》言天神嘉俾阨爾奉天主命，報瑪利亞，云天主費略選爾為主嘉。俾阨爾即迦畢試之異譯，此兩教同源之證。〔註 66〕

古天主教祭天用羔之事，按：《出谷記》云：「天主告摩西及亞郎，言義撒阨國之民行將去國。自今以後，令各家選牝羊一，生未周歲者，至正月十四夜盡殺之，用伊溯波草醮羊血塗門上，羊體及髒以火薰熟，外加苦菜一盤，與無酵麵餅同食。依法辦後，家人團圍一卓，皆衣行裝，束頭，〔註 67〕著鞋，手持杖急立。食盡有餘者，使鄰人分食。若仍有餘，即燒成灰燼，務使次晨一毫淨

〔註 62〕眉批：「宗教。」
〔註 63〕「卷一」，稿本為小字注文。
〔註 64〕眉批：「又」、「祠祭」。
〔註 65〕眉批：「又。」
〔註 66〕眉批：「宗教。」
〔註 67〕「頭」，稿本作「帶」。

盡。是日，我將遍巡厄日多國，殺人家長子及畜類之初胎。惟見門框塗血者不殺。不然，即法勞繼統之長男亦不免也。嗣後，每年此日，眾民應行瞻禮，家家仍殺羔羊謝天主救濟之恩。此禮名巴斯卦」云。佛典記婆藪殺羊事，雖與此略別，然何以祭天用羊風俗正同。疑義撒厄百姓遷徙之餘，傳聞遂異耳。〔註68〕

北涼沙門法眾譯《大方等陀羅尼經》卷一云：「婆藪仙人在閻浮提，與六百二十萬估客作商主，將諸人等入海採寶。往到海所，乘舶深入取寶。得寶已，欲還本國，中路值摩竭魚難、水波之難、大風之難，又值夜義之難。如是六百二十萬人實時各許摩醯首羅天人各一生。爾時，諸人便離四難，遠到本國。到已，即各牽一羊，欲往天祠。婆藪默念：我當設方便，濟是羊命。即化作二人，一古出家沙門，二在家婆羅門。時婆羅門唱言天主與六百二十萬人慾往天祠，沙門於中路見，問言汝等大衰。如是諍訟不止。沙門與婆羅門及諸人圍遶至大仙所。爾時，沙門問大仙，言：『殺羊一作生。祀天，當得生天入地獄乎？』大仙答言：『何癡。沙門殺生祀天而墮地獄。』沙門答言：『不墮耶？』婆藪言：『不也。』沙門言：『若不墮者，汝當證知。』爾時，婆藪實時陷身入阿鼻地獄。」按：此經稱婆藪之義為天慧，為高妙，為力善，為慈悲，而入地獄事為方便，化導眾生，與他經略異。然其初為估客，廣集商眾，入海舶而遇難，辭本國而遠遊，皆與《舊約》諸記略可比附。婆藪、摩西音亦略近，為一為二，雖不可知，而人各一羊，與婆羅門唱言稱為天主，其事其地其人固不甚相遠也。〔註69〕

古道家有餌芝術一派，《漢書‧藝文志‧黃帝雜子芝菌》十八卷，顏《注》曰：「服餌芝菌之法也。」〔註70〕是其傳在西漢以前。抱朴子言之尤多。《《水經‧沔水〉注》云〔註71〕：「錫縣錫義山，今有道士被髮餌術，恒數十人。」《晉書‧許邁傳》云〔註72〕：「採藥於桐廬縣之桓山，餌術。」〔註73〕

唐韋巨源《食譜》有婆羅門輕高麵。《正字通》云〔註74〕：「輕高麵，今俗籠蒸饅頭，發酵浮起者是也。」〔註75〕

〔註68〕眉批：「又」、「祠祭」。
〔註69〕眉批：「宗教」、「佛學」。
〔註70〕見《漢書》卷三十。
〔註71〕見《水經注》卷二十七。
〔註72〕見《晉書》卷八十。
〔註73〕眉批：「方術。」
〔註74〕見明‧張自烈《正字通》卷十二。
〔註75〕眉批：「飲食。」

　　《世界商業史》云：「商業之發達，實以十字軍後為最隆。盛十字軍以前，東西洋交易雖未全斷，而較之太古，不及十之三四。自十字軍興，東西洋貿易乃大盛，貨物流轉甚為活潑。蓋十字軍之設於宗教之目的雖未發達，而別顯一大功果。功果者何？即其從軍之人知東洋之文化勝於歐洲，感染其風俗，慕其產物，將之而歸，如沙糖裝飾品及真珠等輸入歐洲，年多一年，且不獨有形之貨物也。即無形之學問技術，亦因之而西漸。故余輩以十字軍為東西兩洋交通再興之媒，非過論也。」余謂宗教之事主於仁慈，而其禍之激必生慘烈。至慘烈之極，復開文明，循環迭見，靡有窮已。善觀其通者，於時時在在可以遇之於目前也。〔註76〕

　　日本沙門瑩山《坐禪用心記》云：「夫坐禪者，非於教行證，而兼此三德。謂證者以待悟為，則不是坐禪。心行者以真履實踐，不是坐禪。心教者以斷惡修善，不是坐禪。心禪中縱立教，而非居常教。」按：此禪宗與教下之大別也。〔註77〕

〔註76〕眉批：「宗教」、「夷情」。
〔註77〕眉批：「宗教。」

卷二十五〔註1〕

　　《皇輿西域圖志》四十八〔註2〕云〔註3〕：「回部與準噶爾接壤，而其書特異，共二十九字頭。丨、音愛里普。ヽ、音別，平聲，輕呼。ᄂ、音貼，平聲。ᄂ、音色，平聲。乙、音之木。乜、音哈喉音。Ｊ、音達爾。Ｊ、音雜爾。ノ、音勒，彈舌聲。Ｊ、音則，平聲，露齒輕音。ᄣ、音森。ᄣ、音深。ᄊ、音薩忒。ᄊ、音雜忒，與ち通用。ᄂ、音伊忒喀，喉音。ち、音伊雜哈，喉音。乙、音阿音。乙、音阿音，喉音。Ｊ、音披野。ᄂ、音喀普，喉音。ち、音喀普，脣。σ、音拉模。Ｊ、音努恩。Ｊ、音窪。Ｊ、音赫伊。Ｊ、音呀。」又云：「凡音二字三字四五字者，皆合讀成音。」又有「六外字頭，ヽ、音默忒。ち、音黑模則。ᄴ、音忒失都忒。о、音撒欽。δ、音同Ｊ而稍輕，ʊ。音同ᄂ而稍輕。」〔註4〕

　　《皇輿西域圖志》云〔註5〕：「回部語言凡三種，自今哈密、闢展以西，至喀什、噶爾、葉爾羌、和闐大率相同，謂之圖爾奇語。外藩拔達克山、博羅爾諸部所習者，名帕爾西語。別有和爾盎語，則惟回回祖國墨克默德那諸部習之，與圖爾奇、帕爾西語音迥異。」

　　西藏字母三十，其文理不甚可解。詳《西域同文志》。《同文韻統·西番字母配合十四譜》載之甚詳，云：「第一譜字母三十字，惟末一阿字係天竺之音韻字，嘎、喀、噶、啊、齈、答、塔、達、納、巴、葩、拔、嘛、匝、擦、雜、

〔註1〕按：稿本題「純常子枝語第廿四冊」。稿本乙封題「純常子枝語第廿四」。
〔註2〕「四十八」，稿本為小字注文。
〔註3〕見清·褚廷璋《乾隆皇輿西域圖志》卷四十八《雜錄二·字書》。
〔註4〕眉批：「此卷皆入語文，有應入他頁者，俟於楣上注明。」
〔註5〕見清·褚廷璋《乾隆皇輿西域圖志》卷四十八《雜錄二·語言》。

斡、邪、喇、拉、沙、薩、哈二十三字係天竺之翻切字。於天竺音韻之十六字，止取一阿字，其十五字皆不用者，則以阿字加吉固記號即成伊字，加𦂄住記號即成烏字，皆於三十字母內足以生之。於天竺翻切三十四字，止取二十三字，餘十一字不用者，以噶、雜、楂、達、拔五字，西番無帶哈字音，故不用；查、義、楂三字，西番例即於嘎、喀、噶三字內轉出，故亦不用；那字，西番無捲舌音；卡字，天竺兼喀、哈二音，西番例則或用喀字，或用哈字；𪙊字，天竺兼招義二音，西番例則或作招字，或作義字，亦於喀字內轉出，故亦不用。」此西番字母所以原本天竺而尤簡要也。其字乃唐吐蕃相阿努採天竺字母合西番語音所製。

西番字母三十字

西番字母三十字	嘎與天竺同	喀與天竺同	噶與天竺同	啊與天竺同	鴉齋齋鴉切齒頭	鴉妻妻鴉切齒頭	鴉齋齋鴉切齒頭	鴉尼與天竺同	答與天竺同

塔與天竺同　達與天竺同　納與天竺同　巴與天竺同　葩與天竺同　拔與天竺同　嘛與天竺同　匝與天竺同　攃與天竺同　雜與天竺同

榦與天竺同　紗時阿切正齒緩　鞁寺阿切齒頭緩　婀厄鴉切喉　鴉與天竺同　喇與天竺同　拉與天竺同　沙與天竺同緊　薩與天竺同緊　哈與天竺同　阿與天竺同

〔註6〕

〔註6〕稿本第二十四冊末又有兩圖，一自「答」至「榦」，一自「紗」至「阿」。眉批：「接西番字母頁。」

俄羅斯字母三十六字

俄羅斯字母三十六字

德 名德 野切 Дд З
伊 阿歐部 烏 Ии
有音 名同 Оо
有音 名同 Уу
阿石麻 名切石 Шm
押撒 名依 Вв 篲篥篆
若去聲 Xx

格 名格 野切 Гг
伊 五廣東音 Ии
名同 有音 Ии
梯入聲 名梯 野切 Лm
飭 名筋 野切 Нn
記號 復 名罪他 Оо

霧 名霧 野切 Вb
意 釜音 名意 野切 Зз
吾鼻音 名愛娜 Мm
士 而捺音 名 野切 Сe
刺 名刺 野切 Цц
歐鴉 有音 名同 бl
有音 名詞 Яя

倍 名倍 野切 Бб
日彈音 名昂 野切 Жне
而 名而 野切 Ии
而捺音 名 Рn
黑 麻 名黑 Хx
記號 倪 舌端音 名 Ьь
名宿 有音 Юю

阿麻部 名阿 野切 Аа
有音 名同 野 Ее
魏麻 克 魄 名魏 Кк
名宛 魏 野切 Пn
夫 名奚 石庇 Фф
魏 而 舌端音 Цц
有音 名 Ээ

—718—

開林按：稿本「俄羅斯字母三十六字」除此圖外，另有兩圖，刻本不載。
今錄之：

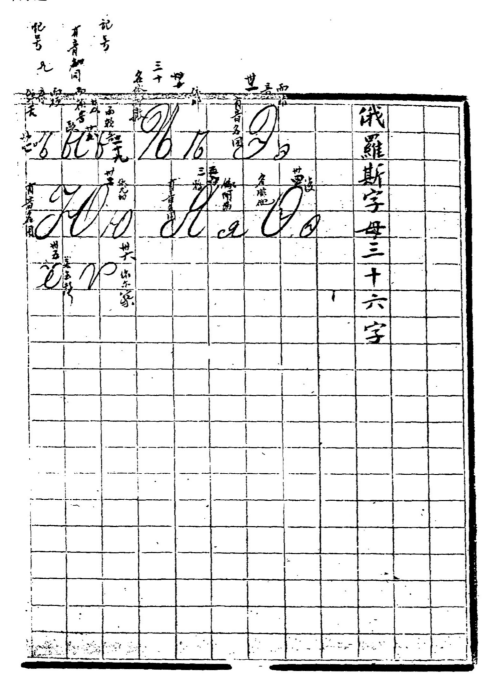

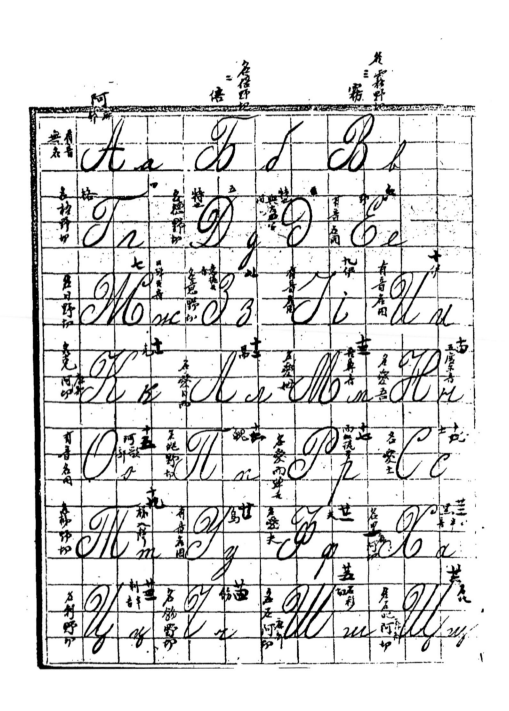

　　按：俄文有長伊、短伊，仍出悉曇章。餘如阿倍等字，與英、法文同用者亦夥，惟與蒙古及準部相同者，尚當檢蒙文、準文證之。

俄文陰陽字，分類至繁，此其難習處。然有二合，無三合，則其易於英文、法文者也。《柳邊紀略》云〔註7〕：「俄洛斯即羅剎，邊外呼為老鎗。《寧古塔紀略》作老羌。文字同臘底諾話，西洋諸國之官話也。」今案：俄文與臘頂文異。《紀略》蓋誤。薛福成《四國日記》云〔註8〕：「俄羅斯，前人考為吐蕃之裔者較確。況其說出自西人，必當有據。」然以洪鈞《元史譯文證補》考之，此說亦似未諦也。按：俄文與吐蕃語絕不相蒙，亦其證也。吐蕃即西番語，無捲舌音，而俄文捲舌音至多。〔註9〕

俄人著《清俄字典》，云：「唐代以上，亞細亞東部多係中國文字，滿洲、渤海兩地皆用之。傳至日本，高麗亦兼習焉。」

俄人宜萬寧《鐵木真帖木兒用兵論·總說》云：「支那之都北京，蒙古人名之云謙里貝克。又烏剌爾河即昔人呼之云狄克，黑龍江即烏爾琿牟倫，而托托爾即韃靼之誤音，蓋支那無ㄖ音，故有此誤。」〔註10〕又云：「府名、河名等，亦不能無誤。如托孫氏用南音，耶經夫氏用北音，故又有音聲之別異。如托孫氏所謂東關城頭登岸東修涇，即耶經夫氏之所謂唐苦華尼城塔東府土因那條基尼也。」〔註11〕

日本字母四十七字：

ィロハニホヘトチリヌ兒オワカヨタしソッネナテムゥキノクセマケフコェテアサキェナミシェヒモセスン。

ム者，牟也。サ者，沙之草書也。ン者，寒之省字也。此余說之異於各家者。其ィ為伊、ロ為呂之類，灼然可見，人人所知，故不具論。

日本貝原篤信《格物餘話》云：「倭音五十字，本邦一切言語、音聲、反切無不出此，豎橫並相通用。苟欲通我國言語，須習曉之。小兒初學國字者，宜先習之，不要學伊呂波蓋。學伊呂波者無益。」

〔註7〕見清·楊賓《柳邊紀略》卷一。
〔註8〕見清·薛福成《出使英法義比四國日記》卷三光緒十六年六月十七日記。
〔註9〕眉批：「廿九冊廿九頁高楠順次郎錄入此下。」按：高楠順次郎七見《純常子枝語》，（一見卷二十四、兩見卷二十五、三見卷二十八、一見卷三十一）。文氏此處所言，當即指卷二十八「高楠順次郎言俄文非全無三合但多二合耳」一條言。
〔註10〕按：稿本、刻本均有空格。
〔註11〕按：重見稿本第二十五。
另，眉批：「此與廿六冊重複。」

　　蕭山王端履《重論文齋筆錄》卷一云：「讀陳扶疋名善，仁和人。《揖齋文集》內《書哈什河經石後》一篇，云：『此石為唐古忒所書綽霍勒贊旦經。嘉慶己卯秋，徐星伯從伊犁將軍晉昌獵於哈什河，得諸吉里自虎嶺。嶺下舊多石璞，上鐫蒙古及唐古忒字佛經，蓋其先壘石為主以祀神，謂之鄂博。因刻佛經其上。此書自左而右橫行讀之，特紀元無可考。哈什河為烏孫，距京萬一千餘里。星伯歸贈余，余載以歸杭。』荒徼文字見於吾杭者，雲林寺借秋閣有咸平三年外裔所進貝葉梵經，萬松嶺烏龍社有蒙古字鍾銘，豈獨茲石也哉！」〔註12〕

　　《皇輿西域圖志》〔註13〕：四十八。「庫車山洞中有漢字石刻，方徑尺許，用迴文折旋，皆釋典語。當屬唐時遺跡，其緣起無考。」〔註14〕

　　紀文達《槐西雜志》三。云〔註15〕：「喀什噶爾山洞中，石壁劃平處，有人馬像。回人相傳云是漢時畫也，頗知護惜，故歲久尚可辨。漢畫如武梁祠堂之類，僅見刻本，真蹟則莫古於斯矣。」又云〔註16〕：「特納格爾為唐金滿縣地，尚有殘碑。」

　　唐沙門法藏《圓音章》云：「如《婆沙論》中七十九卷說，按：此亦引書著卷數之始。世尊有時為四天王先以聖語說四諦，二王領解，二不能解。世尊憐愍，故饒益，故以南印度邊國俗語說四諦，二天王中一解一不解。世尊憐愍，復以蔑戾車語說四聖諦，時四天王皆得領解。如來語業同，故名曰一音；所發多，故名曰圓音。」苻秦僧伽提婆譯《阿毘曇八犍度論》第十七云：「佛語云何？答曰：如來語、一。所說、二。瞵博計反。訶羅、三。婆沙、四。蘇詐反耆羅、五。尼留諦、六。語句、七。語聲、八。口行、九。口教、十。天竺十

〔註12〕眉批：「又可入金石。」
〔註13〕見清・褚廷璋《乾隆皇輿西域圖志》卷四十八《雜錄二・附記》。
〔註14〕眉批：「又。」
〔註15〕見清・紀昀《閱微草堂筆記》卷十三《槐西雜志三》。
　　　　另，清・梁章鉅《浪跡叢談》卷九《絕域金石》：
　　　　紀文達師《筆記》云：「嘉峪關外有閣石徒嶺。閣石徒，譯言碑也。有唐太宗時候君集平高昌碑在山脊，守將砌以碑石，不使人讀。云讀之則風雪立至，屢試皆不爽，故至今並無搨本。」又云：「喀什噶爾山洞中，石壁劃平處有人馬像，回人相傳是漢時畫也，頗知護惜，故歲久尚可辨。漢畫如武梁祠堂之類，僅見刻本，真蹟則莫古於斯矣。後戍卒燃火禦寒，為煙氣所薰，遂模糊都盡，惜當時無畫手橐筆其間，描摹一紙耳。」今人喜收羅金石書畫，而不知淪在絕域，為耳目所不經見者尚如此之多也。
〔註16〕見《閱微草堂筆記》卷十三《槐西雜志三》。

種皆語也，是謂佛語。」〔註 17〕

《夢溪筆談》卷十五云：「音韻庬雜，師法多門，至於所分五音法亦不一。如樂家之所用，則隨律命之，本無定音，常以濁者為宮，稍清為商，最清為角，清濁不常為徵羽。切韻家則定以脣齒牙舌喉為宮商角徵羽，其間又有半徵半商者。如來、曰二字是也。皆不論清濁。五行家則以韻類清濁參配今五姓是也。梵學則喉牙齒舌脣之外，又有折攝二聲。折聲自臍輪起至脣上，如𠁥字浮今切。之類是也。攝字鼻音，如歆字，鼻中發之是也。字母則有四十二，曰阿、多、波、左、那、囉、拖、娑、茶、沙、嚩、哆、也、瑟吒、二合。迦、娑、麼、伽、他、杜、鎖、呼、拖、前一拖輕呼，此一拖重呼。奢、佉叉、二合。娑多、二合。壞、曷、攞多、二合。婆、娑迦、二合。也娑、二〔註 18〕合。室左、二合。佗、陀。為法不同，各有理致。」余案：悉曇字母五十，《景祐天竺字源》猶悉載之，存中僅記華嚴四十二，為稍誤矣。〔註 19〕

宋釋元照《阿彌陀經義疏》云：「迦葉此翻大龜氏，其先代學道，靈龜負仙書而應從德命族。」按：此與河圖洛書之說約略相似。

《中山傳信錄》云：「琉球字母四十七，名伊魯花。有一字可作二三字讀者，有二三字可作一字讀者，或藉以反切，或取以連書。如春色二字，琉人呼春為花魯二音，則合書八口二字即為春字也。色為伊魯二音，則合書彳口二字則為色字也。若有音無字，則合書二字，反切行之。如村名泊，與泊舟之泊兼讀，作土馬伊，則一字三音矣。村名喜屋武，讀作腔字，則又三字一音矣。國語多類此。」按：此則琉球所用四十七音，與日本同。伊魯花即衣羅哈之異譯。

吳汝綸《東遊叢錄》記阿多君曰：「昔琉球語言風俗全然不同，及設立小學校，學童六歲至九歲必授以普通語言，是為國語。故今琉球年老者，或不解東京語言，年少者無不圓熟。」按：此可知琉球與日本種族必不同，故言語多殊異也。《世界地理》云：「琉球民族似與大和倭人自稱。民族有特異之點。」

《列國政教考略》云：「和馬善作詩，其詩為希臘群書之祖。希臘人凡四種，方言不同。和馬詩半用愛馬利，半用以阿尼方言。所作二詩，一名《以利亞詩》，賦希臘諸國攻特羅呀，十年破其城事；一名《阿陀塞亞詩》，賦阿陀蘇

〔註 17〕按：此條下稿本有「五代釋可洪《藏經音義隨函錄序》云」一條，眉批：「第九冊重複」，見刻本卷九。

〔註 18〕「二」，刻本作「三」，據稿本改。

〔註 19〕眉批：「入音均。」

遊行海中，歷久歸國事。詩二十四卷，卷六七百句，句六步步，或三字，或兩字，以聲之長短為節，前四步一長聲二短聲，或二長聲，第五步一長二短，第六步二長。長短猶中國平仄也。後希臘、羅馬作詩，步法準此。」余按：艾約瑟謂希臘有三聲，蓋即指此。然長聲短聲特施之於歌詩，未必即為字音之轉變也。

《新譯世界地理》云：「凡世界言語，有三大別。一屈曲語，如英佛等是；二連結語，如日本是；三單獨語，如狹義之中國即漢語是。然就人種析言之，則中國者兼有此三大別之言者也。狹義之蒙古語行於蒙古地方，通古斯語行於滿洲地方，土耳其語行於新疆地方。此三者不屬連結語，而有純粹單獨語之性質也。漢語行於中國本部地方，具連結語與單獨語兩樣性質。一種之中間語行於西藏，又有一種阿利安語行於天山南路之一部。尚有用苗族言語者，其性質與骨格上之性質尚屬不明。要之，細別有七種言語。」余按：番語、黎語尚有種種不同，此特述其大略而已。

《禮記·中庸》曰：「書同文。」然《通志·六書略·諸國殊文圖》云〔註20〕：「晉姜鼎通作𣲖，虢姜鼎通作𣲖，按：𣲖當是從字。宋公鼎公作𠂤，魯公鼎公作𠂤，晉姜鼎文作𡥀，周公鼎文作𡥀，周敦文作𠁥，屈生敦君作𧾷，姬寏簠君作𠬝，按：𠬝當是父字。宋君鼎君作𠱥，周敦在作巾，尹彝在作廾，父癸鼎在作𣲖，父乙彝在作◆，周公鼎作作𠂤，晉姜鼎作作𠚜，孔父鼎作作𠚜，楚王彝作作𠱥。諸國殊文多矣，以此六條，亦足見焉。」余謂視而可識，即謂之同書也者。字各一體，文也者著而成形。即此一言，而非拼音為言，昭然可見矣。夾漈以圖顯之，若今日歐羅巴洲文字，豈可圖哉？〔註21〕

鄭夾漈《通志·六書略·論華梵》三篇，實通音聲之理。其言云〔註22〕：「華有二合之音，無二合之字。梵有二合、三合、四合之音，亦有其字。華音論讀，必以一音為一讀，故雖者焉可以獨言旃，雖者與可以獨言諸也。梵音論諷，雖一音而一音之中，亦有抑揚高下，故娑縛不可以言索，按：縛有合口音，不能以索字括之。此所舉未諦當。娑嚩不可以言薩，實有微引勾帶之狀焉。凡言二合者，謂此音非一亦非二也。言三合者，謂此音非一非二亦非三也。言四合者，謂此音非一非二非三亦非四也。」然余以為華文雖一字一讀，而入之曲

〔註20〕見《通志》卷三十五《六書略第五·諸國殊文圖》。
〔註21〕眉批：「不分行家大字。」
〔註22〕見《通志》卷三十五《六書略第五·論華梵中》。

譜，則旁注管色，或四五而不休。至轉譯別國之文，則連用字母，亦三四而未審。且如東冬部音，無論何國譯之，皆能僅與江陽相近，是華音之妙，未始不足與西方互為補苴。況梵書字母五十字，各國採用，皆有減而無增，知各處音聲，其得之天者固多未備。今五洲文字皆以言傳，而華書獨以義著，並垂天壤，良非偶然。四目史皇見人藏禾中，遂造禿字，其學固當以目治也。此方真教體清净在音聞，乃楞嚴妙理，果能冥契於此土哉！

　　陳毅《魏書官氏志疏證》云：「《通志‧六書略》稱華書重字作二，梵書作𑨋。與今英吉利法蘭西文二作𑨋正合，蓋魏時西人文字語言已入中國。」此未知英、法所用一至十之號碼乃沿之阿喇伯，而非其國之文字也。說中西事者當求其通，而不可過於附會，此類是也。

　　日本山下萬次郎《萬國地理》云：「蒙古言語混合支那語西藏語及土耳其語。」余案：土耳其即突厥、蒙古之地，為其舊有言語，固多相同。準部之音，採諸天竺，則蒙文出自印度，亦有顯證。惟雜支那語者，未得其詳。

　　高楠順次郎說佛陀所用言語云：「一北印度摩伽陀國語，二南印度案達羅國語。此古說也。三錫蘭島語，則阿育王之子摩呬陀渡島以來。四胡語，則波斯僧來支那，與印度僧般若共譯《大般若經》是也。」按：《北齊書》劉世清以「能通四裔語，為當時第一。後主命作突厥語，翻《涅槃經》以遺突厥可汗」〔註23〕。是佛陀所用，亦有突厥語言。是其五也。高楠所記波斯僧即景净，事見《貞元釋教錄》。

　　英吉利人有考求緬甸語言者，以為與野人及美洲紅苗相近，疑其種族相同。又聞臺灣生番語，頗有與日本相同者。然則萬國語言固同源歟？分音塔之事，或不盡謬歟？夫先有語言，而後有文字。既有文字，則有漸變其最初之語言，層累曲折，閱數千年，而其本來之真殆不可曉矣。由紅苗野番而知厥初生人之理，觀其語言風俗，而知制治立教之原。通天地人之學，固宜留意於此也。分音塔，事見西國古史，云：「洪水之後，人類漸繁，聚於一處，言語同音，遂欲與造物爭能。議建高塔一座，上通於天。方大興土木，天惡其驕盈，特降之禍，亂其土音。實工作者言語不通，事遂中罷。萬國方言實由於此。」或謂塔即巴比倫城之天象樓云。

　　黃楙材《西輶日記》三。云：「緬甸寺曰冢，僧曰繃。凡沿門托缽人家，子弟必從僧學習經典。貝葉為書，以鐵錐畫之，其字體望之如連圈不斷。有二十六字母。」

_____

〔註23〕見《北齊書》卷二十《斛律羌舉傳》。

《經典釋文·條例》云:「典籍之文,雖夫子刪定,子思讀詩,師資已別,而況其餘乎?」余按:中國聲音百數十年而一變,此亦其證也。

《五代會要》卷三十:「後唐天成二年十一月,吐蕃遣使野利延孫等入貢,並番僧四人持番書二封,人莫識其字。」按:既用番僧,當通竺語。當時海內雲擾,象譯之學蓋不復講矣。

《癸辛雜識·後集》云〔註24〕:「譯者之稱,見《禮記》,云:『寄象狄鞮。』今北方謂之通事,南蕃舶謂之唐帕,西方蠻徭謂之蒲,去聲。皆譯之名也。」按:今南方亦謂之通事,無唐帕之名。

彭芸楣《禮部譯字書跋》《知聖道齋讀書跋尾》卷一。云:「《禮部譯字書》十種,明相傳舊本,四譯館所行,用譯字生所習官籍也。今惟暹羅、緬甸、百譯、蘇祿、八百、南掌六帙可備稽考。百譯即僰夷。八百,八百媳婦國也。若回回、西番、高昌、西天則久入版圖,會歸同文之治矣。」魏默深《聖武記》十二云:「禮部會同四譯館內存貯外國之書,回回、高昌、西番、西天為一處,曰西域館;暹羅、緬甸、八百、蘇祿、南掌為一處,曰百夷館。凡十種。」按:祇有九種,皆譯以漢文,分其門類,然皆不能全,僅存崖略而已。

《明史·外國傳》:「萬曆中,有漳州人王姓者,為浡泥國那督。」那督,華言,尊官也。按:那督疑當作督那。嚴嵩《鈐山堂集·潘鑒神道碑》云:「有寇蘇秉規,糾亡命,稱大嚏哪,據海島為患。」嚏哪即督那。明人記外事,多加口旁,非唐人別彈舌音例也。毛奇齡《後鑒錄》亦有達哪字。〔註25〕

須多因氏講義云:「日本神代文字與朝鮮諺本同體。鄰近之國,上世交通,固不足怪。至東西懸隔,乃與日耳曼古字流泥相類,似非偶然。蓋上世言語,一般人種散處,音韻轉訛,至成今日之相違耳。」按:日耳曼上世,羅馬、希臘之字未用以前,有流泥一種,其中有丨、Ｖ、丅、人等字。日本日文秀真穴市三種碑文悉與之同云。余以為丨、丅、人三字,《說文》有之,則流泥文字固亦同於中土也。黃公度《日本國志》云:「世傳有肥人書、薩人書,如一、二、五作丨、刂、卌之類,猶有存者。蝦夷之地,今尚沿用。其五字之外,亦有變換點畫,如羅馬數字或畫作○□,或作鳥獸草木形之類。」余謂埃及古碑亦多象形之字。然則東西各國皆由繪畫,乃變文章。今之所傳,中國特為近古。其悉曇章之類,雖略具形體,實聲音之記號而已。

〔註24〕見宋·周密《癸辛雜識》後集《譯者》。
〔註25〕按:重見稿本第二十五。文本略異。

　　齊、梁始有四聲之學，然沈約《四聲》一卷久已不傳，後人以約所著詩賦求之，實無當也。惟《玉篇》所載沙門神珙《四聲五音九弄反紐圖序》云：「昔有梁朝沈約，創立紐字之圖，皆以平書，碎尋難見」，豈神珙猶及見沈書歟？《序》又云：「唐又有陽寧公、南陽釋處忠。此二公者，又撰《元和韻譜》。」按：《韻譜》一書，唐、宋《藝文志》並失載。近人著書，或云神珙實後魏人，《反紐圖序》後人偽託。然余考釋家《唐人音義》等書，未有引神珙說者，此說殆不足據。神珙說字，惟元李衎《竹譜》引之，已錄入前卷中〔註26〕。〔註27〕南陽釋處忠，即釋家所稱南陽忠國師也。《同文韻統》六。《華梵字母合璧說》云：「神珙當是唐人，或云元魏人。」〔註28〕

　　字母非中國之古學，孫叔然、服子慎以來，始有反切，特便授經之時，摹擬聲讀，實即讀如、讀若之例而已。自竺典西來，肇開聲學。《隋經籍志》云：「後漢佛法行於中國，又得西域胡書，能以十四字貫一切音，文省而義廣，謂之婆羅門書。」按：此以梵為胡，當時未嘗分晰。然則悉曇之學，固與秦景俱東，伊存口授於前，法蘭廣譯於後，亮有由矣。《放光》，吳譯。《華嚴》，晉譯。《涅槃》，宋譯。竺乾音韻，歷代所明。特以櫽括華言，則實後來所創。陳思感魚山之制，或有未然；不空譯文殊之經，乃云字母者矣。然喉舌所出，固莫逃於宮徵，而形象諸制，要無假於聲聞。故四聲未晰以前，詩騷已擅其美；翻切未行之始，傳注已著其文。雖世異古今，音殊南北，於同文之治，了無閡也。後世益求精密，各執所聞。聲韻之書，浩如淵海。論五音則分配脣齒，糾葛不明；談清濁則平仄有無，是非頓異。且自守溫而後，字母學尤屬紛歧。多則邵子《經世》之作，幾近咷音；少則方生《通雅》之篇，才盈二十。此則見仁見智，固有不同。若為造字之源，寧得任情改易，既非古制，良可並存。若質之愚衷，願從其朔，切韻咸遵陸氏，字母即用守溫，如是焉已。其有定論，俟之來哲。

　　《列國政教考略》云：「商人至何國貿易，宜各通其方言。英屬北美洲、印度、阿州之南鄙、澳洲、新西蘭、新嘉坡及中國、日本通商各海口通用英語。中國內地、安南等處多用華語。蘇門答臘、加拉巴、馬六甲等處多用馬六甲語。南亞美利加多用西班牙語。」

〔註26〕「前卷中」，稿本作「第九冊」。

〔註27〕眉批：「亦入小學音均」、「此可與第九冊廿二頁李衎《竹譜詳錄》及廿二冊第七頁元李衎《竹譜詳錄》兩條相接」。

〔註28〕眉批：又、「與上連類」。
　　　　按：「南陽釋處忠」以下，稿本別為一條。

黃豪伯《印度劄記》云：「蔥嶺迤西，回部如霍罕部哈爾機窪等，盡為俄羅斯所吞，與北印度僅隔興都哥士一山。其山在巴達克珊境內，即元太祖避暑行宮所在也。俄人覬覦印度之富，嘗懷攘奪之謀，遣人學習印度言語，煽惑民心。」

《俄國新志》卷六云：「一千八百九十二年，俄羅斯所有新聞紙等按時而出者，共七百四十三種，芬蘭不在其內。計俄文五百八十九種，波蘭文字六十九種，德文四十四種，以斯多尼亞文字十一種，來的斯文字七種，法文九種，阿米尼亞文字五種，猶太文字二種，卓支亞按：即高加索。文字三種，芬蘭文字一種。又有合用俄、德、波三國文字者二種，合用俄、德與來的斯三處文字者一種，合用滿洲與俄羅斯文字者一種，合用俄、法文字者一稱。又如第弗利斯新聞紙十二種，計俄文四種，卓支亞文字三種，阿米尼亞文字五種。」按：英人言俄人通各國語言，殆出天性，能英語法語者甚多，而此報紙七百餘種中，英文竟無一種。此不可解一也。西伯利地與蒙古接壤，俄人經營我之盟部久歷歲時，而各報中僅有兼用滿文一種，蒙文竟未之見。此不可解者二也。或陝勒氏所記尚有未備歟？邇來俄勢日東，度華文與日本文亦在所考習矣。戊戌十二月，《日本報》云：「俄國丁口一億二千九百萬人，而新報不過七百四十三家，其中用俄語者五百九十九種，波蘭語者七十九種，德意志語五十七種，烏迷亞語五種，海捕利烏語二種」，而未有用英語者。烏迷亞即阿米尼亞。

方以智《通雅》卷首《四聲通轉說》云：「西方字母阿或兼遏」，是密之略通泰西音學。又卷五十云：「愚初因邵入，又於波梵摩得發送收三聲。後見金尼有甚次中三等，故定發送收為橫三，啌嘡上去入為直五，天然妙叶也。」按：密之以啌嘡為陰陽。又云：「上去亦一陰陽也。入聲有起首伏，亦一陰陽也，是應六爻。脣齒齶舌喉鼻亦應六爻。」自注：「如云符、府、付、復之類是也。以四字唱，則云夫府付伏，符府付復。」密之能知入聲有陰陽，是其聲學過人處。而云「上去亦一陰陽」則誤。凡四聲各有清濁，若以四字唱，則伊倚異益皆清聲，移以易去聲，易皆濁聲。凡平去入之陰陽皆易辨，惟上字之陰陽甚微，難辨耳。今以陰陽上去入曉人，人固易入。然論音理，則八聲之義不可不並存也。陳蘭甫師《切韻考》內外篇言之甚詳。師又嘗告余云：「廣州音，入聲有清濁外，尚多一聲，共得九聲，此不可解。」按：廣州方言如鹿、六、硺、讀、獨、督，音各不同，此入聲有三聲之證。吾鄉贛州音於，入聲清濁，亦分晰甚明。〔註29〕

〔註29〕眉批：「亦入小學音均。」

《皇清開國方略》卷三云〔註30〕:「時國中文移往來,皆習蒙古字,譯蒙古語。太祖命巴克什額爾德尼、噶蓋以蒙古字改制國書,二臣辭未能改。太祖曰:『漢人讀漢文,凡未習字者皆知之。蒙古人讀蒙古文,未習字者亦能知之。今我國必譯以蒙古語讀之,則未習蒙語者不能知也。何以我國語製字為難,反以習他國語為易耶?』對曰:『以我國語製字最善,但臣等未明其法。』太祖曰:『但以蒙古字合我國之語音,聯綴成句即可,因文見義矣。』遂創立滿文,頒行國中。」按:黃道周《博物典彙》云:「建州即金別部,《滿洲源流考》言之尤詳。則金時所製大小字正當可用。」且如烏拉、哈達、葉赫、輝發皆與滿洲言語相通,見《開國方略》卷二。何至文字竟無傳譯?蓋自金源亡後,三百餘年,碑碣雖存,風流頓歇,久屬蒙兀,輒用其文,固其宜也。鮮卑既失其語言,完顏亦喪其文字。不有賢哲,斯文將誰寄哉?

《聖武記》:十二。「太祖諭諸貝勒曰:蒙古諸貝勒捨其本國之語,名號俱學剌麻,致國勢衰微,當以為戒。」

滿洲語臺吉,即太子之轉音。福晉,國初譯文多作福金。即夫人之轉音。此皆由漢語轉變者也。《後漢書》三韓諸國「又立蘇塗,建大木,以懸鈴鼓,事鬼神」〔註31〕。《欽定滿洲源流考》十八。云〔註32〕:「滿洲語稱神杆為索摩,與蘇塗音相近。」此則東方語言千八百年未變者也。

黃楙材《印度劄記》云:「唐世中土請經求法之僧踵趾相錯,至今相沿,稱華人為唐生。」按:《輟耕錄》漢人有桃花石之稱〔註33〕,即唐生之音轉也。又厄魯特稱回人為和通,見乾隆御製詩注。〔註34〕

耶律楚材《西遊錄》見元盛如梓《庶齋老學叢書》。云:「黑色印度城。李仲約注云:『劉祁《北使記》曰:『有印都回紇者,色黑而性願。其書契約束並回紇字。』」與佛國字體聲音不同,佛像甚多。」《松漠紀聞》曰:「回紇奉釋氏最甚,共為一堂,塑佛像其中,每齋必刲羊,或酒酣以指染血塗佛口,或捧其像而嗚之,謂之親敬。誦經則衣袈裟,作西竺語。」按:此即《福慶誌異新編》所記之音底。

〔註30〕見清·彭紹觀《皇清開國方略》卷三《太祖高皇帝》「(己亥年)二月創制國書」。
〔註31〕見《後漢書》卷八十五《東夷列傳》。
〔註32〕見《滿洲源流考》卷十八《國俗·祭天》。
〔註33〕漢人有「桃花石」出《西遊記》,非《輟耕錄》。參卷十一「志伯愚侍郎改官烏里雅蘇臺參贊」一條腳注。
〔註34〕眉批:「桃花石見前,應檢出」、「已檢得廿九冊十九頁,應與此合」、「入桃花石一條」。

　　余曾鈔錄《悉曇章》、《悉曇字記》及《景祐天竺字源》三書於卷中，然其間兩字相似之音，仍未能辨也。按：《欽定同文韻統·天竺字母譜》所用漢音，阿、見鴉切，喉。屙、喉。伊、乙衣切，喉。𠅏、喉。烏、屋巫切，喉。𪛐、喉。利、御伊切，彈舌。𪛍、彈舌。利、力伊切，半舌。𣢒、半舌。厄、吾禾切，今用遏綱切，喉。㫻喉。鄂、五格切，今用烏倭切，喉。𪜁、喉。昂、阿罔切，喉。𡇍、半喉半齒。　以上音韻十六字。嘎、古黠切。今用哥阿切。喀、苦格切，今用珂阿切，牙。噶、歌阿切，牙緩。礒、噶右切，半牙半喉。𪜋、迎阿切，半鼻半喉。匝、諮阿切，齒頭緊。攃、㘔阿切，齒頭。雜、資阿切，齒頭緩。𪜌、雜哈切，半齒半喉。𪛖、尼鴉切，舌頭。查、支阿切，正齒緊。叉、蚩阿切，正齒。楂、之阿切，正齒緩。𪜍、楂哈切，半齒半喉。那、內阿切，捲舌。答、得阿切，舌頭緊。塔、咸〔註35〕阿切，舌頭。達、德阿切，舌頭緩。𪜎、達哈切，半舌半喉。納、訥阿切，舌頭。巴、道〔註36〕阿切，重脣緊。葩、緋阿切，重脣。拔、㫔阿切，重脣緩。𪜏、拔哈切，半舌半喉。嘛、攃阿切，重脣。鴉、衣阿切，喉。喇、呼阿切，彈舌。拉、勒阿切，半舌。斡、無阿切，輕脣。沙、即阿切，正齒。卡、殊阿切，喉。薩、思阿切，齒頭。哈、呵阿切，喉。𪛔。螭阿切，正齒。　以上翻切三十四字。較之歷代所用漢文單字者，更為吻合。後說云：按《文殊問經》、《金剛頂經》、《師利問經》三部內俱有此五十字，而所用漢字各不同。今擇其與竺音合者，取用其不合者，於《欽定國書》十二字頭漢字內，取用其無清平字者用濁平字，天竺字皆清平聲。無平聲字者用仄聲字，其字音相近而呼法不同者，如嘎、噶、𪜍、匝、雜、𪜌、查、楂、𪜍、答、𪜎、巴、拔、𪜏十五字，皆各三字相近；嘎、匝、查、答、巴五字緊讀，噶、雜、楂、達、拔五字緩讀，帶哈字者帶喉音讀。按：得此分別，而《悉曇字源》等書易於淆訛者，皆昭然可辨矣。

　　《同文韻統·天竺字母說》云：「唐貞〔註37〕觀初，吐蕃相阿努心欽至教，嘗身至中印度國，親受天竺字法，殫心精勤，悉得其奧。於是依其本音，譯以唐古特字，以為西域傳佈經呪之用。至那呼唐羅雜斡，復從阿努所譯五十字內，考訂天竺原規唱演，以授僧徒。嗣是以來，振鐸持鈴，遠傳蔥嶺，晨鐘夕唄，徧接湟川。」又《西番字母說》云：「西番字母三十字，乃番相阿努採譯天竺字母，合之西番語音所製。其嘎、喀、噶、𪜋、𪛖、答、塔、達、納、

〔註35〕眉批：「『咸』字疑有誤。」
〔註36〕眉批：「『道』字當是『逪』字之誤。」
〔註37〕「貞」，稿本作「正」，當係避諱。

巴、葩、拔、嘛、匝、擦、雜、斡、鴉、喇、拉、沙、薩、哈、阿二十四字，與天竺字母同；其䚵、䚤、䚪、紗、靫、婀六字，乃天竺音韻所無，而西番音韻所有，故依其國之語言聲韻而增設者也。」按：持誦則依天竺，語言則用國音，此不易之例。然阿努精於音學，故能於省併之外，增其所無，但不詳唐古特文字亦阿努所撰否耳。然日本以五十音合其國語，近因與各國通市，自知未備，乃增加記號，以傚聲音。華夏文字精奧無倫，而脣齒之勞殊嫌闕略。竊謂譯語之際，應特增十數字以肖其聲，或因先代古文而加以記號，或採別國字體而略改形模，使學塾之中童而習之，則舌人之選亦因而易得。此亦論達恉者所宜知也。〔註38〕

《法蘭西志》卷四云：「法國文書多用古羅甸語，以為雅馴其文，與平生言語不同，徒勞學者。至一世法朗蘇亞王時，學士始因法國語言，改定文法，務令人人易通易學，自是法國文學遂開。」按：今時法國文字，未知與羅甸文尚有幾許相類。其因革之跡，俟問諸法人之深於文學者。羅甸，中國譯多作臘丁。

《欽定滿洲源流考》：十八。〔註39〕「《北盟錄》：貝勒、尼堪，滿洲語。尼堪，漢人也。舊作粘罕，今改正。」謹案：粘罕即漢字之合音，猶桃花石為唐生之合音矣。改罕為堪，以罕音近汗。汗，王者之號，故避之耳。

元鄭杓《衍極》卷五云〔註40〕：「今西域人以金絲礬等藥熬水，濡以絹帛，盛以小缶，用竹聿飲而橫書之，則竹聿亦可以行墨。」余謂「濡以絹帛」，正與今日用絲綿貯墨之法相近。而西人所用筆墨，則今時又異矣。蘇易簡《文房四譜》卷三云：「西域無紙筆，但有墨。彼人以墨磨之甚濃，以瓦合或竹節即其硯也。彼國人以指夾貝葉，或藤皮，掌藏墨，研以竹筆，書梵字，橫讀成文，蓋順葉之長短也。常見梵僧沸脣緩頰，歷眒之間，數行俱下。」然則以竹為筆，固天竺之舊法度。周以前，中國之筆亦當如此，故字從竹。後乃加以兔豪也。《衍極》卷四又云〔註41〕：「今西洋馬八兒等國人以長細銛刀，右手執用，托以左拇指，橫刻貝葉為字。」此與古人刀書相近。〔註42〕

〔註38〕眉批：「此似與某冊重」；「已檢得與十八冊第七頁，互有詳略，應參照」，即
　　　　卷十九「《欽定同文韻統‧天竺字母說》云」一條。
〔註39〕見《滿洲源流考》卷十八《國俗‧官制》。
〔註40〕見元‧鄭杓《衍極》卷五《天五篇》。
〔註41〕見《衍極》卷四《古學篇》。
〔註42〕眉批：「論書」、「藝術」、「器物」。

《洛陽伽藍記》卷五引《宋雲家記》云：「朱駒波國，食則麴麥，不立屠殺，食肉者以自死肉。風俗言音與于闐相似，文字與波羅門同。」智廣《悉曇字記》云：「雪山之北，傍臨蔥嶺，胡人居焉。其字元製有異，以境鄰天竺文字參涉其文，粗有增損。」

唐山陰沙門智廣《悉曇字記》云：「南天祖承摩醯首羅之文，與唐書舊翻兼詳音韻不無違反。中天兼以龍宮之文，與南天少異，而綱骨必同。健馱羅國憙多迦文獨將尤異，而字之由皆悉曇也。」

隋章安頂法師《涅槃經疏》第十二云：「十四音書缺二字，梁武足涅槃二字，引經云：所言字者即是涅槃。開善云：於十二字中祇取十字，除後菴痾，謂是餘聲。故《經釋炮音》便云：於十四音是究竟義，更取下魯留盧樓四音足為十四，插著中心，謂阿阿伊伊憂憂魯留盧樓哩黔等。莊嚴復解前十二為複音，後五五相隨，又取後三三相對，中四字耶囉和賒足，前五成六，足上成十二。取羅婆娑訶羅為一遲音，魯留盧樓為一速音，是為十四。觀師彈梁武云：涅槃亦云槃利涅隸槃那，此則六字；亦云般涅槃那，此則四字。何故止取兩字足之？按：唐以前譯音，專取省文，此亦可見。彈開善云：除菴痾二字，足魯留盧樓四字，若魯留盧樓是音者，何不在音次第而在字後？安之彈莊嚴云：經文現云十四音，何時云以字足音？音字兩異，何得相混？又河西以前，十二即是十二音，取後四字合為二音。古經本云梨樓，梨樓即是四字為二音，足前為十四。又梵本音字不言音，今十二字，或十六字隨世所用。又一解云：初十二是音，後迦佉下是字。又一解云：初十二字有三事，一字、二語、三音，因此字以為言論端首，然後方及餘字，故言字本初半字者。世法名半字，佛性名滿字。又云：梵本無半滿之言。河西云：十二字喻之，如飯後二十五字喻之，如羹後九字攝持諸句，如守門人亦如瓔珞後九字，亦字亦音。魯留下之二字，童蒙所不習。學吸氣舌根是第三。明諸字所因，皆有差別，故迦佉等是舌本聲，多他等是舌上聲，吒吒等是舌頭聲，波頗等是脣間聲，遮車等是齒閤聲，故言皆因舌齒差別。」余按：此以盧樓二字為童蒙所不習，蓋音莫先於脣，至舌根已甚難。而中國之四聲，則皆分別於未出喉以前，尤非童蒙所習，宜艾約瑟以為中國言語經八千年轉變矣。

西人某思得簡捷一法，俾中國田夫野老皆能握管寫信。其法以字母二十四，另增九字合之，得三十有三，仍以拼字之法，將華語書以西字，聯環雜

合，音無弗備。余謂字母增減，各家不同。合之天竺為三十六，合之歐邏為三十三，固亦無不可也。

唐釋義淨譯《能斷金剛般若波羅蜜多經·論釋》云：「問：何故本經初留梵語陀羅，不譯為漢字者？答：梵本三處皆是陀羅，而義有差別。今時譯者若也全為梵字，即響滯於東土。如其總作唐音，頓理乖於西域。是故初題梵字，可謂義詮流轉所由，於內道持，便是正述執持之事。作斯譯者，方稱頌本無著菩薩之意，符釋者世親菩薩之情。如其不作斯傳，定貽傷手之患。若總譯為流，持理便成不現；咸為持字，流義固乃全無。作此雙兼，方為愜當。若譯為流，於理亦得，然含多義，不及陀羅。一處既爾，餘皆類知。」又云：「此波若已經四譯五譯，不是好異。西國聲明，自有一名目多事，一事有多名。為此陀羅一言，遂含眾義，有流有持，理當體方俗之殊致，不得恃習而膠柱。」按：此條言譯述之難，足補贊寧之闕。唐釋澄觀《華嚴經隨疏演義鈔》云：「梵音『素怛纜』者，唐三藏譯云是中天之語，什公多譯為修多羅，亦云修妒路，多通諸天。什公是龜茲人，近於東天；實叉三藏于闐國人，多近東北。然什公亦遊五天，隨時所受，小有輕重，語其大旨，理則無乖。梵音『楚夏』者，秦洛謂之中華，按：此據唐時建都之地而言。亦名華夏，亦云中夏。淮南楚地，非是中方。楚洛言音，呼召輕重。今西域梵語，有似於斯，中天如中夏，餘四如楚蜀。西來三藏，或有南天，或有北天，或有中天，東西各異。」按：譯語乖訛，多由於此。今閩、粵所譯泰西書籍，與津、滬語異者，不勝枚舉。故余亟欲整齊畫一之，以便觀者也。

漢高帝楚人，故為楚歌，猶莊舄之越吟也。釋文瑩《湘山野錄》〔註43〕記「錢鏐唱還鄉歌，而父老不曉，乃高揭吳喉唱山歌，以見意詞，曰：『你輩見儂底歡喜，吳人謂儂為我。別是一般滋味子，呼味為寐。永在我儂心子裏。』止。歌闋，合聲賡贊，歡感閭里」。此以知土音之感人也。若王茂弘之彈指蘭闍，又以能通胡語而胡人感悅，則為政者無忘土風而兼通殊俗，固其要矣。

明朱睦㮮《革除逸史》云：「靖難兵次定州，欲攻西木寨，都指揮花英、鄭琦帥步騎三萬援，西水列營峩眉山下。是時圍寨已久，寨軍多南人，天寒思歸。會月夜，文皇命四面皆吳歌，南軍聞之隕泣，有潛下寨降者。詰朝，西水寨遂破。」此亦鄉音感人之證。然不解靖難之師宜多北人，何以盡能吳歌也。

〔註43〕見宋·釋文瑩《湘山野錄》卷中。

日本雖與中國同文，然其新造之字如辻、義與遠近。込、義與籠近。等，誤用之字如殿、樣皆敬人之稱，若先生然。等，固未易悉數也。源順朝臣《倭名類聚鈔序》云：「《漢語鈔》，不知何人撰，世謂之甲書，或呼為業書。其所撰錄，音義不見，浮偽相交，海蛸為蚯，河魚為鱅，祭樹為榊，澡器為椋等是也。」又云：「或復有俗人知其訛謬，不能改易者，鮏訛為鮭，椙讀如杉，鍛冶之音誤涉鍜治，蝙蝥之名譌用蝛蛺等是也。」是劬書之彥，已自言之。又如兔角之文，本之釋典；面白之語，略近吳言。譯者博學多通，自能領解，較之西海音義迥殊者，固猶事半而功倍也。

日本太朝臣安萬侶撰《古事記》，其序作於和銅五年，當中國唐睿宗大極元年。其詞云：「於姓日下謂玖沙訶，於名帶字謂多羅斯。」按：玖沙訶今作クサカ，即日下之義；多羅斯今作タラス，即帶字之義。此文作於天平以前，是〔註44〕吉備真備假名未作，不知其時民間若何書寫。且サカ實日下之轉音，多羅即帶字之緩讀，此可證日本與中國不獨文字可通，即語言亦為同類也。

《斯賓塞爾文集》卷一云〔註45〕：「求語言之源，復有一術。凡字同而義異與義同而字異者，就其支離，可以深求其理。人初有語言也，固不能徧包眾有，其形色志念之相近者，則引申假借，歸之一語。俄而聆其言者，眩惑如射覆矣。乃不得不為之分其塗畛，而文字以之孳乳。至於末世，有數字之義。祖禰一字而莫能究其原者，非覃思小學，孰能道之。今英語大數無慮六萬餘言，言各成義，不相凌雜。蓋自書契之作，斯為最廣矣。」余謂吾華夏文字，字同而義異者多由引申假借，義同而字異者多由方言訛變。蓋中國自羲、黃以還，兼併各國，融會實繁，非如白里登專據海隅，流傳自永。此則斯賓塞爾所未知也。又聞英國字典近時所錄，凡十萬餘言，蓋由學識日開，版圖日廓，故能若此之宏博歟？

英吉利稱印度文為山西掘惕，Sanskrit。近多譯作山西吉，非具足也。近時婆羅門教用耙批鴉切。黎語，佛教仍用山西掘惕語。日本高楠順次郎《梵文學教科書序》云：「梵學之名，起於梵學之一種，稱婆羅門。Bralimi。立壁者別有一種，即佉盧虱吒。此所謂北方之文字而名八克多利亞之巴利即耙黎。語。故編者反對山西掘惕稱梵語，今假從世之通稱，名此書為梵文字」云。蓋今時

〔註44〕眉批：「『是』字下疑脫『時』字。」

〔註45〕湘鄉曾廣銓採譯，餘杭章炳麟筆述《斯賓塞爾文集》第一論《論進化之理》。（《章太炎全集・譯文集》第10頁）

以巴利為婆羅門文字，遂以山西掘慯之婆羅門古文專屬梵學矣。《新譯火器考》作汕士庫力特。

英人威廉士著《散斯克小文典》，日本栗原重冬譯之。石川舜臺序之云：「散斯克者，印度古文，而本邦所傳悉曇章蓋是矣。其縱續為文，疑係支那人之更改，按：此未必然。印度決無有縱續之法。然悉曇之不盡吻合散斯克者無他，謄寫數千萬人，經歷數百千年，而跋涉數百千萬里，運筆轉訛，生此小異耳。」又云：「印度古昔之制，其經書必用散斯克。其極終至並他雜書，亦散斯克而外，不許用之。而異體殊文以通俗者固在也。阿恕伽王父頻婆沙羅始許用巴里文，爾後曰榜葛剌，曰溫土斯旦，皆相通用。現如上人遊於印度、歐洲，獲諸體文而歸，開翻譯之局，先刻小文典，以其字典。及大文典曰巴、曰榜、曰溫，續續譯之。」按：日本此舉未知已竣事否。今中國設方言同文諸館，而於同洲文字如印度、孟加拉、阿喇伯等皆漫不加察，亦學術之隘也。〔註46〕

元至元元年詔曰〔註47〕：「朕惟字以書言，言以紀事，此古今之通制。我國肇基朔方，俗尚簡古，未遑制作。凡施用文字，因用漢楷及畏吾字，以達本朝之言。考諸遼金以及遐方諸國，例各有字。今文治寖興，而字書有闕，於一代制度，實為未備。故特命帝師八思巴創為蒙古新字，譯寫一切文字，期於順言達事而已。自今以往，凡有璽書頒降者，並用蒙古新字，仍各以其國字副之。」按：八思巴製字僅千餘，其母四十有一。其相關紐而成字者，則有韻

〔註46〕高山杉《〈散斯克小文典〉——讀〈純常子枝語〉箚記之一》（《南方都市報》，2011 年 6 月 19 日）：

往年讀此節，不能完全貫通。「曰巴曰榜曰溫」（應即巴里文、榜葛拉、溫土斯旦的略稱）一段，似有訛脫。後讀日本語言學家土居敏雄（Toshio Doi）英文論著《近代日本語言學——歷史與人脈》（The Study of Language in Japan：A Historical Survey，1977）第四章《梵語研究》第二節《明治初期佛教與東本願寺翻譯局》，始獲完全之瞭解。下面就按照土居敏雄的介紹，將「散斯克小文典」一條箋釋如下。

「英人威廉士」即英國印度學家 Sir Monier Monier-Williams（1819～1899），「散斯克」即梵語（Sanskrit），《散斯克小文典》指威廉士所著梵語教科書《梵語手冊》（Sanskrit Manual for Composition，Oxford，1862）的日譯本。日譯本共 3 卷，譯者是日本淨土真宗東本願寺派（大谷派）學者栗原重冬，明治十年（1877）譯畢。東本願寺派長老石川舜臺曾為《散斯克小文典》作序，文廷式引用的就是這篇序言。

（下略）

〔註47〕見《元史》卷二百二《釋老列傳·八思巴》。

關之法；其以二合、三合、四合而成字者，則有語韻之法，而大要以諧聲為宗。〔註48〕八思巴為土番薩斯迦人，而通聲韻之學，則其源蓋採之天竺，而未兼遐方諸用也。鄭杓《衍極》卷二云〔註49〕：「皇元國書，重啟人文諧聲之義，實綜乎五蒙古書，具六書之義，而以諧聲為主。惜《書史會要》而外，遺文不足徵耳。」〔註50〕

李汝珍《音鑑》卷五〔註51〕載蒙古四十一字母：葛、渴、課、誐、者、闕。遮、倪、怛、撻、達、闕。鉢、發、末、麻、桫、闕、若、嚼、若、薩、阿、耶、囉、羅、設、沙、訶、亞、伊、嗚、醫、污、遐、霞、法、惡、也、咼、邪。

《書史會要》：「蒙古字四十二，具平上去三聲而無入聲。入聲輕呼，則同平聲矣。」沙張白《讀史大略》五十八。云：「帝師八思巴製蒙古字，字僅千餘，其母四十有一。其相關合而成字者，則有韻關之法；其以二合、三合、四合而成字者，則有語韻之法，而大要以諧聲為宗。」

高麗字母二十五字，今以日本音釋注如左。

〔註48〕按：此按語又見下「《書史會要》」一條，係沙張白《讀史大略》之語。
〔註49〕見《衍極》卷二《書要篇》。
〔註50〕眉批：「卅三冊十一頁應與此相接。」
〔註51〕「卷五」，稿本為小字注文。

－736－

ᄋ　아야어여오요우유으이ᄋ　ア、ヤ、ヲ、ホ、ヒヨ、ヱ、ヤ、ス、ヒ、ハ、

ᄀ　가갸거겨고교구규그기　カ、キヤ、コ、キヨ、ク、ヤ、キ、ケ、カ、

ᄒ　하햐허혀호효후휴흐히ᄒ

ᄏ　카캬커켜코쿄쿠큐크키ᄏ　タ、チヤ、ト、チヨ、トヽ、ッ、チ、ヤ、

ᄅ　타탸터텨토툐투튜트티ᄐ　ッア、チヤ、ト、チヨ、ヽ、ッ、チ、ヤ、

ᄎ　차챠처쳐초쵸추츄츠치ᄎ　ッ、ヤ、ト、チヨ、ヽ、チ、ヤ、

ᄑ　파퍄퍼펴포표푸퓨프피　パー、ビヤ、ポー、ピヨ、ポー、ビヨ、ブー、ピユ、プー、ピ、パ

ᄑ　파퍄피펴포표푸퓨프피푝

純常子枝語卷二十五　畫

〔註52〕按：此二十五字中，十一字為字母字，十三字為音韻字。其並音之法，即合兩字為一字，亦至簡易矣。其聲音多用支、魚、歌、麻等部，與日本亦略相近，大抵同出於天竺。其用法亦有二合，無三合，高麗稱此為伊呂波，是日本稱伊呂波之所本，猶梵音之稱悉曇也。閔泳翊云：「是高麗某王之所作。」日本北村三郎《朝鮮史》云：「今朝鮮國王世宗創製訓民正音之名，稱諺文。初，世宗以各國皆以方語制文字，獨我國無之，即製字母二十五字。蓋新羅之吏讀其發音流暢，功用甚備，世宗更依滿洲、印度、蒙古字，正音創製，此諺文僅字母二十五字，縱橫構成，轉換無窮。又其音清濁強弱，抑揚長

〔註52〕按：倒數第二列最後一字，稿本作「ᄎ」，眉批：「『ᄎ』疑當作『ᅕ』」。

短，無不如意。」余案：徐兢《宣和奉使高麗圖經》二十二云：「高麗飲食用
俎豆，文字合楷隸。」是知諺文之作，必在宋以後矣。

孫穆《雞林類事》云〔註53〕：「高麗方言，謂白曰漢，謂水曰沒，井曰烏
沒，熟水曰泥根沒，冷水曰時根沒。」余案：蒙古人稱河為沒輦，亦作沐漣，
是高麗語不獨與滿洲相近，亦與蒙韃相通也。俟再考。〔註54〕

《世界地理》云：「諺文者，結合元音、子音為多數之音，蓋阿回別特之
所創製者也。」〔註55〕

林壽圖《啟東錄》五。曰：「百濟王所治城曰固麻。《北史》謂居拔城，即
固麻城。以滿洲語譯對，固麻為格們之轉音。《舊唐書》云：王居有東西兩城。
居拔即滿洲城之卓巴。兩城皆王都，故均以格們稱之。其曰建居拔者，建字
乃漢文。《通考》誤連建居拔三字為城名。」按：此則古百濟語，與今滿洲語
有可通處。《錄》又云：「《唐書》、《五代史》：新羅立金真平女善德為王宗室大
臣，乙祭總知政事。」蒙古語謂全部之部曰伊濟，與乙祭音近。是新羅語又可
通蒙古語。然此條尚俟考定也。

中國文理，一字讀二音者，古亦有之。倪思寬《讀書記》卷八云：「一字
讀二音，見於《唐石經》。《詩》『于三十里』，《唐石經》『于卅里』。『三十維
物』，《唐石經》作『卅維物』。若讀卅為悉合反，則是四言之詩。雜以三言之
句，不諧聲度，安得成章？故知以一字讀二音也。」其二字讀一音者，則所在
多有。李文貞《榕村語錄》卷十七云〔註56〕：「買朱鉏、密州，兩字切音也。
按：當云合音。莒，夷也，語譯而通。」余案：壽夢之為乘，亦是此類。古人用
譯語，或略或詳。然二合之例，已於此見端矣。〔註57〕

張行孚《說文發疑》云：「或謂《周禮·外史》『諭書名於四方』，書名者，
文字之聲音也。如列國各用方音，則外史所諭者何事？愚案：外史所諭，不
過每方命數人整飭其形聲之大略，使之無甚懸殊，猶今學使整飭各方之文學
而已，必不能令數千里之聲盡歸一律也。」原注：「按：今時用韻能歸一律者，以韻
有成書也。古無韻書，安能一律？段懋堂謂古有韻書而今佚者，不足據。」

〔註53〕見清·郝懿行《證俗文》卷十八《外國》。
〔註54〕眉批：「此下接廿九冊四十二頁。日本松岡馨一條應入此條下。」
〔註55〕眉批：「卅一冊十二頁一條應錄於此條後。卅二冊十三頁一條。」
〔註56〕見《榕村語錄》卷十七《春秋三》。
〔註57〕眉批：「『李文貞』以下一段，又錄入廿八冊第二頁，文義略不同。」按：文
　　　　字與此稍不同，錄卷二十七中。

德意志國人花之安《自西徂東》卷四云：「亞細亞洲之巴比倫，專精天文數學，大約神農、伏羲皆誕生於此。蓋當日四象八卦，皆於此呈圖，名天地曰乾坤者，通合巴比倫之方言也。《爾雅》釋太歲在甲曰閼逢，乙曰旃蒙，及柔兆、強圉、攝提格、單閼，及《史記》太初元年年名焉逢攝提格，凡此皆巴比倫之方言也。」然此書又云：「巴比倫自昔既失其書，後掘地得之。」然則何以能知其古言如此？尚當質諸西國博通之士耳。

馮登府《十三經詁答問》云：「孔子周流列國，《論語》多方俗言。『如其仁』，如即不如，齊人語。『不遷怒』，遷怒，齊人語。『思而不學則殆』，殆疑齊人語。並見《〈公羊傳〉注》。『赤之適齊』，適，之也，宋魯語。『齊桓公正而不譎』，益梁謂謬欺天下曰譎。『沽之哉』，秦以市賈多得為及。並見《說文》。『患得之』，楚俗語。『文莫』猶俗言文，見《論語注疏》。『病閒』，曰閒愈也。南梵病癒者謂之差，或謂之閒。『博弈』，簿謂之蔽，秦晉間謂之簿，圍棊謂之弈，齊魯之間皆謂之弈。『說而不繹』，懌，改也，自山而東或曰懌。並見《方言》。『居吾』、『語汝』，居讀如姬姓之姬，齊魯之間語助。見《〈檀弓〉注》。『其諸異乎人之求之與』，其諸，齊魯間語。見《公羊傳》。」余案：孔子周流，未經秦、楚。楊雲《方言》，只記漢俗，不關周人。要之，「子所雅言，詩書執禮」。自是之外，宜操土風，則《論語》一書，諸賢所記，固宜多齊魯語矣。又《丹鉛總錄》〔註58〕引晉欒《肇論》語駁云：「燕齊以勉強為文莫。」元陰時夫《韻府群玉》亦引之。

北涼道泰譯《入大乘論》卷下云：「如來法身為化眾生，有四方便：一者多檀多羅波羅比地，二者多擅多羅尼比致，三者阿亶多波羅比致，四者阿亶多羅比致。」自注云：「此四深妙，秦言無以譯之，故存梵本耳。」按：譯語者當知此義。然道泰宜以秦言比況，訓釋大意。不然，則全書或因此而義閡，安用譯乎？唐一行《大日經義釋》卷一云：「梵木嗜多是大聲，囉尾多是小聲，涅瞿衫者是長聲，又兼多聲，所以具足言之，欲顯總持境界，無所不了。對此方文字，難以具翻也。」此則聲明之學，實為中土所無。譯家遇此，毋庸強解可也。

《朱子語類》一百三十。〔註59〕云：「介甫解佛經亦不是。解『揭帝揭帝』云：『揭其所以為帝者而示之。』不知此是胡語。」按：《通鑑考異》唐僖宗廣

〔註58〕見明‧楊慎《丹鉛總錄》卷十五《字學類‧□字義》。
〔註59〕見《朱子語類》卷一百三十《本朝四‧自熙寧至靖康人物》。

明元年，侯昌業疏曰：「陛下暫停戲賞，救接蒼生，於殿內立揭諦道場，以財帛供養諸佛。」此疏，《北夢瑣言》以為「庸僧偽作」〔註60〕，《困學紀聞》以為「田令孜黨偽作」〔註61〕。然可知「揭諦」二字，唐末已有解說，要可謂不通譯學之甚者也。

日本北村三郎《安南史》云：「安南文字二種：一支那字，一集合支那字。」此文字殆不可解，今揭其數字如左：

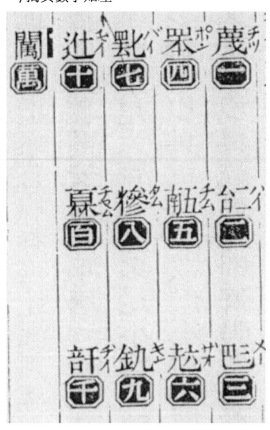

〔註60〕《北夢瑣言》卷六：

唐自廣明後，閹人擅權，置南北廢置使，軍容田令孜有回天之力，中外側目。而王仙芝、黃巢剽掠江淮，朝廷憂之。左拾遺侯昌業上疏極言時病，留中不出，命於仗內戮之。後有傳侯昌業疏詞不合事體，其末云：「請開揭諦道場以消兵厲。」似為庸僧偽作也，必若侯昌業以此識見犯上，宜其死也。

〔註61〕《困學紀聞》卷十五《考史》：

小人之毀君子，亦多術矣。唐左拾遺侯昌業上疏，極言時病，而田令孜之黨偽作諫疏，有「明祈五道，暗祝冥官，於殿內立揭諦道場」。本朝鄒浩諫立劉后，而章厚之黨偽作諫疏，有「取他人之子」之語。其誣善醜，正不謀而同。然不可泯者，千萬世之清議也。

土人書牘等，皆用此種字以作。詩文稱國文及國語詩。余按：茂字、釰字皆華文，餘則所謂集合支那字也。李仙根《安南雜記》云：「其文字與中土同，另作數土字，多加土旁，與使臣往復文書不用也。」潘鼎珪《安南紀遊》云：「無崇祀，宣聖所瞻，謁明解學士縉。」蓋學士時為左布政，鎮其地，興文教云。〔註62〕

中國、日本之文下行而先右，滿洲、蒙古之文下行而先左，希伯來、臘丁之文左行，婆羅門、阿刺伯之文右行。固知造字之人，倉頡、梵佉盧外，更當有人也。日本井手三郎為余言：古今萬國，何以獨無自下而上之文乎？余曰：有之。《周易》是已。故象之初九以至上九，皆逆數也。本乎地者親下，本乎天者親上。六爻之中，以三、四爻為人，能親乎上則有在天之象焉。故乾即天字，而先作下畫，以次而上，即「大人與天地合德」之義也。孔子曰：「下學上達」，「知我其天」，其易義之奧賾乎！

或問曰：六爻既分象三才矣，何以長短大小如一乎？余曰：此合德之謂也。德合則地不必卑於天，人不必小於地，故上下一如也。釋氏言平等，而《周易》之天、地、人六爻相同，亦可謂平等之極矣。故讀《周易》者，見仁見智，何所往而不通乎？《繫辭》云：「周流六虛」，一一之爻，皆虛位也，虛故無不平也。

《攀古樓彝器款識》內邵鍾有王𨮝竈鼓語，𨮝當是錫字之奇字。從皿者，籀文煩重之故。雖金文錫字，未有如此作者，不妨僅見也。諸家或以𨮝為釁字，或以為戛字，或以王字為工字之誤，俱未得其解。〔註63〕

「其𡧛四堵。」按：當是「其室百堵」之異文。諸家釋為「其家四堵」，以《周官·堵肆》言之。非是。〔註64〕

《智鼎銘》以𡆥𡇛𡇢為七八九字，此古人號碼之類。

馬國翰輯葛洪《要用字苑》：「祇衼巨兒之移反法服也，或作竭支，或作僧迦支，或作僧迦鴟，梵言訛轉也。《四分律音義》。」據此，則稚川留心竺譯，不獨洞悉丹經也。

《雲南通志》云：「唐阿𪻴隱居山谷，撰爨字如科斗，二年始成字母一千八百四十，號曰韙書，爨人至今習之。」按：此未知與緬文異同。俞蔭甫《茶

〔註62〕按：重見稿本第二十五。
〔註63〕眉批：「別錄。」
〔註64〕按：此條刻本無，據稿本補。

香室四鈔》云〔註 65〕：「據此，則云南別有一種文字。」

季麟光《暹羅別記》云：「其國別有字，與中國異。」

徐家幹《苗疆聞見錄》云：「人皆鴂舌，不通漢語。稱官為蒙，官之大者曰喀拉。父曰阿罷，亦曰阿扒。母曰阿蒙，亦曰阿米。按：此與漢語同，音略變耳。喫飯曰固麥，亦曰魯羹。飲酒曰呵交，按：交即酒之轉音。亦曰好究。皆屬蠻音，多不可識。」余謂此皆苗民之學漢語者，略帶土音，非不可識也。《錄》又云：「苗家不祀神，只取所宰牛角縣諸廳壁。其有天地君親師神位者，皆漢民變苗之類。」

宋真宗《佛說四十二章經注》云：「判命不死難，『不』字當為『必』字，蓋傳之訛也。據西戎南蠻語音，呼『必』為『不』。」按：此知宋真宗頗留意方音也。

宋周煇《清波雜志》六。云：「外國表章，類不應律令，必經有司點視，方許進御。寶元間，遣屯田員外郎劉渙使唃廝囉，番中不識稱朝廷，但言趙家天子。政和間，從于闐求大玉，表至，示譯者，方為答詔。其表有云：『日出東方，赫赫大光，照見西方五百里國，五百國內條貫主，黑汗王表上。日出東方，赫赫大光，照見四天下，四天下條貫主，阿舅大官家。你前時要者玉，自家甚是用心，只為難得似你底尺寸。自家已令人兩河尋訪，纔得似你底，便奉上也。』元豐四年，于闐上表，稱『于闐國僂儸大福力量知文法黑汗王書與東方日出處大世界田地主漢家阿舅大官家』云云。如此等語言，恐藩服自有格式。」按：此言其「自有格式」，頗合事理。隋時倭人來，文亦頗似此矣。黑汗即合罕。譯音無定字。今廓爾喀表文云：「廓爾喀額爾德尼王畢熱提畢畢噶爾瑪生寫熱曾噶扒哈都熱薩哈九叩跪奏如天覆育、如日月照臨、撫育萬國、壽如須彌山堅固、至大至壽文殊菩薩大皇帝」，亦可異也。

《明史》：武宗於佛經梵語無不通曉。習韃靼語，自名忽必烈。習清真語，自名妙吉敖爛。習番僧語，自名領古班丹。

《〈三國志〉注》〔註 66〕：「孫亮時有山陰朱育，依體像類，造作異字千名以上。」

〔註 65〕見《茶香室四鈔》卷十五《爨字》。

〔註 66〕見《三國志》卷五十七《吳書十二・虞翻傳》。

　　《〈水經・溫水〉注》云〔註67〕：「典沖城有古碑，夷書銘贊前王胡達之德。」按：此胡書碑文見中國載籍之始。《注》又云〔註68〕：「高城丈餘，牛屎為塈，牆壁青光廻度。」按：牛屎塈牆當用印度風俗，則此胡書之碑，蓋亦即用梵文。後魏之時，呼梵為胡，固其宜也。〔註69〕

　　《皇輿西域圖志》四十八。云〔註70〕：「回地歷代教主墓前多樹碑石，名塔哩克塔。實大書，深刻與內地無殊，惟不事墨搨流傳，故回地有碑而無拓。」

　　日本大槻如電云：「《康熙字典》所收十餘萬字，細檢之，今日所用止三四千。今夫轉用數千言，顯出幾千萬語。如是觀之，漢字之功亦偉矣。」見《東遊叢錄》。余嘗謂漢文甚簡，此可證成吾說也。

　　梁章鉅《制義叢語》十七。云：「霞浦方鎮講求字學，從正史中搜得字典未收之字，凡三千。」余按：字典失收之字，釋典甚多。其出於正史者，未必有三千也。惟《宋宗室世系表》命名鉅異，頗出字書外耳。

　　曹廷杰《偵探俄悉畢里部記》云：「查《敕建永寧寺碑》陰有二體寺碑文，其碑兩旁有四體字，碑文惟唵嘛呢叭𡁲吽六字漢文可識，餘五體俱不能辨。」考楊賓《柳邊紀略》載《威伊克阿林界碑》，其略曰：「威伊克阿林極，東北大山也。上無樹木，惟生青苔，厚常三四尺。康熙庚午，與阿羅斯分界，天子命鑲藍旗固山額真巴海等分三道往視，一從亨烏喇入，一從格林必拉入，一從北海遶入，所見皆同。時方六月，大東海亦凍，遂立碑山上〔註71〕，碑刻滿洲、阿羅斯、喀爾喀文。」〔註72〕按：《紀略》言碑刻三體文，未詳所紀何事。余聞此碑六體，尚兼蒙文、番文、準文，未知信否。惜未見拓本。然康熙間能用俄羅斯文刻碑，而道光間，俄羅斯所餽書籍，譯者竟不能通曉，妄撰書目，欺蔽一時。知外交之學，雍正以來不如開國之初遠矣。

　　《佛本行集經》第十一卷：「阿伊優哩嗚　迦佉伽嘅俄　遮車闍社若　吒吒茶嗏咤　多他陀嗹那　跛頗婆婆麼　耶囉邏　婆嗜沙　娑呵。」無和會聲。釋可洪《新集藏經音義隨函錄》卷十四云：「此十四音，長聲中少兩字，短聲

〔註67〕見《水經注》卷三十六。
〔註68〕見《水經注》卷三十六。
〔註69〕眉批：「廿二冊『方觀承《松漠草詩》注』條，原注：『已入廿四冊』，似可即與此一條相接」。按：「方觀承《松漠草詩》注」一條見卷二十三。
〔註70〕見《乾隆皇輿西域圖志》卷四十八《雜錄二・附記》。
〔註71〕「上」，刻本作「土」，稿本、《柳邊紀略》作「上」，據改。
〔註72〕見《柳邊紀略》卷一。

中少七字，譯主訛略也。如文殊問經，具足顯之也。」余按：此經既無魯留盧樓和合音，而阿伊優哩嗚五字並闕短聲，其訛略顯而易見。故竺國音學，古則以《悉曇章》為據，今則以散斯克為據。各經中字門，當以此繩之，不必以譯主偶疏，轉增疑悶也。〔註73〕

北涼曇無讖譯《大集經》卷十。《海慧菩薩品》云：「受持門句、法句、金剛句，所謂阿字一切法門云云。　阿　波　那　陀　沙　多　迦　娑　伽　闍　曇　奢　佉　叉　若　咃　蠱茶一作茶。　迦　至　優　蛇　替　修　毗　時　阿　娑宋元明藏俱作婆。　婆。一作娑。　善男子，是名門句法句者，一切諸法解脫印金剛句者，其身不壞猶如金剛。」按：此經字母，《同文韻統》失載。

唐釋玄奘譯《大般若經》卷五十三《初分辨大乘品》云：「佛言：善現，字平等性，語平等性，入諸字門，是為文字陀羅尼門。　哀　洛　跋　者　娜　砢　柂　婆　茶　沙　縛　須　也　瑟　吒　迦　娑一作婆。磨　伽　他　闍　濕　縛　達　捨　佉　羼　薩　須　若　辢　他　呵　薄　綽　颯　磨　嗑　縛　蹉　鍵　撦　拏　頗　塞　迦　逸　娑　酌　吒　擇。」　按：共四十三字。《同文韻統·五字母同異後說》云：「諸經十二種，字數各殊。至所定字母，惟阿字為元聲，諸經俱同然。」竊按：此經作「哀」，不作「阿」，非盡同也。不空譯《金剛頂經》亦作「遏」，不作「阿」。

俄羅斯人遊元時故都，廣搜金石，有和林圖拓本。其碑共十六種，余於李仲約侍郎家見之。侍郎有《和林金石考》一卷。《和林兵馬劉公去思碑考》云：「《劉天錫去思碑》篆額九字，為番僧鑱梵文六字於其上，故有缺字。」《嶺北省右丞郎中總管收糧記考》云：「記後有蒙古字五行，有一幅作西番字，似刻於此碑之陰。然揆其文意，似不相屬。蓋明代蒙古喇嘛鑱佛呪於此耳。」余按：梵文今尚可識。蒙文雖與今不同，然聞俄人尚能略讀二三。完顏、卻特兩朝文字湮沒不傳，僅有殘碑數種，無能識者，盛衰之感，存亡之慮，蓋在斯乎。《日知錄》卷二十九。云〔註74〕：「後魏平陽公丕傳：『丕雅愛本風，不達新式，至於變俗遷洛，改官制服，禁絕舊言，皆所不願，帝亦不逼之，但誘示大理，令不生同異。』變俗之難如此。今則拓跋、宇文之語不傳於史冊者，已蕩然無餘，一時眾楚之咻，固不能勝三紀遷殷之化也。」《魏書·咸陽主禧傳》：「孝

〔註73〕眉批：「魯留盧樓為和合聲。」
〔註74〕見《日知錄》卷二十九《國語》。

－744－

文引見朝臣，詔斷北語，禧贊成其事。」〔註75〕余謂孝文明知拓拔之語不能久傳，與其見棄於後來，不如自更其習俗。後之議者以為忘祖變俗，自召禍亂，或未足知其本心也。

　　法蘭西人《遊琉球記》云：「島民雖間習我國文字，而不知繙譯之用，因其祇用日本與衰蘇麥俚語耳。」按：衰蘇麥，琉王故城，其地產布，日本人喜用之。又英人《琉球島遊記》云：「土人言語與日本大異，若無通事，萬不能遊歷。雖日本人謂琉球同類同文，殊不可信。蓋土人無一能操日本語者。即此知日本、琉球非同類矣。」按：此兩遊記俱在近年，而一云琉人用日本語，一云無一人操日本語，歧異至此，殆不可解。惟不信琉、日同種，則兩記所同。

　　傅蘭雅記古石云：「泰西諸國光緒九年由巴比倫西伯拉城得一絕古之石，由光緒十三年稽之，乃前五千六百四十一年所立之石，較帝堯元年早一千三百九十八年。英、法二國屢遣人赴巴比倫尼尼微地尋古蹟，英人拉散尋得巴比倫王拿波尼都於日神廟中裝點之古石多端，齎往英國。拿波尼都王約在周靈王十八年時，踐位耶蘇降生前五百五十四年也。厭戰樂靜極，精心稽古，尋日神廟基石，因廟傾難挖，遂移日神像於他廟。掘深丈有五尺，得古廟石基，王於一基石而刻云：『余尋是廟初層基石，掘至丈五尺深，始得古撒根王子那蘭辛王建之初基。惜前乎餘三千二百年中，巴比倫之歷代王舉未得見此石也。』鐫字畢，仍置石於原處，重修整其日神廟。拿波尼都王於周靈王時，刻有前乎彼三千二百年古人父子之名，可知泰西諸古王有年可稽者，無古於是二王者也。近今拉散得有帶紫紅灰石一，狀乃橢圓，中有透穿巨孔，字非巴比倫尖頭，文畫乃平線文畫。緣巴比倫文分二類：一尖頭文，一平線文也。考知其石為象形文字畢，更為字母文字留遺者。石文意云：『余亞甲代王撒根，尊奉日神於西伯拉城，敬立是石。』」立石之撒根王，即創建日神廟基那蘭辛王父也，亦即拿波尼都王刻石所言那蘭辛王父撒根也。石工琢磨至極精，刻字工亦極美善，可知其時巴比倫人技藝已可觀矣。其制度文為無不可散之歐洲、亞洲諸國也。傅蘭雅考云：「西伯拉城在伯辣底河左。《舊約書‧列王紀下》十七章二十四節三十一節西法瓦音，即是其城，一名亞甲。見《創世記》十章十節，即亞甲代也，又名曰耳。亞伯拉罕遷往迦南，即由耳。城在巴比倫上游，約距二百餘里。由彼處乘舟出洋，越印度洋而來中國粵東，約二萬二

〔註75〕按：非出《魏書》。《北史》卷十九《獻文六王列傳‧咸陽王禧》：「孝文引見朝臣，詔斷北語，一從正音，禧贊成其事。」

千里。」余按：邇來論議，每以為中國學術必由巴比倫來，且以五行之說證之。然據此石文，則撒根王時彼土象形之字已畢，而字母之字已行，其距中國伏羲畫卦尚當在前，則不相沿襲，已無疑義，一也。且日神之祀，巴西傚之，而《堯典》欽若昊天柴望山川徒聞賓日之辭，未創太陽之祀，則不相蒙者，二也。巴比倫近於海道，若乘舟東渡，則交、廣當先有師承，然後施及中原，方為次第。今震維學術，西北先開，成紀軒邱，不關南服，何必捨崑邱之靈徼，溯海若之洪波。其非所因革，三矣。河圖畀義，雒書授禹，中邦聖學，天自開之，不必引石柱之遺文，改結繩之原始也。

中國文字，不止象形。《說文》以一字為首。一當為指事，非象形字也。中國自用六書，斷非由尖桵文變改也。

若以碑文證之，則漢夏侯嬰所得石槨銘云：「佳城鬱鬱，三千年見白日。」由漢初上溯三千年，不亦當在帝堯之前千年乎？中國之文字，安見在巴比倫後乎？事見《西京雜記》。

《韓詩》曰：「自古封泰山、禪梁甫者萬有餘家，仲尼觀之，不能盡錄。」阮伯元《三家詩遺說》錄此條於「懷柔百神，及河喬嶽」下。按：見《史記‧殷本紀》索隱》及《封禪書〉正義》。案：即此可知中國文字之早，韓氏經師遺說必非臆造也。〔註76〕

西番語稱天為那木喀，回語稱天為阿思滿，見高宗御製文集。

《菰中隨筆》云：「元時碑多有一行漢字、一行蒙古字者，惟印文不然。予見靈巖寺祖師殿前元碑，上有泰安州印，乃正篆也。」

陶宗儀《書史會要》云：「遼太祖用漢人以隸書之半增損之，製契丹字數千，以代刻木之約。其字如姅、朕、也、敕、友、走、用、馬、屍急。之類是也。」王易《燕北錄》載：「長牌七十二道，上國書敕走馬，字ᠴ走鳳；銀牌三道，上國書朕，字姅；木刻字牌十二道，上國書急，字屍；旗上國書䢴，乃軍字也。」契丹字可考者如此。《遼史‧儀衛志》云〔註77〕：「銀牌二百面，長尺，刻以國字，文曰宜速，又曰敕走馬牌。」《五代史記》曰〔註78〕：「阿保機多用漢人，漢人教之以隸書之半增損之，作文字數千，以代刻木之約。」

〔註76〕眉批：「《元史譯文證》等條之後。」
〔註77〕《遼史》卷五十七《儀衛志三》。
〔註78〕見《新五代史》卷七十二《四夷附錄》。

　　《朱子語類》：卷九十一。〔註79〕「問：『今冠帶始於何時？』曰：『看《角觝圖》所畫，觀戲者盡是冠帶。立底、屋上坐底皆戴帽係帶，樹上坐底也如此。那時猶只是軟帽，搭在頭上；帶只是一條小皮穿幾箇孔。今帽子做得恁高，硬帶恁重大。皁衫更費重。某向時見此三物，疑其必廢，如今果是人罕用也。』」又云：「後世禮服固未能猝復先王之舊，且得華夷稍有辨別猶得。今世之服，大抵皆胡服，如上領衫靴鞋之類，先王冠服掃地盡矣。中國衣服之亂，自晉五胡，後來遂相承襲。唐接隋，隋接周，周接元魏，大抵皆胡服。」又云：「今衣服無章，上下混淆。某嘗謂縱未能大定經制，且隨時略加整頓，猶愈於不為。」〔註80〕

　　又云〔註81〕：「古人衣冠，大率如今之道士。」道士以冠為禮，不戴巾。〔註82〕

〔註79〕見《朱子語類》卷九十一《禮八》。

〔註80〕眉批：「入衣□條。」

〔註81〕見《朱子語類》卷九十一《禮八》。

〔註82〕稿本第二十四冊末又有兩圖，即《西番字母三十字》中自「答」至「幹」、自「紗」至「阿」部分。

卷二十六〔註1〕

宋潘閬有《逍遙集》。案：閬事《宋史》見《宦者・王繼恩傳》。《四庫提要》〔註2〕引江少虞《事實類苑》云：「太宗時，賜進士第。後坐事亡命，真宗時捕得之，釋其罪。」余案：泗水潛夫《武林舊事》卷五〔註3〕西湖三隄路有先賢堂，「名仰高祠，許由以下共四十人，刻石作贊，具載事蹟。中以寶慶初巴陵之事，謂潘閬有從秦王之嫌，遂去之」。是閬之亡命，實因秦王。較之李白陷於永王璘，尤為非罪。宜崇寧間黃靜刻其《酒泉子》詞，而以謫仙稱之也。至《古意》一首，刻唐詩者以為崔國輔作，而《永樂大典》則題閬名。見《提要》。〔註4〕余案：其詞云「妾有羅衣裳，秦王在時作。為舞春風多，秋來不堪著。」或閬於亡命之後，猶有不忘舊邸之思，偶書古詩，後人遂誤編入集耶？要之其人品甚高，故南宋人猶以先賢祀之矣。閬有《尊〔註5〕前勉兄長》詩，云：「一家久寄浙江濱，倏忽如今二十春。」是閬固浙之寓公，故浙人以先賢祠之。〔註6〕

〔註1〕按：稿本題「純常子枝語第二十五」。稿本乙封題「純常子枝語第廿五」。
〔註2〕見《四庫全書總目》卷一百五十二集部五。
〔註3〕見宋・周密《武林舊事》卷五《湖山勝槩》。
〔註4〕《四庫全書總目・逍遙集》：
其《古意》一首，今刻唐詩者皆以為崔國輔作，而《永樂大典》則題閬名。疑以傳疑，亦姑並錄之，而注其詭異於本題之下焉。
〔註5〕「尊」，《逍遙集》作「樽」。
〔註6〕眉批：「□（殘缺，疑為「人」字）品」、「著述」、「詩是田師錫傳。行篋無《宋史》，俟檢」。
另，稿本下有「余前錄希姓」，眉批：「此條已見廿一冊」；「《容齋隨筆》卷十六云」，眉批：「此條亦重出」；「聖祖仁皇帝御製百家姓」，眉批：「此條亦重

明張鼎思《琅邪代醉編》錄時人僻姓。解州辰，鉅鹿尼，敷施毘，吉州蘭，休寧醫人團一元，絳州因，安定稍，郯城稑，商邱衰，洋縣瘅，岷州冶，武定契，蓬州毋，白水問，庶邑頯，滁州宥。祖姓有有若，後聖祖賜姓宥。寧遠祿，近在儀曹，有士來見，姓卑名自牧。沃泮，定海人。性急，王襄敏作詩規之。〔註7〕

章實齋《校讎通義》立一書互見及裁篇別出之說，目錄家頗謂剙獲。余閱明祁承㸁《書目略例》，實開其端。《略例》云：「古人解經，存者十一。如歐陽公之《易童子問》、王荊公之《卦名解》、曾南豐之《洪範傳》，皆有別本，而今僅見於文集之中，惟各摘其目，列之本類，使窮經者有所考求。又如《靖康傳信錄》、《建康時政記》，此雜史也，而載於李忠定之奏議；《宋朝祖宗事實》及《法制人物》，此記傳也，而收於朱晦翁之語錄。如羅延平之集，而《尊堯錄》則史矣；張子韶之集，而《傳心錄》則子矣。他如瑣記、稗記、小說、詩話之類，附見本集者不可枚舉。即如弇州集之《藝苑卮言》、《宛委餘編》，又如馮元敏集之《藝海泂酌》、《經史稗譚》，皆按籍可見，人所知也。而元美之《名卿蹟記》、元敏之《寶善編》，即其集中之小傳者，兩書久已不行，苟非為標其目，則二書竟無從考矣。凡若此類，今皆悉為分載，特明注原在某集之內，以便簡〔註8〕閱。」按：此即章氏所謂裁篇別出者也。又云：「同一書也，於此則為本類，於彼亦為應收。同一類也，收其半於前，有不得不歸其半於後。如《皇明詔制》，制書也，國史之中固不可遺，而詔制之中亦所應入；《五倫全書》，敕纂也，既不敢不遵王而入制書，亦不可不從類而入纂訓。又如《焦氏易林》、《周易占林》，皆五行家也，而易書占筮之內亦不可遺。他如《水東日記》、《雙槐歲鈔》、陸文裕公之別集、于文定公之《筆麈》，雖國朝之載筆居其強半，而事理之詮論亦略相當，皆不可不各存其目，以備考鏡。至若《木鐘臺集》、《閒雲館別編》、《歸雲別集》、《外集》、范守己之《御龍子集》，如此之類，一部之中，名籍不可勝數。故往往有一書而彼此互見者，同集而名類各分者。」按：此即章氏所謂一書互見者也。章氏與祁氏近同里閈，不容不見其書，乃遠述弱侯而近遺夷度，殆不欲著其相襲之跡乎？若然，則《文

出」；「文秉《烈皇小識》」，眉批：「重出」；「黃宗羲《行朝錄》卷八云」，眉批：「重出」。五條均見刻本卷二十二。下另有「《行朝錄》」一條，無眉批，亦見刻本卷二十二。
〔註7〕按：此條稿本無。
〔註8〕眉批：「『簡』字避明莊烈諱，今仍之。」

史通義》特重史德，實齋為有愧也。〔註9〕

《說文》無「由」字，說者多歧。余嘗以「由」字為「軸」之古文，既著其說於前，今又得數證。《詩·齊風》〔註10〕：「衡從其畝。」《釋文》引《韓詩》作「橫由」。東西耕曰橫，南北耕曰由。案：橫由與廣袤相同。橫、廣竝從黃，由、袤聲相近也。《一切經音義》卷十一及二十四竝引《韓詩》說，東西曰廣。《說文·衣部·袤》下云：「一曰南北曰袤，東西曰廣。」余謂袤假借字，由乃正字。南北曰由者，蓋取地軸之義。地有南北極為地軸，無東西極也。《淮南·天文訓》云：「欲知東西南北廣袤之數者，立四表以一方距。」又云：「除舉廣，除立表袤。」是亦以東西為廣，南北為袤，與韓說同。《周官·大司徒》：「欲周知九州之域，廣輪之數。」鄭《注》：「輪，從也。」案：《齊風》「衡從」即衡由，是從與由同用。《正義》引馬融注：「東西曰廣，南北曰輪。」《儀禮·既夕記》：「廣尺輪二尺。」《禮記·檀弓》：「廣輪揜坎。」廣輪即廣袤，廣袤即橫由也。既可謂之輪，即可謂之軸，則由為軸之古字昭然矣。古往今來曰宙，宙字從由義亦取此。〔註11〕

康熙二十二年，山東按察司參議張能鱗奏請免貢鰣魚，云：「蒙陰、沂水等處，挑選健馬，準備飛遞。伏思一鰣之味，無關輕重。天廚滋味萬品，何取一魚？竊計鰣產於江南揚子江，達於京師，計程二千五百餘里。進貢之員，每三十里一塘，豎立旗竿，日則懸旌，夜則懸燈，計備馬三千餘匹，役夫數千人」云云。奏入，奉旨永免進供。〔註12〕此疏與《陋軒詩》恰可

〔註9〕眉批：「目錄。」
按：稿本下有「秦之焚書所以愚民也」、「汪輝祖《元史本證》」兩條，眉批均注「重出」，見刻本卷二十二；另有「《牟子理惑論》云」一條，眉批注「人物」、「此條已見第九冊，但文義略有出入耳」，見刻本卷九。

〔註10〕見《詩經·齊風·南山》。

〔註11〕眉批：「小學」、「訓詁」。
按：稿本此條下有「高詠《遺山詩·李中丞歌》自注云」一條，眉批注：「此條重複，已錄在廿一冊中。」又有「又案馮景亭《校邠廬抗議》云」一條，眉批注：「重出」。均見刻本卷二十二。

〔註12〕清·金武祥《粟香隨筆》粟香三筆卷八：
前卷言梧州產鰣魚、魩魚頗鮮美，今歲鰣魚尤多。按：鰣魚，兩粵雖常有之，然究以吾鄉揚子江中為最佳，前明即已入貢。何景明詩云：「五月鰣魚已至燕，荔支盧橘未應先。賜鮮徧及中璫第，薦熟欣開寢廟筵。白日風塵馳驛騎，炎天氷雪護江船。銀鱗細骨堪憐汝，玉筋金盤敢望傳。」至我朝康熙年，山東按察司參議張能鱗疏請免貢。疏曰：「為欽奉上諭事，康熙廿二年三月初二日，接奉部文，安設塘撥，飛遞鰣鮮，恭進上御。值臣代攝驛篆，敢不殫心料理。

互證。〔註13〕

借根方為東來法，近時薛福成《四國日記》以為譯語之誤，此不足辨也。余嘗謂中國曆算，一變於乾竺，再變於回回，三變於歐羅巴，並採擷菁華，補我未備。事具史傳，無俟抑揚。至於倡始之功，自歸東土。軒轅迎日，羲和定時，五千年前，昭著簡策，何可誣也！西人書云：希臘天學之最創始者，曰他勒。他勒，米利都人也。童時即喜觀天，嘗誤落溝中。保母援出之，曰：「他勒何為遠察天而近不視地耶？」於時希臘人喜吟詠，善論議，講政治武備。或言性理，然無治天學者。獨他勒好言天。凡天地之理，其所刱獲者多與今合。先時，航海者皆以北斗為北極。他勒始斥其疏，而以極星為北極。又推得太陽平徑，亦密合。始倡言地為球體，預推某年日當食。至時果驗。此前人所未有者。黑鹿獨都史言米太與路底亞戰，當晝，忽昏黑如夜，遂罷戰。蓋他勒預推此時當日食也。邇時，天文家陪律上推周匡王三年秋分後七日，午前日食，月影中線，由小亞細亞東北過亞美尼至波斯。按：小亞細亞東北，當時三國戰地也。他勒之前，希臘未知測天此，必本之他國曆表，蓋非久測不能預知。或曾得迦勒底表，未可知也。按：他勒，一譯作他里斯，為希臘七賢之一。夫當周匡王時，中邦曆學實已大著。日蝕月食，詩人詠之，史傳載之，知其常數矣。而希臘天學乃始萌芽，迦勒底表實東來之塙據耳。〔註14〕

隨於初四日，星馳蒙陰、沂水等處，挑選健馬，準備飛遞。伏思皇上勞心焦慮，廓清中外，正當飲食宴樂，頤養天和；一鰣之味，何關輕重！臣竊以為鰣非難供，而鰣之性難供；鰣字從時，惟四月則有，交時則無。諸魚水養則生，此魚出網即息；他魚生息可餐，此魚味變極惡。因藜藿貧民，肉食艱難，傳為異味。若天廚珍饈，滋味萬品，何取一魚？竊計鰣產於江南之揚子江，達於京師，計程二千五百餘里；進貢之員，每三十里一塘，豎立旗竿，日則懸旌，夜則懸燈；通計備馬三千餘四，役夫數千人。東省山路崎嶇，臣見州縣各官，督率人夫，運木治橋，剗石治路，晝夜奔忙，惟恐一時馬蹶，致干重譴。且天氣炎熱，鰣性不能久延，正孔子所謂魚餒不食之時也。伏念皇上聖德如天，豈肯以口腹之故，罪責臣民？而臣下奉法惟謹，故一聞鰣魚進貢，凡此二三千里地當孔道之官民，實有晝夜不安者。臣以疏遠外吏，何敢冒瀆聖聰？惟伏讀律令，百官技藝之人，應有可言之事，亦許奏聞。況臣一介庸愚，荷蒙聖恩，官至參議，目睹三省官民，祇為膳饈一物，驚惶勞疲，官廢職事，民廢耕耘。若不據實敷陳，不忠之罪，何以自逭？故敢冒昧越陳，伏乞皇上如天之仁，下詔停止。不但傳之史冊，流芳千古，而三省之官民、數千之役夫，咸祝聖壽於無疆矣。」疏上，奉旨：「永免進供，欽此。」既憶鄉味，復念皇仁，因備錄之。

〔註13〕按：眉批：「惟此條廿一冊未錄，應補入。」
〔註14〕眉批：「曆學」、「天文」。

　　岳倦翁《桯史》卷十一云〔註15〕：「番禺有海獠雜居，其最豪者蒲姓，號白番人，本占城貴人。既浮海而遇濤，憚於復返，乃請於其主，願留中國，以通往來之貨。主許焉。歲益久，定居城中。獠性尚鬼而好潔。平居終日，相與膜拜祈福，有堂焉以祀，名如中國之佛，而實無像設。稱謂聱牙，亦莫能曉，竟不知何神也。堂中有碑，高袤數丈，上皆刻異書如篆籀，是為像主，拜者皆向之。」按：不置像設，則非天主教。「號白番人」，各書或謂之白民。友人黃槑材《印度劄記》：「孟買民殷富，商販遠方，粵東所言港腳，白頭回子也。」又云〔註16〕：「泉亦有舶獠曰尸羅圍，訾乙於蒲。」按：尸羅蓋即暹羅，然則閩粵之間西人占籍者當不少矣。《廣東通志》云：「今懷聖寺有番塔，創自唐時，凡十六丈五尺。每月禮拜，亦有占城諸國人雜其間。」〔註17〕歐陽文忠《跋福州永泰縣無名篆》云：「黃孝立言嘗至廣州，見南番人，以夷法事天，日夕焚香，拜金書字，號為天篆者，正類此。」《六一題跋》卷十。按：此所謂南番人，蓋即《桯史》之占城蒲氏矣。〔註18〕

　　唐釋道宣《續高僧傳》卷十一。：「釋法藏，俗姓安，本安息人。祖世避仇，移居南海，因遂家於交、廣之間。後遷金陵而生藏焉。」宋釋贊寧《高僧傳》卷六。：「唐越州釋智藏，姓皮氏，西印度種族。祖父從華，世居官宦，後僑寓廬陵。」

　　《通志・氏族略二》〔註19〕：「竺氏本天竺胡人，後漢歸中國而稱竺氏。竺固為後漢侍中、西平侯。」《風俗通》云：「朝那，東夷也，其後單姓那氏。」《風俗通・姓氏篇》，錢辛楣、盧召弓、張介侯均有輯本。張懷瓘《書斷》下：「康昕，字君明，外國人。官至臨沂令。」是漢、晉之時，外人來居中國者既已受廛，即登皇路婚宦之道，廓然大同，非今日美利堅人區區爭利，遂拒友邦所能及

〔註15〕見宋・岳珂《桯史》卷十一《番禺海獠》。

〔註16〕見《桯史》卷十一《番禺海獠》。

〔註17〕稿本、刻本均有一空格。

〔註18〕按：稿本眉批：「氏族、種族」，「入《龍川略志》外夷在籍中國條」。

　　　　檢刻本卷十三：

　　　　梁釋慧皎《高僧傳》：「吳康僧會，其先康居人，世居天竺。其父因商賈移於交趾。」按：交趾時屬中國，則不獨通市，且許外人占籍矣。蘇子由《龍川略志》卷五曰：「蕃商辛押拖羅者居廣州數十年，家貲數百萬。獲一童奴，遂養為子。」是蕃商有久居廣州者，宋時例所不禁也。岳倦翁《桯史》記占城蒲氏一條，尤可互證。

　　　　或即指此條。

〔註19〕見《通志》卷二十六《氏族略第二・夷狄之國》。

也。列國自謂文明如此等者，豈能自免於貊道乎？《隋書‧經籍志》云〔註20〕：
「漢末太守竺融亦崇佛法。」〔註21〕

　　長沙周荇農閣學壽昌。《補注兩漢書》，余為考訂數十條，今附〔註22〕著余
說者，惟《蔡邕傳》作十意，余以為不作志者避桓帝諱一條耳。此說近刻《史學
叢書》，錢獻之說似與余同。今閱邵二雲《南江札記》云〔註23〕：「《五帝本紀》『詩
言意』。以『意』易『志』，疑後漢人避桓帝諱所改也。趙明誠《書孔子廟置卒
史碑》云：『《華陽國志》、《〈後漢書〉注》皆云趙戒字志伯，此碑乃作意伯，
疑其避桓帝諱，故改焉。』」此二條皆足為余說之證。〔註24〕

　　《東京夢華錄》卷八：「七月七夕前三五日，小兒須買新荷葉執之，蓋劾
顰磨喝樂。至初六日、七日，晚貴家鋪陳磨喝樂。」自注云：「磨喝樂，本佛
經摩睺羅，今通俗書之。」按：此與《婆羅門引》皆天竺遺音。又《夢溪筆
談》卷五。云：「鄭愚津《陽門》詩注云：葉法善引上入月宮，聞仙樂，歸但記
其半，於笛中寫之。會西涼府都督楊敬述進婆羅門曲，與其聲調相符，遂以
月中所聞為散序，敬述所進為其腔，而名《霓裳羽衣曲》。今蒲中逍遙樓楣上
有唐人橫書，類梵字，相傳是霓裳譜，字訓不通，莫知是非。」然是《霓裳羽
衣》亦天竺音也。〔註25〕

　　《漢書‧翟方進傳》〔註26〕：「丞相進見聖上，御坐為起，在輿為下。」
《漢舊儀》云：「皇帝見丞相起，謁者贊曰：『皇帝為丞相起。』立乃坐。皇帝
在道，丞相近謁，謁者贊曰：『皇帝為丞相下輿。』立乃升車。」典至隆重。
至宋太祖撤宰相坐位，已有輕視大臣之心。然姚令威《西溪叢語》云：「每大
起居，宰執侍班於垂拱隔門外東廊廬中，三帥庭下聲喏，捲簾及半，起身答

〔註20〕見《隋書》卷三十五。
〔註21〕按：此條下稿本有「王文簡《池北偶談》卷十云」一條，眉批：「此條已見廿
　　　二冊。」見刻本卷二十二。又有《皇朝禮器圖式》一條，眉批：「已見廿一
　　　冊，此處重出」。見刻本卷二十二。又有「近人作礮考者」、「新譯西學淵源考
　　　火器考雲」、「又云」三條，眉批：「重複」。見刻本卷二十二。
〔註22〕「附」，稿本無。
〔註23〕見清‧邵晉涵《南江札記》卷四《史記》。
〔註24〕眉批：「考證，論史」；「俟檢」。
　　　　按：此條下稿本有「白樂天《諷諫詩‧立部伎第五》自注云」一條，眉批：
　　　　「此條亦見廿一冊」。見刻本卷二十二。
〔註25〕按：此條刻本無，據稿本補。
〔註26〕見《漢書》卷八十四。

之。祖宗之制也。」是宋時君臣猶有答禮之意。〔註27〕

《通志·禮略》〔註28〕：「漢制：講武兵官皆肄《孫吳兵法》、六十四陣。既還，公卿以下陣雒陽前街，乘輿到，公卿以下拜，天子下車。公卿親識顏色，然後還宮。古語云：『在車則下』，惟此時施行。」余案：此出蔡邕《獨斷》。然《獨斷》以「在車則下」為古語，則東漢天子已不為宰相下車矣。周亮工《因樹屋書影》卷二。云：「下車，公卿親識顏色，因巡校還耳。此時不為合古語也。宋時駕還宮門，有勘契勘箭之制。又宋相呂端捲簾審視乃拜，皆此。」〔註29〕

《元史》西北地附錄僅有地名，魏默深《海國圖志》據《經世大典·圖略》辨方位，然不詳者尚多。洪文卿《元史譯文證補》有說無圖，讀者仍未了也。日本重野安繹、河田羆撰《支那沿革圖》，其元代一圖云據獨逸即德意志。人所撰，大略可據矣。今摹之如左。圖闕。〔註30〕

泰西測候之學，遠過於古，惟地震尚不能測，而中國古籍多言地動儀，不可解也。周公謹《齊東野語》卷十五云〔註31〕：「《後漢·張衡傳》：『地動儀以精銅為之，其器圓徑八尺，形似酒樽，中有都柱，傍行八道，施關發機；外有八龍，首銜銅丸，每龍作一蟾蜍，仰首張口而承之。機關巧製，皆在樽中。龍必置九州地分，如遇某州分地動，則龍銜之丸即墜蟾蜍口中，乃鏗然有聲。候者占之，則知某地分震動也。』《北史》：『信都芳明算術，有巧思，聚渾天、欹器、地動、銅壺〔註32〕、刻漏、候風諸巧事，令算之無遺策。』隋臨孝恭嘗著《地動儀經》一卷，今皆無傳焉。然以理揆之，天文有躔度可尋，時刻所至，不差分毫，以渾儀測之可也。若地震出於不測，蓋陰陽相薄使然，亦猶人之一身，血氣或有順逆，因而肉瞤目動，耳氣之所至則動，所不至則不動。而此儀置之京都，與地震之所了不相關，氣數何由相薄，能使銅龍驤首吐丸？細尋其理，了不可得，更當訪之識者。」李文貞《榕村語錄》廿

〔註27〕眉批：類目二字殘、「俟檢。」
〔註28〕見《通典》卷七十六《禮三十六·軍一》。
〔註29〕眉批：「此說出《續漢志》，俟檢。」
　　　　按：此文出《晉書》卷二十一《禮志下》。
〔註30〕「圖闕」，稿本無。稿本有眉批：「輿地」、「俟檢」、「此下原圖闕」、「此下摹繪原圖」。
〔註31〕見宋·周密《齊東野語》卷十五《渾天儀地動儀》。
〔註32〕「壺」，《北史》卷八十九《藝術列傳上》作「烏」。

六云〔註33〕：「定九先生曰：『先業師倪先生云：地動儀當是極平，平之至，少有動，便傾響。何處地震，其餘勢所及者必遠，人不覺，而此器平極，遂有聲。至其語之過於神奇者，或有潤飾也。』」按：此必當與電學相關，後人製之不難矣。〔註34〕

《太玄經‧少》：「次六：少持滿，今盛後傾。」按：此「滿」字當作「盈」字，與「盛」、「傾」為韻。作「滿」者，揚子避漢諱也。蓋字雖作「滿」，而仍讀如「盈」，此漢人避諱之法。

晉肇法師《寶藏論》：「何謂五通？一曰道通，二曰神通，三曰依通，四曰報通，五曰妖通。」此又一五通之說。〔註35〕

《太平寰宇記》：十八。「稷門。《劉向別錄》云：『齊有稷門，齊之城西門也。外有學堂，即齊宣王立學處也，故稱為稷下之學。』」按：後世學堂二字本此。〔註36〕

昔鮑生以為有君不若無君之治，而抱朴子箸論詰之。余以為鮑氏之說，老氏之旨也。《道德經》之末章云：「使民復結繩之治，至老死不相往來。」如此者，亦安用君為哉？葛生之言，則儒家之說也。天生斯民，作之君，作之師。君者，自然而有，非強有也。無主則亂，前訓備矣。顧以一人治天下，不以天下奉一人，是以得罪於百姓者，未有不亡而恣睢自如。恃有命之在天，忘螟蛉之有子，自失大君之職，而欲天下之服從，豈不謬哉？故黃宗羲《原君篇》見《明夷待訪錄》。曰：「古者以天下為主，君為客。凡君之所畢世而經營者，為天下也。今也以君為主，天下為客。凡天下之無地而得安寧者，為君也。其未得之也，屠毒天下之肝腦，離散天下之子女，以博我一人之產業。其既得之也，敲剝天下之骨髓，離散天下之子女，以奉我一人之淫樂。然則為天下之大害者，君而已矣。」夫聚億兆之身而後成國，聚億兆之身之心而後成國之法，而行法之責寄之一人，於是而有君，此最初之義。顧歷代得國之主，則或由於篡弒，或出於征誅，必其力足以決裂前代之法，而後乃能創一代之王，民亦無如何，乃始奉之，則安望其君之不縱恣而民之必安樂哉？幸而立國既久，上下之分定，而情亦少通，則可以百年無事。不幸而天災時行，

〔註33〕見清‧李光地《榕村語錄》卷二十六《理氣》。
〔註34〕眉批：「輿地」、「風候」。
〔註35〕眉批：「祠祭」、「入前五通條」。
〔註36〕眉批：「考證」、「學校」。

虐暴並作，則鋌而走險，亦事理之常。察其循環往復之故，亦天道然也。故泰西有民權之說，則君不得惟所欲為，民不至盡失其職。其有暴君苛政，則裁抑之，否則廢置之，而殺身滅族者不數數見也。華夏無民權之說，而革命之事或數十年而一見，或數百年而一見，國亡而家亦滅者，史不絕書。得失之端，昭然可見，亦各行其是而已矣。夫三綱之說，乃《喪禮》之大義。謂之綱者，猶網之在綱。所謂上殺、中殺、旁殺，皆以此為其綱領也。且網則繫於綱，而綱豈其害網哉？乃張孝達《明綱篇》未知字義而為之說，且其言曰「知君臣之綱，則民權之說不可行也」。夫《白虎通》言君為臣綱，固未言君為民綱。箸書以訓世，而舞文以欺人，不其異歟？且如其言，則當云君之綱臣，父之綱子，夫之綱婦，而何以謂之君臣之綱、父子之綱、夫婦之綱哉？〔註37〕

《北堂書鈔》卷七十七引韋昭《辨釋名》云：「門下吏當作三綱。幼未有用，從容在職也。」按：此蓋謂自少至壯逮老，當分作三節，猶喪服之以君臣父子夫婦分為三節也。古人三綱之義，如是而已。〔註38〕

《白虎通·日月篇》：「感精符曰三綱之義，日為君，月為臣也。」按：《周易》以地之承天為臣道、妻道。緯書以月之應日，比於臣之事君，亦言其順德而已，無相制之理也。《三綱六紀篇》曰：「所以稱三綱何？一陰一陽謂之道。陽得陰而成，陰得陽而序，剛柔相配，故六人為三綱。」夫曰相配，則無相制之義矣。且明箸之曰六人，則君為臣綱，與民權之說有何相涉乎？張氏《明綱》一篇，託始於《白虎通》，而虎觀諸儒，固不能受其誣也。

法家之君臣與儒家之君臣異。此誼不明，二千餘年矣。

《輟耕錄》卷一記金人姓氏，「完顏漢姓曰王，烏古論曰商，乞石烈曰高，徒單曰杜，女奚烈曰郎，兀顏曰朱，蒲察曰李，顏盞曰張，溫迪罕曰溫，石抹曰蕭，奧屯曰曹，孛朮魯曰魯，移剌曰劉，斡勒曰石，納剌曰康，夾谷曰仝，裴滿曰麻，尼忙古曰魚，斡准曰趙，阿典曰雷，阿里侃曰何，溫敦曰空，吾魯曰惠，抹顏曰孟，都烈曰強，散答曰駱，阿不哈曰由，烏林答曰蔡，僕散曰林，術虎曰董，古里甲曰汪」〔註39〕。按：以上三十一姓，移剌即耶律，遼姓也。空與由，漢姓所無，由姓雖偶有，而世所罕見。當以義譯。夾谷，今譯改瓜

〔註37〕眉批：「人倫」、「政治」、「此下數條與廿二冊內引《困學紀聞》一條互有詳略，應參照」。按：即刻本卷二十二「《困學紀聞》七馬融注《論語》云」一條。
〔註38〕眉批：「又」、「此條以下與上條為□類。」
〔註39〕見《南村輟耕錄》卷一《氏族·金人姓氏》。

爾佳。然瓜爾佳自云關姓,與此書姓仝者迥異,且譯音亦迥異,疑非其支派矣。趙、蔡、董、汪,無義可譯,而金人以為姓,殆果其苗裔歟?《北盟會編》:「完顏謂王,赤盞謂張,那懶謂高,排磨、申獨、斥奧敦、紇石列、禿丹、婆由滿、釀剟、夢剟、陀㘞、溫迪掀、掉索、拗兀居、尼漫古、掉角、阿審、孛術律、兀毯、遇雨隆、晃兀、獨頂、阿迭、烏陵、蒲察,烏延、徒單、僕散、溫敦、麗古。唐時初稱姓挐,至唐末部領繁盛,共有三十首領,每領有一姓,通三十姓。」周春《遼金姓譜》云:「按:此乃宋人所記,故與《金史》互異,以音同而字訛也。」細考之,赤盞即顏盞,那懶即納剌,禿丹即徒單,婆由滿即裴滿,溫迪掀即溫迪罕,孛術律即孛朮魯,遇雨隆即女奚烈,阿迭即阿典,烏陵即烏林答,烏延即兀顏,尼漫古與麗古疑即尼麗古而誤分,又陀漫即拖滿,獨頂即獨鼎,兀毯即兀里坦,俱黑號之姓,在三十一姓外。若排磨、申獨、斥若、釀剟、夢剟,若掉索、拗兀居,若掉角、阿審、若晃兀,此八姓者難於會意,亦不敢臆斷也。〔註40〕

溫明叔侍郎《春樹齋叢說》云:「唐時人於五行獨忌火。唐人之上官共戒正、五、九月。顧氏《日知錄》曰〔註41〕:此唐人持齋之證。蒙謂此避五行之火耳。火生於寅,壯於午,墓於戌。忌火因忌此三月矣。或又謂《淮南子》火土同一三合,祿命家火土同局亦然,茲獨非並忌土乎?曰:景龍觀鍾,擇日鑄成,猶於末行記之,曰辛亥金日、癸酉金日。丁亥土用納音之五行而不忌土,故知五行忌火,疑龍之造命合於真原。」余按:唐人上官不用寅、午、戌月,未必非兼避火、土。洪景盧《容齋隨筆》卷十一〔註42〕云:「世之伎術,以五星論命者,大率以火土為惡,故有「晝忌火星夜忌土」之語。土,鎮星也。行遲,每至一宮,則二歲四月乃去,故為災最久。」此必唐宋相承之舊說。景盧以為「國家則不然。苻堅欲南伐,歲鎮守斗,識者以為不利。《史記·天官書》云:『五潢,五帝車舍。火,入旱;金,兵;水,水。』宋均曰:『不言木、土者,木、土德星,不為害。』又云:『五星犯北落入〔註43〕,軍起,

---

〔註40〕眉批:「氏族」、「『果其苗裔歟』以上均見廿一冊,此下特詳備耳」、「應全校」。
〔註41〕《日知錄》卷三十《太一》:
　　　唐人正、五、九月齋戒,不禁閏月。白居易有《閏九月九日獨飲詩》云:「自從九月持齋戒,不醉重陽十五年」,是閏九月可以飲酒也。
〔註42〕實見《容齋三筆》卷十一《鎮星為福》。
〔註43〕「入」,稿本、《容齋隨筆》無。
　　　按:《史記》本作「五星犯北落,入軍,軍起」。

火、金、水尤甚。火，軍憂。水，患。〔註44〕木、土，軍吉。』又云：『鎮星所居國吉』，則鎮星乃為大福德，與木無異」。是溫氏之所考，恰與洪合，而言唐人不忌土則誤也。亭林持齋之說，則本於《藝苑雌黃》。宋陳元靚《歲時〔註45〕廣記》卷末亦引之，又云：「斷屠月謂正月、五月、九月。蓋唐時始著之令式。今人泥此名三長月，如之官赴任之類，一切皆避是月，未知此何理也。」〔註46〕余謂武德詔書及《唐律疏議》皆用浮圖之說，以正、五、九月禁屠。凡之官赴任者，必治酒饌饗賓客，固多未便。且亦用《大智度論》說，避大寶鏡照南贍部洲耳。溫侍郎以五行言之，不及顧說之有本。〔註47〕

《周禮・春官・鞮鞻氏》，《注》：「鞮鞻，四夷舞者所屝也。今時倡蹋鼓者自有屝。」《疏》：「謂漢時倡優作樂蹋地之人，並擊鼓沓沓作聲者，行自有屝履，證四夷舞者亦自有屝，與中國不同也。」按：《戰國策》：「甲盾鞮鍪。」注：「鞮，革履。」〔註48〕

明張鼎思《琅琊代醉篇》云〔註49〕：「正、五、九月不上官。戴埴云：『釋氏《智論》：天帝釋以寶鏡照四大神州，每月一移。此三月照南贍部州，唐人以此不行死刑，曰三長月。節鎮因戒屠宰，不上官。』歐陽永叔治平丁未三月出知亳州，陛辭乞便道過潁，許之。《與曾舍人書》云：『在潁少留，避五月上官耳。』王元美曰：『宋人以是三月食素誦經已可笑，今人不斷屠宰，但不上任，尤無謂。或曰宋朝火德，火生於寅，旺於午，墓於戌，此三月謂之災月。官員例減祿料無羊，故又謂無羊之月，眾皆避之。』似勝。」余謂宋沿唐制

〔註44〕「火軍憂水患」，《史記》本有，《容齋隨筆》無。

〔註45〕「時」，稿本、刻本均作「華」，誤。

〔註46〕宋・陳元靚《歲時廣記》末卷《避三長月》：
《藝苑雌黃》：「唐武德二年正月詔：自今正月、五月、九月不行死刑，禁屠殺。」予嘗考之，此蓋本於浮屠氏之教，所謂年三長齋是也。釋氏《智論》云：天帝釋以大寶鏡照四大神州，每月一移，察人善惡。正、五、九月照南贍部洲，故以此月省刑修善。斷獄律：諸立春以後，秋分以前，決死刑者徒一年。其所犯雖不待時，若於斷屠月及禁殺日而決者，各杖六十。《疏議》云：「斷屠月謂正月、五月、九月。」蓋唐時始以此著之令式。正、五、九月斷屠，即有閏月，各同正月，亦不得奏決死刑。今人泥此名三長月，如之官赴任之類，一切皆避是月，未知此何理也。

〔註47〕眉批：「五行」、「術數」。

〔註48〕眉批：「另錄」。

〔註49〕見明・張鼎思《琅邪代醉篇》卷二《正五九月》。(《四庫全書存目叢書》子部第129冊第702頁)

耳,與火德何涉?亭林以證唐人持齋,而未知宋人亦茹素也。近人猶有此忌,然較明以前則稍疏矣。〔註50〕

唐譯不空《羂索陀羅尼儀軌經》卷下云:「修此法者,當於一切諸佛神通月修,所謂正月、五月、九月,白月一日至十五日如法清净,讀誦受持,即得成就。」是佛家以正、五、九為白月,所以持齋之故,非畏天帝釋寶鏡臨照也。唐菩提流志譯《千手千眼觀世音菩薩姥陀羅尼身經》云:「受持此陀羅尼者,每以正月、五月、九月一日至十五日受持齋戒。」郝蘭皋《證俗文》卷五。云〔註51〕:「正、五、九月不上任,自是五行家言,不緣屠宰,其傳已久。晉穆帝將納後,群臣以九月為忌。見《禮志》。《齊書·張融傳》:『倉曹以正月俗人所忌,太倉為可開否?融謂不宜拘束小忌。』《北齊書·宋景業傳》云:『陰陽書五月不可入官。』」是不始於唐時。〔註52〕

《隋書·經籍志》五行類末注云〔註53〕:「梁有祖暅《權衡記》、《稱物重率術》各二卷,亡。」按:祖暅精於算術,此中國言重學專門之書也。乃至隋已亡,極為可惜。以書名觀之,當入曆數類,《隋志》附五行,亦誤。〔註54〕

王居安《經界弓量法》,測量之書也。《宋史·藝文志》以經界之故入諸農家,尚非巨謬。〔註55〕

楊筠松《撼龍經》有〔註56〕「天一太一明堂照」句。按:《唐書·藝文志》僧一行《天一太一經》一卷,是其所本。〔註57〕

《梵網經》卷下云:「於六齋日、年三長齋月作殺生、劫盜,犯輕垢罪。」六齋日者,即三齋法。三長月者,正、五、九月也。〔註58〕

今西人於都邑鄉市皆設巡捕,日本則謂之警察廳,實《周官》條狼氏之職。執鞭以趨闢,亦其事也。近時有欲效西制者,而難其名,余意欲取漢制街

〔註50〕眉批:「接上葉」。按;指「明張鼎思《琅琊代醉篇》」一條言。
〔註51〕見清·郝懿行《證俗文》卷五《正五九月》。
　　　　按:郝氏此則,文首曰「《日知錄》三十卷載」云云,係抄錄《日知錄》卷三十《太一》,非郝氏之論。
〔註52〕按:此條與上條所論均為「正五九月」。
〔註53〕見《隋書》卷三十四。
〔註54〕眉批:此條□□類,亦可入著述。
〔註55〕眉批:「目錄」、「著述」。
〔註56〕「有」,刻本無,據稿本補。
〔註57〕眉批:「天文」、「術數」、「入九星條後」。
〔註58〕眉批:「五行」、「佛經」、「入三齋條」。
　　　　按:此條下稿本有「高麗忠於明」一條,眉批:「此條已見廿一冊。」見刻本卷二十二。

彈名之。《周官・里宰》〔註59〕：「以歲時合耦於鋤。」鄭《注》：「鋤者，里宰治處也。若今街彈之室，於此合耦，使相佐助。」《正義》云：「漢時在街置室，簡〔註60〕彈一里之民。」王伯厚《漢制考》曰〔註61〕：「《金石錄》：漢都鄉正街彈碑在汝州界，故昆陽城中其歲月略可見，蓋中平二年正月。而其額題都鄉正街彈碑，莫知其為何碑也。《水經》魯陽縣有南陽鄉正衛彈勸碑，《隸釋》亦以為衛彈碑，蓋未考此注也。《酸棗尉劉熊碑》云：『愍念烝民，勞苦不均，為作正彈，造設門吏。』」余謂正即鄉正，彈即街彈。〔註62〕

《書鈔》七十三引《陳留耆舊傳》有戴斌。〔註63〕

天下之弊，至於以學究為教派，以吏胥為政宗，可謂窮無復之矣。其實則由於天下無士大夫，蓋不出於學校則無真士，無真士則卿大夫無真材，此二千年以來之積弊也。國家自保之道，不欲士大夫知之。寧使吏胥舞弊，而不使士林講求；寧使黔首惷愚，而不使政教通達。此一千年以來之政術也。摧伏天下之氣節，挫折天下之人材，此數百年以來之用心也。於是村學咿唔，但使幸得進士，即可坐致公卿。吏役卑賤，而藩屬之承襲、官吏之銓選，悉聽命焉。後世論之，旁觀睹之，未有不啞然失笑者。然積穢生蛆，叢陰生魅，非有洪流烈火，則未易於蕩滌也。〔註64〕

吏胥之天下久矣，人人能言之。然吾觀宋葉水心之言，則南宋固如是也。《水心別集・吏胥篇》云〔註65〕：「吏胥之害，從古患之。而今為甚者，蓋自崇寧，極於宣和。士大夫不修職業，而專從事於奔走進取，其簿書期會，一切惟胥吏之聽，而吏人根固窟穴，權勢薰炙，濫恩橫賜，自占優比。渡江之後，文字散逸。舊法往例，盡用省記。輕重予奪，惟意所出。最驕橫者，三省樞密院、吏部七司戶刑。若他曹外路傲視，其常情耳。故今世號為公人世界，又以為官無封建而吏有封建者，皆指實而言也。且公卿大臣之位，其人不足以居之，俛首刮席，條令憲法多所不諳，而寄命於吏，此固然也。」近人魯一同

〔註59〕見《周禮・地官司徒下》。
〔註60〕「簡」，《正義》作「檢」。
〔註61〕見宋・王應麟《漢制考》卷一《周禮》。
〔註62〕眉批：「政治」、「制度」。
〔註63〕眉批：「人物」、「小學」（下有四字漫漶）、「入斌字條」、「此條應入九冊四十二頁」。
〔註64〕眉批：「政治」。
〔註65〕見宋・葉適《水心先生文集》卷三前集《吏胥》。

《通甫文集》言胥吏之弊〔註66〕，與此正同。故知古今一也。昔人云物極必反，然不反者已七百年矣。

陸務觀《老學庵筆記》卷九。云：「近世士大夫多不練故事，或為之語曰：上若問學校法制，當對曰有劉士祥在；問典禮因革，當對曰有齊聞韶在。士祥、聞韶，蓋國子監太常寺老吏也。」士大夫不修職業，安得不成公人世界乎？

明張燧《千百年眼》卷五云〔註67〕：「漢有天下，平津侯、樂安侯輩皆號儒宗，而無所表見。至卓絕俊偉、震耀四海者，類出於吏胥中。如趙廣漢，河間之郡吏也；尹翁歸，河東之獄吏也；張敞，太守之卒吏也；王尊，涿郡之書佐也。是皆雄俊明博，出可為將，而入可為相。然則何吏胥之多賢耶？夫吏少而習法律，長而習獄訟，變化出入，無不諳究。因而官之，則豪民、猾吏之弊，畢見其志。復知得自奮於公卿，故不肯自棄於惡。而後世顧以為雜流，此士大夫所以恥而不為也。」按：秦以吏為師，漢人猶收其效。若能使士人為之，而復憂其入官之路，亦未始非良法也。元陸文圭《策問·儒學吏治篇》《牆東類稿》卷三。云：「自《周禮》有『道得民』、『治得民』之說，而儒始以吏為對。自秦人焚六經，以法令為師，而儒大為吏所擯。自漢人以經術飾吏治，而儒又為吏所假。」又云：「漢儒守章句，非科第之秀才也。漢吏長子孫，非案牘之吏員也。」陸桴亭《答郁儀臣書》云：「儒治所以不同吏治者，只為一起手便不同。儒治從教化起，吏治從刑政起。秦以前，儒治也。秦以後，吏治也。其原本在學校之興廢而已。」又云：「秦以吏為師，特法令未善耳。若法令善，則學而後入政，猶孔子所謂『道之以政，齊之以刑』也。漢則不然，雖有學校而無學校之制。晉、唐又不然，教壞人才而後用之，欲復三代之治，非致力學校，亦何以哉？」

唐裴瑜曾注《爾雅》，唐、宋藝文志皆不箸錄，蓋其書久佚。惟《酉陽雜俎》卷十六云：「寶曆中，國子四門助教史迥語成式，嘗見裴瑜所注《爾雅》，言鶬麋鴰是九頭鳥也。」然以柯古之博，又時代甚近，已不見其書矣。〔註68〕

〔註66〕清·魯一同《通甫類稿》卷一有《胥吏論》五篇。
〔註67〕按：朱志先先生《〈千百年眼〉校釋》（第138～139頁）考證此則節選自唐順之《稗編》卷一百十三《廣士》，其史源為蘇洵《衡論》之《廣士》。
〔註68〕眉批：「著述」。

　　唐代中葉以後，經學漸衰，然亦極有名家者。余既據《大唐新語》略記之。按：李肇《國史補》曰〔註69〕：「大曆已後，專學者有蔡廣成《周易》，強象《論語》，啖助、趙匡、陸質《春秋》，施士匄《毛詩》，刁彝、仲子陵、韋彤、裴茝講禮，章廷珪、薛伯高、徐潤並通經。其餘地理則賈僕射，兵賦則杜太保，故事則蘇冕、蔣乂，曆算則董和，名嫌，憲宗廟諱。天文則徐澤，氏族則林寶。」又云〔註70〕：「熊執易類《九經》之義為《化統》五百卷，四十年乃就，未及上獻，卒於西川。武相元衡欲寫進，其妻薛氏慮墜失，至今藏於家。」又云〔註71〕：「高定，貞公郢之子也，為《易》合八出以畫八卦，上圓下方，合則為重，轉則為演，七轉而六十四卦六甲八節備焉。著《外傳》二十三篇。」以《唐書·藝文志》考之，「易類」尚有李鼎祚、陰弘道、束鄉助、崔良佐、元載、李吉甫、裴通、盧行超、陸希聲諸家。其高定所著者，有《周易外傳》二十二卷，即《國史補》所載。「書類」僅有穆元休《洪範外注》及崔良佐《尚書演範》，是尚書之學無名家者。「詩類」有許叔牙、成伯璵書，而施士匄書不箸錄。其《草木蟲魚圖》，則文宗敕撰也。「禮類」有成伯璵、李敬玄、張鎰、韋彤、彤所箸《五禮精義》十卷。陸質、丁公著、丘敬伯、孫玉汝、杜肅、張頻諸家。「春秋類」有盧藏用、高重又許康佐等左氏傳，或云〔註72〕：一作文宗御集。徐文遠、陰弘道、李氏、開元中人，失名。〔註73〕馮伉、劉軻、韋表微、王元感〔註74〕、韓滉、陸質、樊宗師、李瑾、張傑、裴安時、第五泰、成玄、陸希聲、陳岳、岳，吉州人。所箸《春秋折衷》。近人山東孫氏有輯本。郭翔郭翔書，宋志入類事類，非經學。諸家。《孝經》有李嗣真、平貞昚、徐浩乾元間人，與徐嶠子同名。諸家。《論語》僅韓愈、張籍兩家。而愈書殆出偽撰，籍之《論語注辨》又非說《論語》也。其總說群經者，則高重之《經傳要略》、慕容宗本之《五經類語》、劉鎔之《經典集音》而已。蓋唐人不甚重經學。開元中撰《三傳異同例》之李氏，史竟失其名。注釋經典者，啖、陸諸人而外，亦罕傳其姓字。若韓滉、樊宗師之倫，其所傳又不在經學也。蔡廣成《啟源》十卷、《周易外義》三卷，《唐志》不載，而《宋志》載之，其《宋志》足補《唐

〔註69〕見唐·李肇《唐國史補》卷下。
〔註70〕見《唐國史補》卷下。
〔註71〕見《唐國史補》卷下。
〔註72〕「或云」，刻本無，據稿本補。
〔註73〕「李氏開元中人失名」，刻本無，據稿本補。
〔註74〕「王元感」，稿本無。

志》之闕者。「易類」則郭京、邢璹、李翱、張弧、王昭素、縱康乂諸家。「春秋類」則黃恭密一家。陳岳書亦較《唐志》多兩種。「經解類」有劉餗一家。如是而已。而其亡佚者，蓋十之七八也。如李鼎祚、成伯璵諸人以書傳，而其人亦傳，豈不幸哉？〔註75〕

董和本名純，避憲宗名改，著《通乾論》十五卷，見《唐志》天文類。〔註76〕

楊升庵曰：「洪武中，翰林學士吳沈等編《千家姓》以進，傳之天下。今世猶以宋時《百家姓》訓蒙，失之矣。」余謂吳書實無以勝宋時村塾之本。氏族之學必考源流，兼知種別，非訓蒙之所急也。若以為識字計，宜莫要於讀《說文》部首矣。〔註77〕

月以日光為光，實周以前舊說。《尚書·康誥》：「哉生魄。」偽《傳》云：「三月始生魄，十六日明消而魄生。」按：謂月為魄，則其明為魂，而魄為其本質矣。《周髀》：「日兆月。」李籍《音義》云：「日譬火光，月臂水光，月含影，故月光生於日之所照，魄生於日之所蔽。當日則光盈，就日則明盡，月稟日光而成形兆，故云日兆月也。」〔註78〕

《洛陽伽藍記》卷四云：「四月初八日，京師士女多至河間寺。」然是書言十月一日、四月四日、四月七日等，皆無初字，疑此處「初」字是後人妄增也。〔註79〕

蕭吉《五行大義》卷五引《祿命書》云：「金人剛強自用，木人多華而雅，水人開通智慧，火人自貴性急，土人忠信而直。」按：《隋志》〔註80〕祿命書有《雜元辰祿命》二卷、《澁河祿命》三卷。又云：「梁有《五行祿命厄會》十

〔註75〕眉批：「經義說」、「著述」、「入唐經學條後。前數語應改。此所舉亦與《新語》相類」。
〔註76〕眉批：「著述。」
　　　　按：此條下稿本有「《明史·藝文志》譜錄類吳沈《千家姓》一卷」一條，眉批：「此已見廿一冊」。見刻本卷二十二。
〔註77〕按：此條見於卷二十二，且後有文本，此條所無。
　　　　眉批：「此亦重複，而較廿一冊為詳。字句□□多。」實則較卷二十二為略。
〔註78〕眉批：「天文」、「入董仲舒□□□條」。
　　　　按：卷十六「董仲舒救日食」條中有「蓋實知日食為月所掩」語，當指此條而言。
〔註79〕眉批：「曆學」、「入初旬用初字條」。
　　　　按：即卷九「記日之例唐以前於初旬皆不加初字」條。
〔註80〕見《隋書》卷三十四《經籍志三》。

卷，亡。」此條以五行言，當出《五行祿命厄會》也。澠河即陷河，術數家以祿前一位為陷河。〔註81〕

《隋志》〔註82〕：「《相經要錄》二卷，蕭吉撰。今已不傳。」《五行大義》引左慈《相訣》及《相祕訣》等書，皆《隋志》所未著錄。董正、左慈皆三國時人。董正說，《太清神鑒》、《玉管照神局》並引之。遺說流傳，及於隋唐五代，未知史官何以失之。且三亭五嶽等說，至今相術家猶奉為圭臬矣。左慈《相訣》，錢氏《補三國藝文志》並失載。〔註83〕

《五行大義》卷五引《孔子元辰》云：「北斗第一神字希神子，第二神字貞文子，第三神字祿存子，第四神字世惠子，第五神字衞不鄰子，第六神字微惠子，第七神字大景子。」〔註84〕

《琅琊代醉編》卷三。〔註85〕引《鐵橋海語》云：「占城之外，羅海中有分水沙嶼，隱隱如門限，延綿橫亙，不知幾百里，巨浪拍天，異於常海。由馬鞍山抵舊港，東注為諸番之路，西注為朱崖、儋耳之路，天地設險以域華夷者也。由大羅歷大佛靈以至崑岉山，自朔至望，東旋而西；既望至晦，即西旋而東。此又海中潮汐之變。」按：崑岉即崑崙，《蘭苕館外史》作大崑崙。〔註86〕

今之江寧府治，明代南京之舊制也。自洪武建都以來，城陷者數四矣。包慎伯文集常咎劉誠意不知形勢〔註87〕，余固疑誠意未嘗改作，僅僅築宮室、造官廨，餘皆沿宋、元之舊耳。及讀《陳龍川集·戊申再上孝宗皇帝書》云〔註88〕：「今之建鄴，非昔之建鄴也。臣嘗登鍾阜、石頭而望，今直在沙觜之旁耳。鍾阜之支隴隱隱而下，今行宮據其平處，以臨城市，城之前則逼山而斗絕焉。此必後世之讀山經而相宅者之所定。江南李氏之所為，非有據高臨下以乘王氣而用之之意也。本朝不恃險以為固，故因而不廢耳。臣嘗問鍾阜之僧，亦能言臺城在鍾阜之側，大司馬門適當在今馬軍新營之旁。其地據高

〔註81〕眉批：「五行」、「術數」。
〔註82〕見《隋書》卷三十四《經籍志三》。
〔註83〕眉批：「又」、「術數」。
〔註84〕眉批：「又。」
〔註85〕按：卷三未見此語。
〔註86〕眉批：「輿地」、「入崑崙條」。
〔註87〕俟檢。
〔註88〕見宋·陳亮《龍川集》卷一。

臨下，東環平岡以為固，西城石頭以為重，帶玄〔註89〕武湖以為險，擁秦淮、清溪以為阻，是以王氣可乘而運動如意。若如今城，則費侯景數日之力耳。曹彬之登長干，兀朮之上雨花臺，皆俯瞰城市，雖一飛鳥不能逃也。」其欲復六朝城郭，與包慎伯論議正同。〔註90〕

　　楊仁山居士文會。常謂佛家有地圓義，以《楞嚴經》「視地如菴摩羅果」一語證之，近時言佛典者多用其說。然余閱倪二初《讀書記》卷七。已有是義。倪云：「西人言地度經緯正對者，兩處之人以足版相抵而立。案：地圓之說，不特見《大戴禮》。嘗讀《楞伽經》百八句偈問，云：『側住覆世界，如因陀羅網。』注：『世界如器，有側有覆，有仰有橫，因陀羅網，即帝網，網有千珠，珠光交映，喻世界重重無盡。』此與今西法所論地球圓體者正合。偈問又云：『或離日月光，如是等無量。』注或無日月所照。愚案：趙君卿《周髀注》曰：『北極之下，春分至秋分為晝，秋分至春分為夜。』《御製儀象考成》云：『北極之下，赤道當地平，夏則有晝無夜，冬則有夜無晝。』此非《楞伽偈問》所謂『或無日月光者邪』？《中庸》『日月所照，霜露所隊。』李安溪曰〔註91〕：『兩極之下，日月已微，嚴霜寒露所鍾，亦莫不有人物焉。故須言霜露所隊。』亦此意也。」余謂釋典所言世界極廣遠矣，二初專以此土言之，失諸局促。魏默深《海國圖志》亦多此病。然聰穎求證，亦足開學者之先聲。嘉慶間人能作是說，不易得也。〔註92〕

　　《瑜伽師地論》卷七十九云：「菩薩作諸眾生，引發善根，所依止故，猶如大地。而諸菩薩非如大地中庸而轉，眾生依之自施功力，方得存活。」此言「大地中庸而轉」，實地動之義。

　　印度《奈拉王話》，乃麻罕比拉答詩篇中最美之詞也。其言泥沙達王子奈拉與威答魯哇王女答馬羊臺結婚事，有鵠鳥媒助，使二人互慕語。按：屈子《離騷》云「吾令鴆為媒」，又云「鳳鳥受詒」，與此詩命意正同，豈詞賦家用心偶合耶？抑楚窮南服，莊蹻開滇，其時與天竺已相通，而知其文字耶？若能盡譯費大詩篇，必有益於古學也。〔註93〕

〔註89〕「玄」，稿本、刻本原作「元」。
〔註90〕眉批：「輿地」、「政治」、「建築」。
〔註91〕見清・李光地《榕村語錄》卷八《中庸二》。
〔註92〕眉批：「輿地。」
〔註93〕眉批：「文學」、「語文」。

周美成作賦，尚知諷諫。至其賀蔡京生辰詩云：「化行禹跡山川外，人在周公禮樂中」，見陳善《捫蝨新語》卷七。則諛諂甚矣，非陸放翁《南園記》之比也。〔註94〕

彭崧毓《漁舟續談》記夷俗云：「緬甸國王以親姊妹為正妃，宗女為嬪御，屬愈疏則分愈下。此余親聞之於其使臣。而內附諸土司猶或沿其俗而不變。」按：齊之長女不嫁，猶諱其言；日本亦多娶同姓。然尚無親姊妹為夫婦者。緬俗如此，極為可異，尚當再考。〔註95〕

日本貝原篤信《格物餘話》云：「本邦上世，雖異母兄弟姑姪亦娶納，國史往往載而不諱。迨與中國通聘，漸知其非禮而改之。然至娶同姓，此風終未改。」又云：「高麗之習俗鄙野，嫁娶之事，雖姊妹亦不避，國王亦往往如此，是為夷俗之風。」據此，則高麗與緬俗相近。〔註96〕

日本侗庵古賀《海防臆測》作於道光中葉，與中土魏默深《海國圖志》相先後。然其第五十三、四節云：印度地富厚蕃庶，百物不匱，土沃民佚，遂流於脆靡。故莫臥爾以蒙古餘孽，奮於北方撒馬兒罕之地，以明建文年中，深入印度，立滅四天竺，獨南天竺纔能自保。迄嘉靖中，亦為所併。莫臥兒之甫入印度也，一變印度孱怯之風，為猛賁虓鷙之俗，其鋒不可攖，未幾歲而復懨然羸弱。元文中大摧破於百兒西亞，多喪城邑，帝遂為俘，土地琛貨，陸續充貢，僅乃得釋。降於近歲，南方瀕海之地，率為西洋所據。支那之於印度，實相脣齒。就今日形勢，為清謀，必並印度，然後免杌隉之患。清雖強大，其蠶食鄰邦之衢，猶迥遜太西之巧。清既殲準噶爾，據葉爾羌地，殆接印度之脊。印度衰荼已極，而中間無攔截我師之虜，使清乘兵力之猛鷙，以直蓝印度，則彼斷不能抗，惟乞降耳。取印度而嚴其沿海之備，守其陸路之衝要，以綏懷西南夷，可以威覃四海。乃捨而不問，致泰西人肆意佔據，瀕海地以漸侵削，五天竺坐失可乘之會此識者所為深惜也。若更任泰西之狼貪，使之盡吞印度，憑據安日河東西以攻逼支那，其禍有不可言者焉。嗚呼！明人不取蘇門答臘，而南洋之門戶隳；有清不營五天竺，而西方之藩籬失。蕩蕩黃海，巖巖白山，棄之北庭，莫可控阨。邵陽籌海之論，光澤北徼之編，張皇

〔註94〕按：此條刻本無，據稿本補。
　　　　眉批：「入周美成賦一條」、「文學」、「賦」、「此似重複，應檢校。」又見稿本第十六冊。
〔註95〕眉批：「夷情」、「此似重出，應檢明。」
〔註96〕又見稿本第十六冊。

補苴，何足道哉！《印度史論形勢》曰：「經略進取之策，唯在君主英剛、宰相得人之邦國，而後可期成績焉。至民治主義之邦國則不然。今之英國，形勢一變，其政治悉是民治。雖有克雷武、哈士丁，不遑展其驥足必矣。露西亞則反之。其君相及士民有志之徒，恊心決意，以貫徹立君主義焉，其目的確乎不拔。印度之落於露西亞，即斯拉勃人種之掌握也，應不出二十年。是非一人之私言，英人查列斯士馬爾敏及佛人列沙爾諸識者所共推測而不疑也。」由是觀之，印度之自立，尚有待於他年，而羅刹之逼處，禍更深於今日。不振武略，何以御之？然則開通川、滇諸邊，訓練蕃、回種族，以圖進取之地者，非貪他人土疆，聊可以固吾圉也。〔註97〕

近人《奇門遁甲源流》云：「明宸濠之亂，有孝成君者以奇門進王陽明，所謂李氏奇門也。仇鸞門下士有林士徵者，以奇門占兵，有奇驗。錦衣陸炳序其書傳之，所謂林氏奇門也。陶仲又以李、林二家書參以他說，名《陶真人遁甲神書》。勝國以奇門著見者，三家而已。」余案：國初薛鳳祚有奇門書，又在三家之外。然《明史·藝文志》五行類奇門之學僅著錄池本理、鮑世彥、劉翔、徐之鏌、胡獻忠五家之書，於李、林、陶三家皆未之見也。楚人朱浩文著《奇門旨歸》，乃云：「復黃帝千八十局之舊」，且以諸葛武侯壬遁之術為受之婦翁黃承彥，蓋不足深究。〔註98〕

今制：祝皇太后皇帝壽曰萬壽，皇后曰千秋。於義為歉。偶閱元僧普度《蓮宗寶鑑》云：「所集洪因，端為祝延皇帝聖壽萬安，皇太后、皇后齊年，太子、諸王千秋。」按：齊年者，蓋謂與皇帝年相齊也，文義較允。乃知壽禱之詞，今亦遜於古也。〔註99〕

《立世阿毗曇論》卷二：「佛說天下有四：一剡浮提，二西瞿耶尼，三東弗於逮，四北鬱單越。此剡浮提周迴六千三由旬，其面如車。一切眾生生此地上，面似地形。西瞿耶尼周迴七千由旬，地形團圓。東弗毘提周迴七千由旬，地形團圓，猶如滿月。北鬱單越四周八千由旬，以金山城之所圍遶。是地有四種德：一者平等，二者寂靜，三者淨潔，四者無刺。」按：此佛說地圓之

〔註97〕眉批：「此亦似重複」、「武功」、「政治」、「夷情」。
　　　　又見稿本第十六冊。
〔註98〕眉批：「亦似與某冊重」、「術數」。
　　　　又見稿本第十六冊。
〔註99〕眉批：「似有重複」、「掌故」。
　　　　又見稿本第十六冊。

義。北鬱單越在天人間，不可思議。惟東西南地形皆圓，其面如車，蓋即如輪之謂。人面似之，居可知矣。〔註100〕

顧亭林《菰中隨筆》云：「歐公作《桑景傳贊》，言：『本末不順而與夷狄共事者，嘗見其禍，未見其福也，可不戒哉！可不戒哉！』此於宣和海上之盟洞若目見。」余謂武王誓眾，遠及微盧；唐代起兵，亦資突厥；但必主兵強而後客兵可用耳。否則回紇欺唐，蒙古滅宋，而華爾戈登之事，中國亦更為歐人所輕矣。良史垂戒，有心人所當三復也。按：亭林之言，蓋譏吳三桂而發。〔註101〕

屈原《楚辭》，《漢·藝文志》名之賦，此人人所知也。余以為亦可謂之詩。嚴夫子《哀時命》云：「志憾恨而不逞兮，杼中情而屬詩。」王子淵《九懷》云：「悲九州兮靡君，撫軾歎兮作詩」；劉更生《九歎》云：「舒情陳詩冀以自免兮」；皆《楚辭》稱詩之證。又《九懷·內匡機》一篇，五言至多，與東漢徐淑古詩同調，此尤楚詞與詩相通之據也。〔註102〕

宋周煇《清波雜志》：十。「康定二年，劉渙奉使入西羌，招納唃斯囉族部。蕃法：唯僧人所過，不被拘留，資給飲食。渙乃落髮僧衣以行。」蓋此時西藏已奉佛法矣。康發祥《伯田詩話》云：「《清波雜志》有宋紹熙本，周煇作周煇。」〔註103〕

明袁袠《世緯·惜爵篇》云〔註104〕：「正統以後，朝野多故，師旅數興，權宜之制興而鬻爵之令開。於是有納粟買馬之例，而拜官者不過處以雜流，未有偃然為令親民者也。今天下泰寧，非有金革之事，甚不得已也而數開此例。其就選也，入錢多者，且得為大縣令。名器之濫，流品之淆，未有如今日者也。」按：此可知捐納知縣，有明實開其例，惟當時尚未定銀數多少，如近日之海防報效而已。〔註105〕

〔註100〕眉批：「似有重複」、「輿地」、「佛經」；「入地圓條」，即此卷「楊仁山居士文會常謂佛家有地圓義」一條。
　　　　又見稿本第十六冊。
〔註101〕眉批：「似與某冊重」、「政治」、「武」。
　　　　又見稿本第十七冊首。
〔註102〕眉批：「似有重複」、「文學」。
　　　　又見稿本第十七冊首。
〔註103〕眉批：「夷情」、「佛學」。
〔註104〕見明·袁袠《世緯》卷下。
〔註105〕眉批：「政治。」

東方朔六言曰：「計策棄捐不收」，《文選》左太沖《詠史》詩注。當是六言詩之始。〔註106〕

鬱金，樹名，出罽賓國。《一切經音義》七十。〔註107〕

〔註106〕眉批：「文學」、「詩」。
〔註107〕按：此條刻本無，據稿本補。

卷二十七〔註1〕

　　西清《黑龍江外紀》云〔註2〕：「索倫語多類滿洲，達呼爾語多類蒙古，聽之既熟，覺其中多雜漢語。《龍沙記略》云：『索倫達呼爾語音與蒙古稍異，間雜漢語，當是元代軍民府之遺。』此說得之。又云〔註3〕：「布特哈近歲能通漢語者亦多，呼倫貝爾則實不能。」余謂東方之雜漢音，自辰韓已然矣，不必沿於元代軍民府也。薩英額《吉林外記》云：「白山一帶，虞獵為生者謂之布特哈。滿洲語：布特哈，虞獵也。布特哈烏拉即打牲烏拉。」〔註4〕

　　《黑龍江外紀》云：「旗下未入伍者號西丹。」按：西丹與契丹音近，未知其義，俟考。〔註5〕

　　《漢書・揚雄傳》〔註6〕：「熏鬻作虐。」服虔注：「熏鬻，堯時匈奴也。」按：匈奴即熏鬻之轉音，譯音無定字耳。今匈奴之裔在歐洲者，猶名匈牙利。利字，語音之餘。匈牙亦匈奴之音轉。是此族四千年名不變也。以此證之，《滿洲源流考》以珠申為肅慎之轉音〔註7〕，蓋必可信。〔註8〕

〔註1〕按：稿本乙封題「純常子枝語　第二十六冊」。
〔註2〕見清・西清《黑龍江外記》卷六。
〔註3〕見《黑龍江外記》卷六。
〔註4〕眉批：「語文。」
　　　　按：重見稿本第三十三冊。
〔註5〕眉批：「又」、「原注入契丹條」、「契丹條似即指十九冊（下數語漫漶）」。
　　　　按：重見稿本第三十三冊。
〔註6〕見《漢書》卷八十七下。
〔註7〕清・阿桂《滿洲源流考》卷一《部族・肅慎》：
　　　　南北朝　國初舊稱所屬曰珠申，亦即肅慎轉音。
　　　　卷七《部族・完顏》：
　　　　元　與本朝舊稱所屬曰珠申相近，實即肅慎之轉音也。
〔註8〕眉批：「語文。」
　　　　按：重見稿本第三十三冊。

《交涉紀事本末》又以哼司為匈奴之轉音。按：哼字為匈之轉音，司字蓋餘音耳。西書凡司音、克音、兒音之類，大抵似此。〔註9〕

《文選》卷二十八《注》：「《春秋考異記》曰：『雞應旦明』，明與鳴同，古字通也」。〔註10〕

日本語呼兄為阿西既。按：《晉書》載記〔註11〕：「吐谷渾，慕容廆之兄也。因爭馬而別。鮮卑謂兄為阿干〔註12〕廆，追思之作《阿干〔註13〕之歌》。」是日本語與鮮卑相近。又滿洲語呼點心點心二字見《傳燈錄》及唐宋說部甚多，今沿用之。之屬曰克食，日本呼點心之屬曰菓子，而其音正與克食同。滿洲語呼弟曰多，日本呼弟曰阿多。是日本語又與滿洲相近。疑東方之語言多可相通。若以今之滿洲索倫文字語言與朝鮮、日本互證，必可知其沿革之故，而史學及人類學所益亦不淺也。

《唐會要》：「迴鶻謂父曰阿多。」按：日本人謂父曰阿多咨，亦頗相類。

郭茂倩《樂府詩集》卷二十一曰：「後魏之世，有簸邏迴歌，其曲多可汗之辭，皆燕、魏之際鮮卑歌。歌辭虜音，不可曉解，蓋大角曲也。」按：周、齊間通鮮卑語者甚多，至後周時遂已不可曉解，蓋鮮卑語至唐已亡矣。卷二十五云：「北虜呼主為可汗。」吐谷渾又慕容別種，知此歌燕、魏之際鮮卑歌也。其詞虜音，竟不可曉。此指《慕容》、《可汗》、《吐谷渾》等六歌言之。

《燕北雜記》云：「契丹罵漢兒作十里鼻，猶言奴婢也。」見《海錄碎事·奴婢門》。十里鼻，義不可曉，疑即鮮卑之對音。蓋契丹既興，轉以鮮卑為賤種歟？〔註14〕

〔註9〕按：此條下稿本有「顏師古《匡謬正俗》卷五」一條，眉批：「此條已見十八
　　　　冊，字句亦不及十八冊之多」，見刻本卷十九。
　　　　按：重見稿本第三十三冊。
〔註10〕按：刻本無，據稿本補。
　　　　此條與刻本卷二十三近同，錄如下：
　　　　《文選》陸士衡《擬今日良宴會》詩：「揚聲當及旦。」《注》引《春秋考異
　　　　郵》曰：「鶴知夜半，雞應旦明。明與鳴同，古字通。」《古詩十九首》：「四
　　　　五詹兔缺」，《注》：「詹與占古字通。」
　　　　另，眉批：「小學」、「訓詁」、「原注入遊與由通一條」
〔註11〕見《晉書》卷九十七《四夷列傳·西戎·吐谷渾》。
〔註12〕「干」，稿本作「子」。
〔註13〕「干」，稿本作「子」。
〔註14〕按：此條刻本無，據稿本補。
　　　　刻本卷二十二云：

《陔餘叢考》卷三十八。〔註15〕云：「本朝國語以阿、厄、漪起，而余隨征緬甸，軍中翻譯緬文，亦多阿、喀、拉等書。」〔註16〕

宋孫穆《雞林類事》載高麗方言凡數百條，如神曰神通，佛曰孛仙，人曰遷，海曰海，江曰江，溪曰溪，雉曰雉賽，鶴曰鶴，牛曰燒，去聲。羊曰羊，鼠曰觜，馬曰末之類，大抵皆中國語，或音讀稍異耳。其本土方言，必當有與吉林、日本各地相同者，當考訂錄之。〔註17〕

日本福澤清可《文字談》云：「前歲東京有羅馬字會之舉，蓋欲講究羅馬文字，以一字內言語，諸國公使皆可之。伊國按：即意大里。公使獨不肯，曰：『余欲講明支那文字，施諸宇內，通諸世界也。何則？他國文字皆辭而無意義，支那文字則會意，能含許多義理，故萬國若用此字，則通義理也敏，發著述也簡矣。』公使之識，可謂卓絕。」公使語見《醫林新志》百七十九。

《明史·外國傳》〔註18〕：「弘治十年，暹羅入貢。時四夷館無暹羅譯字官，閣臣徐溥等請移牒廣東，訪取能通彼國言語文字者赴京備用。從之。正德十年，進金葉表。朝貢館中無識其字者。閣臣梁儲等請選留其使一二人入館肄習。報可。」明人譯學荒疏，至於如此，至選留來使，尤可詫矣。

又武宗南巡，佛郎機使火者亞三因江彬侍帝左右，帝時學其語以為戲。

《太平廣記》四百八十三〔註19〕。引《玉谿編事》，載南詔驃信暨清平官趙叔達詩二首，謂鄰國為藤越，天子為震旦，謂朕曰元，謂卿曰昶，謂詞臣為清

《海錄碎事》卷七下引《燕北雜記》云：「契丹罵漢兒作十里鼻，猶言奴婢也。」按：十里鼻蓋即鮮卑之異譯，古書多有鮮卑奴之稱，此其遺語也。

與此相近。

〔註15〕見《陔餘叢考》卷三十八《阿》。

〔註16〕眉批：「原注入緬甸語條」。

〔註17〕眉批：「又。」

〔註18〕見《明史》卷三百二十四《外國列傳五》。

〔註19〕見《太平廣記》卷四百八十三《蠻夷四·南詔》。「三」，刻本作「四」，據《太平廣記》、稿本改。其文曰：

南詔以十二月十六日，謂之星回節日，遊於避風臺，命清平官賦詩。驃信詩曰：「避風善闡臺，極目見藤越〔鄰國之名也。〕。悲哉古與今，依然煙與月。自我居震旦〔謂天子為震旦。〕，翊衛類夔契。伊昔經皇運，艱難仰忠烈。不覺歲雲暮，感極星回節。元昶〔謂朕曰元。謂卿曰昶。〕同一心，子孫堪貽厥。」清平官趙叔達曰：〔謂詞臣為清平官。〕：「法駕避星回，波羅毗勇猜〔波羅，虎也。毗勇，野馬也。驃信昔年幸此，魯射野馬並虎。〕。河闊冰難合，地暖梅先開。下令俚柔洽〔俚柔百姓也。〕，獻賮弄揀〔國名。〕來。願將不才質，千載侍遊臺。」〔出《玉谿編事》。〕

平官。波羅，虎也；毘勇，野馬也；俚柔，百姓也。然其詩造句用韻，悉遵華風，蓋郝隆娵隅清池之流，而非後漢隉官隗搆之比也。

波斯字母三十二字，由右左行，見日本古川宣譽波斯事情。今錄於左。
〔註20〕

〔註20〕眉批：「河禮□」，待識讀。

《元史‧選舉志》〔註21〕：「世祖至元二十六年五月，尚書省臣言伊斯題費文字宜施於用，今翰林院伊普迪、哈魯鼎能通其字學，乞授以學士之職。凡公卿大夫與富民之子，皆依漢人入學之制，日肄習之。帝可其奏。是歲，始置回回國子監。延祐元年，復置回回國子監，設監官。以其文字便於關防，取會數目，令依舊制，篤意領教。」《考證》云：「按：《續通考》：回回國子監罷於英宗初年。」

北澤正誠《元代開國略》云：「元起朔方，俗尚簡樸。始祖以來，二十餘世，未有文字。成吉思汗起，發號施令，皆假用畏吾字。」今據《八紘譯史》所載，《八紘譯史》云：「緬甸國書之前，高昌國書即畏吾字。」揭蒙古字之淵源於左。

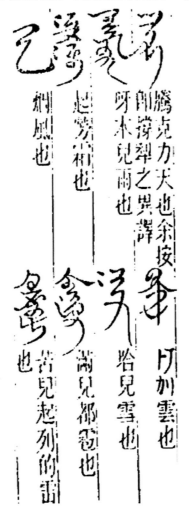

後五十餘年，世祖中統元年，始命八思巴吐蕃薩斯迦人。因畏吾字製蒙古字，僅千餘字母，凡四十一。今揭其關紐變通之狀如左。

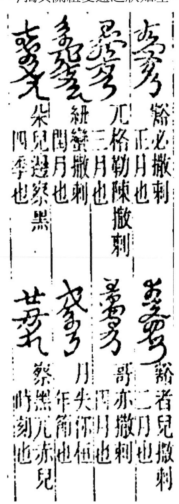

《元史·選舉志》〔註22〕：「至元八年正月，始下詔立京師蒙古學，以《通鑑節要》用蒙古語言譯寫教之。元貞元年，命有司割地，給諸路蒙古學生員餼廩。其學官，至元十九年，定擬府路設教授，國字在諸字之右。」《東華錄》：「順治十三年十二月，命太廟牌扁停書蒙古字，止書滿漢字。」〔註23〕「十四年正月，凡各壇廟門上扁額，從太廟例，去蒙古字，止書滿漢字。」〔註24〕

〔註22〕見《元史》卷八十一。
〔註23〕見《東華錄》順治二十七，丁酉日。
〔註24〕見《東華錄》順治二十八，癸丑日。
　　　按：此條下稿本有「錢可盧《說文統釋·自序》云」一條，眉批：「語文」、

　　《明史·外國·浡泥傳》云：「萬曆時，紅毛番強商其境，築土庫以居。其入澎湖互市者，所攜乃大泥國文也。」《明史·外國傳》：「萬曆中，有漳州人王姓者，為浡泥國那督。華言尊官也。」按：那督當作督那。嚴嵩《鈐山堂集·潘鑑神道碑》云：「公初在閩，有寇蘇秉規糾亡命，稱大嗹哪，據海島為患。」嗹哪蓋即督那。明人於譯事，多加口旁，非唐人彈舌音之例。也毛大可《後鑒錄》又作「嗹哪」。〔註25〕

「小學」、「字典」；「此條已見十八冊」。此條見稿本第十八、第四十，已補入卷四十中。

又有「又云各國學業所異者」一條，眉批：「語文」、「此未知□□□宜效」；「按：此乃丁韙良《西學考略》中語，已見第十二冊」，見刻本卷十二。

又有「《古教匯參·腓尼基紀略》云」一條，眉批：「語文」、「此條已見第十二冊」，見刻本卷十二。

又有「陶宗儀《書史會要》卷八」一條，眉批：「又」，後一則不清，略可見「十二冊」，見刻本卷十二。

又有「《後周書·異域·高昌傳》曰」一條，眉批：「又」、「此亦與十二冊重複」，見刻本卷十二。

又有「《列國政教考略·商務門》云」一條，眉批：「又」、「此亦與十二冊重出」，見刻本卷十二。

〔註25〕按：此條刻本無，據稿本補。眉批：「又」、「此亦與十二冊相同，惟此處所列較詳。」實則分見刻本卷十二、卷二十五。

另，此條下稿本有「《明史·外國傳》云」一條，眉批：「又」、「與十二冊重」，見刻本卷十二。

又有「明夏茂卿《奇姓通》卷三云」一條，眉批：「又」、「與十二冊同」，見刻本卷十二。

又有「黃衷《海語》云」一條，眉批：「又」、「與十二冊同」，見刻本卷十二。

又有「《海語》云」一條，眉批：「又」、「與十二冊同。但多張成周《緬亡說》一段」，見刻本卷十二。

又有「《列國政教考略》云」一條，眉批：「又」、「重出。與十二冊相同」，見刻本卷十二。

又有「洪鈞《元史譯文證補》『突厥回紇』條云」一條，眉批：「又」、「與十二冊重複」，見刻本卷十二。

又有「《西國近事彙編》云（庚辰春季）」一條，眉批：「宗教」、「此條改入宗教門四教類」、「與十二冊同」，見刻本卷十二。

又有「俄人宜萬寧鐵木真帖木兒用兵論總說云」一條，眉批：「語文」、「此條已錄入廿四冊」，見刻本卷二十五。

又有「鄭觀應《盛世危言》卷一云」一條，眉批：「又」、「此與十二冊亦同，但多『余按』之下一段」，見刻本卷十二。

又有「李鳳苞《使德日記》云」一條，眉批：「又」、「與十二冊同」，見刻本卷十二。

又有「《墨洲雜記》云」一條，眉批：「又」、「與十二冊同」，見刻本卷十二。

《文獻通考》三百三十八天竺條云〔註26〕：「太平興國八年，有婆羅僧永世與波斯外道阿里煙同至京師。阿里煙自云本國王號黑衣，姓張，名哩里。役署大臣九人治國事。其國東行，經六月至婆羅門。」〔註27〕

又有「李仙根《安南雜記》云」一條，眉批：「又。」見刻本卷二十五「土人書牘等皆用此種字」一條內。

又有《法蘭西記》一條，眉批：「又」、「與十二冊同」，見刻本卷十二。

又有「無文字則語言不能留」一條，眉批：「又」、「此亦同十二冊」，見刻本卷十二。

又有《西國近事彙編》云（丙子閏五月）」一條，眉批：「又」、「與十二冊重」，見刻本卷十二。

又有《金史·選舉志》一條，眉批：「又」、「同十二冊」，見刻本卷十二。

又有「又云」一條，眉批：「又」、「同十二冊」，見刻本卷十二。

又有「宋樓鑰《北行日錄》卷上云」一條，眉批：「又」、「同十二冊」。（以上三條見刻本卷十二，原為一條）

又有《東國史略》卷一云」一條，眉批：「又」、「同十二冊」，見刻本卷十二。

又有《松漠紀聞》云」一條，眉批：「種族」、「語文」、「同十二冊」，見刻本卷十二。

又有《滿洲源流考》卷十八云」一條，眉批：「語文」、「與十二冊同」，見刻本卷十二。

又有「中國文字若以各國之文譯之」一條，眉批：「又」、「與十二冊同」，見刻本卷十二。

又有「錢辛楣文集謂」一條，眉批：「又」、「與十二冊同」，見刻本卷十二。

又有《廣陽雜記》卷一云」一條，眉批：「又」、「與十二冊同」，見刻本卷十二。

又有「又按《鹽鐵論·論功篇》云」一條，見刻本卷十二。

又有「劉錫鴻《英軺私記》曰」一條，眉批：「又」、「與十二冊同」，見刻本卷十二。

又有「波蘭之既分也」一條，眉批：「又」、「與十二冊同」，見刻本卷十二。以下別是一冊，稿本題「純常子枝語」，稿本乙封題「純常子枝語　第二十七冊」。眉批：「此冊完全鈔錄廿二冊各條，且不及廿二冊之詳，應抽出，但對校字句可耳。」所引條目均見卷二十二、二十三。

〔註26〕見《文獻通考》卷三百三十八《四裔考·天竺》。

〔註27〕眉批：「□□」、「□文」、「□族」，上一字均殘。

又，此條下稿本有「又云：『天聖五年二月，僧法吉祥等五人以梵書來獻』」一條，眉批：「條已見十九冊三十八頁」、「入吉祥條」，已見卷二十「元人稱僧為吉祥」一條。

按：此條前，稿本乙封題「純常子枝語　第二十八冊」。考卷二十五「中國文理一字讀二音者」一條有眉批：「『李文貞』以下一段，又錄入廿八冊第二頁，文義略不同」；《困學紀聞》七馬融注《論語》云」一條有眉批：「『友人喬刑部』以上一段，又重錄入廿八冊」。「李文貞」以下一段見本冊第三頁，「友人喬刑部」以上一段亦見此冊，亦可知此冊為第二十八冊。

《晉書‧符堅載記》〔註28〕：「姚萇求傳國璽於堅，堅叱之曰：『五胡次序，無汝羌名。璽已送晉，不可得也。』」〔註29〕

又王猛疏曰：「魏祖以文和為公，貽笑孫後；千秋一言致相，匈奴呬之。」〔註30〕

《符融傳》曰〔註31〕：「國家戎族也，正朔會不歸人。江東雖不絕如綖，然天之所相，終不可滅。」〔註32〕

初，堅母少寡，將軍李威有辟陽之寵，史官載之。至是，堅收起居注及著作所錄而觀之，見其事，慚怒，乃焚其書，而大檢史官，將加其罪。著作郎趙泉車敬等已死，乃止。〔註33〕

《榕村語錄》卷十七云〔註34〕：「史趙言『亥有二首六身，下二如身，是其日數』，蓋今算馬六作ㄥ，亥字下有三ㄥ，而上乃二字，下其二字於旁則為刂，亦算馬也。」按：孔顨軒說《左傳》此條〔註35〕，正與榕村說同。惟何秋

〔註28〕見《晉書》卷一百十四《符堅載記下》。
〔註29〕眉批：「□故」、「□情」、「□族」，上一字均殘。
〔註30〕見《晉書》卷一百十四《符堅載記下》。
眉批：「又」、「匈奴笑千秋事記，《漢書》載之，田千秋也」。
檢《漢書》卷六十六《田千秋傳》，載：
車千秋，本姓田氏，其先齊諸田徙長陵。千秋為高寢郎。會衛太子為江充所譖敗，久之，千秋上急變訟太子冤，曰：「子弄父兵，罪當笞；天子之子過誤殺人，當何罪哉！臣嘗夢見一白頭翁教臣言。」是時，上頗知太子惶恐無他意，乃大感寤，召見千秋。至前，千秋長八尺餘，體貌甚麗，武帝見而說之，謂曰：「父子之間，人所難言也，公獨明其不然。此高廟神靈使公教我，公當遂為吾輔佐。」立拜千秋為大鴻臚。數月，遂代劉屈氂為丞相，封富民侯。千秋無他材能術學，又無伐閱功勞，特以一言寤意，旬月取宰相封侯，世未嘗有也。反漢使者至匈奴，單于問曰：「聞漢新拜丞相，何用得之？」使者曰：「以上書言事故。」單于曰：「苟如是，漢置丞相，非用賢也，妄一男子上書即得之矣。」使者還，道單于語。武帝以為辱命，欲下之吏。良久，乃貰之。
按：稿本文字及順序與此不同，曰：
《晉書‧符堅傳》：「慕容垂說堅，請巡撫燕岱。」旁補曰：「又王猛疏曰：『方難未夷，軍機權速。』」後隔三格，接上條「姚萇求傳國璽」以下文字。
〔註31〕見《晉書》卷一百十三《符堅載記上》。
〔註32〕眉批：「又。」按：稿本空兩格，多「於實貢方物」一句。
〔註33〕眉批：「又。」
〔註34〕見《榕村語錄》卷十七《春秋三》。
〔註35〕清‧孔廣森《經學卮言》卷六《左傳》：
亥有二首六身，下二如身，是其日數也。〔三十年〕
注曰：「亥字二畫在上，並三六為身，如算之六。」宣城梅氏以此證古籌算縱橫記數之法。按：宋、元人算草，六七八九或為ㄒㅠㅠㅠㅠ，或為ㅗㅗㅗㅗ，

濤《一鐙精舍甲部稿》所說為異〔註36〕。〔註37〕

卷二十六云〔註38〕：「分野之說，荒誕無理，雖祖沖之約略言之，亦大段不的確。以《左傳》中兩處觀之，似是分封時，以某星賜某人，使其國有水旱疾疫得而祭禳之，未必以此分疆畫界也。」〔註39〕

又云〔註40〕：「四遊之說，朱子屢述之，而不悟其非，何也？謂地於春夏秋冬相那移三萬里，如人在舟中，舟移而人不知。果爾，則看北極高度，當四時不同，何以北極出地之度萬古不改耶？《周髀》只周公問商高一篇為經，其餘皆傳，有假託無理語，卻有精到處，分別觀之可也。程子謂『日無時而不為精，地無處而不為中』，妙極。此分明是說地圓，而不指明其故，闕於所不見也。又云：『壇無窮者，如無端也。亦極好。』」　「朱子言：『天不宜以恒星為體，當立有定之度數記之。天乃動物，仍當於天外立一太虛不動之天以測之。』此說即今西秝之『宗動天』也。」　「地平之說，是地與天相際也。程子以為四邊有空闊，則地在天中，一彈丸耳。極得其理。」〔註41〕

卷二十七云〔註42〕：「古者君臣如朋友，情意相浹，進言亦易，畏憚亦輕。朱子云：『金人初起，君臣席地而坐，飲食必共，上下一心，死生同之，故強盛無比。及入汴，得一南人教他分辨貴賤，體勢日益尊崇，而勢隨衰。漢高祖

蓋權輿自古。射禮釋獲，橫縮相變，即其遺象。〔留侯發八難，云：「請借前箸以籌之。」言以箸當籌。時方食，有兩箸。復借高帝前箸，得四箸。每發一難，輒下一籌。至五橫之、六丅之、七ππ之、八ππ之，故用四箸而足。〕篆文亥為丙，其乚與上相似，ㄋ與丅相似，是有三六形。若移首上二畫，下置身傍，則成ππ，正如布算，橫列四位，起二萬，次六千，次六百，次六十也。但古文亥本作豕，與豕同意，〔見《說文解字》。〕故子夏讀晉史，以「三豕」為「己亥」之誤。〔王豕是己亥，三豕是三豕。〕史趙，晉人，而稱丙字，豈其聞識之博，抑亦浮誇潤色，傳或有焉。

〔註36〕何秋濤《一鐙精舍甲部稿》五卷，清光緒五年淮南書局刻本，見《清代詩文集彙編》第 698 冊，未見此說，俟考。

〔註37〕眉批：「連類。以下七條」、「小學」、「字典」。
按：此條下稿本有「又云：『買朱鉏、密州，兩字切音也。〔按：切音二字誤，當雲合音。〕莒，夷也，語譯而通。』〔襄公三十一年。〕余按：壽夢，乘也，亦是此類。古人用譯語，或略或詳，春秋時已有之」一條，眉批：「已錄」、「此條已見廿四冊第四十頁」，見卷二十五「中國文理一字讀二音者」一條。

〔註38〕見《榕村語錄》卷二十六《理氣》。

〔註39〕眉批：「輿地。」

〔註40〕見《榕村語錄》卷二十六《理氣》。

〔註41〕以上兩條亦見《榕村語錄》卷二十六《理氣》。

〔註42〕見《榕村語錄》卷二十七《治道一》。

初得天下，群臣固無禮，叔孫通不過記得許多秦家制度耳。』杜工部云：『叔孫禮樂蕭何律。』其實壞事，就是此二件。」榕村於康熙時特錄此條，極為有意。〔註43〕

　　卷二十六云〔註44〕：「張平子造地動儀，甚奇，各處地震皆知之。司儀者報聞，及彼處奏到，時刻皆應，不知何理？定九先生云：『先業師倪先生云：地動儀當是極平，平之至，少有動，便傾響。何處地震，其餘勢所及者必遠人不覺，而此器平極，遂有聲。至其語之過於神奇者，或有潤飾也。』」余案：地動儀必與電氣相關，近來電學日精，質之西人，當有能言其理者。倪君所言，尚未得其要領也。〔註45〕

　　卷二十七云〔註46〕：「三代流風善政，惟漢猶近。縣有令長，又有三老、嗇夫、游徼。三老即今之鄉約也，掌教化。嗇夫即今之甲長也，主錢糧。游徼即今之練總也，司盜賊。縣有十鄉，鄉有鄉長，又有鄉三老、嗇夫、游徼，略如縣制。鄉有十亭，亭有亭長。凡三老、嗇夫、游徼皆郡守自行辟除，薦諸朝即為之錄用。此等皆即用本縣之人，其名俱載在官籍。故《漢書》列之《百官志》。非比今之鄉約、甲長、練總，皆無賴之徒為之，並無職銜，自知貪饕事敗，不過笞逐，故趨利為非，不少顧惜。漢時內之黃門執戟，一切左右服役之人，以至外之三老、嗇夫、游徼大抵皆用士人，所以吏治可觀。」案：此條言漢制極可取。〔註47〕

　　《起世經》言「南閻浮提日正中時，東弗婆提日則始沒；西瞿耶尼日則初出，北鬱單越正當夜半。易地亦然。」《海國圖志》七十四引之。又：「閻浮提州所謂西方，瞿耶尼州以為東方；瞿耶尼州所謂西方，鬱單越州以為東方；鬱單越州所謂西方，弗婆提州以為東方；弗婆提州所謂西方，閻浮提州以為東方。南北亦然。」《樓炭經》云：「日繞須彌山，東方日出，南方夜半，西方日入，北方日中。如是右旋，更為晝夜。」〔註48〕

　　《文獻通考》卷三百三十六《車師前後王即高昌》〔註49〕：「安史之亂，

〔註43〕眉批：「□度」、「□故」，上兩字均殘；「條似已見前，應檢□」。
〔註44〕見《榕村語錄》卷二十六《理氣》。
〔註45〕眉批：「輿地」、「測候」、「此似亦見前」。
　　　　按：此條與卷二十六「泰西測候之學」一條多有重複。
〔註46〕見《榕村語錄》卷二十七《治道一》。
〔註47〕眉批：「制度。」
〔註48〕眉批：「輿地。」
〔註49〕見《文獻通考》卷三百三十六《四裔考十三‧車師前後王》。

其地陷沒，復白為國。語訛亦曰『高敞』，然其地頗有回鶻，故亦謂之回鶻。宋太平興國六年，其王始稱西州外生師子王阿廝闌漢，遣都督麥溫來獻。五月，遣供奉宮王延德等使高昌。使還，敍其行程來上，云：歷臥梁劾待按：當即兀良哈歹。族地，有都督山，唐回鶻之地。次歷大蟲太子族，族接契丹界。次歷屋地因族，蓋達于于越按：即裕越。王之子。次至達於於越王子族。此九族達靼中猶尊者。次歷拽利王子族，有合羅川，唐回鶻公主所居之地，城基尚在，有湯泉之地。傳云：契丹舊為回鶻牧牛，回鶻徙甘州，契丹、達靼遂各爭長攻戰。次歷阿墩族，經馬綜山。次歷格囉美源，西方百川所匯，極望無際。高昌即西州也，其地南距于闐，西南距大食、波斯，西距西天步露沙。婦人戴油帽，謂之蘇慕遮。按：此略誤。用開元七年歷，以三月九日為寒食，餘二社，冬至亦然。以銀或鍮石為筒，貯水激以相射，或以水交潑為戲，謂之壓陽氣去病。按：此即潑寒胡戲。佛寺五十餘區。復有摩尼寺，波斯僧各持其法，佛經所謂外道者也。」又云：「延德初，至達靼之境，頗見晉末陷虜者之子孫，咸相率遮迎，獻飲食。」

又於□□條云〔註 50〕：「□□云呾邏私城，亦彼國商胡雜居，有小城三百，本華人，為突厥所掠，群保此，尚華語。」〔註 51〕

卷三百三十七高居誨《使于闐記》曰〔註 52〕：「沙州西曰仲雲族，其牙帳居胡盧磧。云仲雲者，小月支之遺種也。按：仲雲疑即準部。其人勇而好戰，瓜、沙之人咸憚之。胡盧磧，漢明帝時征匈奴，屯田於吾盧，蓋其地也。」

條支，魏時其國名排特。案：排特即報達之異譯。〔註 53〕

〔註 50〕見《文獻通考》卷三百三十六《四裔考十三·龜茲》。

〔註 51〕按：刻本無，據稿本補。

眉批：「當出《通典》。」

按：唐·釋玄奘《大唐西域記》卷一《三十四國》：

千泉西行百四五十里，至呾邏私城。城周八九里，諸國商胡雜居也。土宜氣序大同素葉。南行十餘里，有小孤城，三百餘戶，本中國人也。昔為突厥所掠，後遂鳩集同國，共保此城，於中宅居衣服，去就遂同。突厥言辭儀範猶存。

《新唐書》卷二百二十一《西域列傳上·龜茲》：

西贏百里至呾邏私城，亦比國商胡雜居，有小城三百，本華人，為突厥所掠，群保此，尚華語。

〔註 52〕見《文獻通考》卷三百三十七《四裔考十四·于闐》。

〔註 53〕眉批：「三百三七。」按：《文獻通考》卷三百三十七《四裔考十四》有「條支」，但無此語。

卷三百三十八：「康居，大業中遣使朝。其王姓溫，月氏人也。舊居祁連山昭武城」云云。〔註54〕

「烏萇國北有蔥嶺，南至天竺。婆羅門胡為其上族。婆羅門多解天文吉凶之數，其主動則訪決焉。」〔註55〕按：今之烏斯藏，蓋即烏萇之轉音。

卷三百三十九：「隋煬帝時，遣雲騎尉李昱使通波斯。尋有使隨昱貢方物。隋末，西突厥葉護可汗討殘其國而不能有。唐貞觀十二年，遣使朝貢。」〔註56〕

《宋史·于闐國》：宋太宗遣供奉王延德使其國，遊佛寺，曰應運大寧之寺。復有摩尼寺，波斯僧各持其法，佛經所謂外道者也。《海國圖志》卷三十二云：「案：摩尼寺，波斯外道，皆天主教。宋時回疆間有之。」〔註57〕余謂摩尼非天主教，魏氏說誤。

《西域水道記》〔註58〕：「回語謂漢人曰和臺。」案：和臺即《輟耕錄》之黑炭，實唐字之轉音。〔註59〕

《西域水道記》引回人庫魯安書云：「其部初有女子曰阿郎固庫勒魯者，天帝使一丈夫向女吹噓白〔註60〕伊氣，感而有身，生子曰麻木哈伊次，為回部王。傳至三世，童蒙習佛法。又十四世為吐呼魯克吐木勒罕。」伊犁河逕撫容城，南經故回部，至吐呼魯克吐木勒罕墓南。〔註61〕

〔註54〕按：稿本無「卷三百三十八」。見《文獻通考》卷三百三十八《四裔考十五·康居》。

〔註55〕見《文獻通考》卷三百三十八《四裔考十五·烏萇》。
眉批：「三百卅八。」

〔註56〕按：稿本無「卷三百三十九」。
眉批：「三百卅九。」見《文獻通考》卷三百三十九《四裔考十六·波斯》。

〔註57〕按：《海國圖志》卷三十二《西南洋·蔥嶺以東新疆回部附考上》：
《宋史》。于闐國，西抵蔥嶺，與婆羅門接，相去二千餘里。……宋太宗遣供奉官王延德使其國，遊佛寺，曰應運大寧之寺，貞觀十四年造。復有摩尼寺，波斯僧各持其法，佛經所謂外道者也。〔案：摩尼寺，波斯外道，皆天主教。宋時回疆特間有之。〕

〔註58〕見清·徐松《西域水道記》卷一《羅布淖爾所受水》。

〔註59〕眉批：「□文」，上字殘，疑為「語」字。

〔註60〕「白」，刻本作「伊」，文義不通。據稿本、《西域水道記》改。

〔註61〕眉批：「夷情」、「種族」。
按：「伊犁河」以下文字係補寫，在最右側，似不當置於文末。檢《西域水道記》卷三《巴勒喀什淖爾所受水》：
二水合流是為伊犁河……又西過拱宸城南和爾郭斯河注之。
又南半里，經故回部王 吐呼魯克吐木勒罕墓西。回人庫魯安書云：其部初

《職方外紀》〔註62〕：「波羅尼國即波蘭國。在亞勒馬尼東北，其人美秀而文。和愛樸實。其王世守國法，不得變動分毫。」

王肱枕《蚓菴瑣語》：「道有南北宗，自東華帝君授漢鍾離權，權授唐呂巖，巖分為二宗。一授遼陽進士劉操，號海蟾子；操授宋張伯端，號紫陽；伯端授石泰，號杏林；泰授薛道光，號紫賢；又名道淵。光授陳楠；楠授白玉蟾；蟾授彭耜。此南宗也。一授金之王嘉，嘉授七弟子，曰邱處機、譚處端、劉處玄、王處一、郝大通、馬鈺、鈺妻孫不二，世謂之七祖。此北宗也。七祖之跡，皆在東海勞山，而邱處機為元祖所聘，弟子十八人居燕之長春宮，今都城西南白雲觀也。王嘉，咸陽人，餘俱登州人。」〔註63〕

《四庫提要》〔註64〕：「《辨學遺牘》一卷，明利瑪竇撰。是編乃與虞淳熙論釋氏書及辨蓮池和尚《竹窗三筆》攻擊天主之說。」齊固失矣，楚亦未為得也。〔註65〕

又，「《靈言蠡勺》二卷，明西洋人畢方濟撰。徐光啟編錄之書，成於天啟甲子，皆論亞尼瑪之學。亞尼瑪者，華言靈性也」。又，「《空際格致》二卷，明西洋人高一志撰。西法以火氣水土為四大元行，而以中國五行兼用金木為非，一志因作此書，以暢其說」。〔註66〕

《金石萃編》景教碑後案語云〔註67〕：「此碑稱『常然真寂』、『戢隱真威』、『亭午升真』、『真常之道』、『占青雲而載真經』，舉『真』字不一而足。今回回堂謂之禮拜寺，又謂之真教寺，似乎今回回之教，未始不源於景教。」余案：此說近之。回回述摩西而闢耶蘇，蓋即用波斯之舊俗，故信從者眾矣。〔註68〕

有女子曰阿郎固庫勒魯者，天帝使一丈夫向女吹噓白氣，感而有身，生子曰麻木哈伊項，為回部王。傳至三世，習蒙古法。又傳十四世，為吐呼魯克吐木勒罕。年二十二，嗣為國主。

〔註62〕見《海國圖志》卷四十六《大西洋·波蘭國沿革》。

〔註63〕眉批：「道流」、「此條記已入某冊，應檢明」。按：卷十八「明都卬《三餘贅筆》云」一條，亦述道家南北宗之傳授。

〔註64〕見《四庫全書總目》卷一百二十五子部三十五。

〔註65〕眉批：「著述」、「宗教」。

〔註66〕均見《四庫全書總目》卷一百二十五子部三十五。
眉批：「著述」、「西學」。

〔註67〕見清·王昶《金石萃編》卷一百二。

〔註68〕眉批：「宗教」；「已用」，見卷十八「新譯西學略述卷三云」一條。

《太平御覽》六百十引蕭方等《三十國春秋》曰：「漢大將軍東平王約，漢王聰戲之曰：『汝誦何書，味何句也？』約曰：『臣誦《孝經》，每詠身體髮膚，受之父母，不敢毀傷，至於在上不驕，高而不危，未嘗不反覆誦之。』聰大悅。」〔註69〕

《石勒載記》〔註70〕：「勒曰：『吳蜀未平，書軌不一，司馬家猶不絕於丹陽，恐後之人將以吾為不應符籙。每一思之，不覺見於神色。』徐光曰：『魏承漢運，為正朔帝王。劉備雖紹興巴蜀，亦不可謂漢不滅也。陛下為中國帝王，彼司馬家兒何異玄德？』」

陳新蔡王叔齊《籟紀》，其言絕痛，真屈子之嗣音。編《後楚詞》者，所宜取也。《蛙聲》篇曰：「嗟子陽之尊大兮，感華林之太憊。予微茲之故兮，胡為乎泥中。」《式微》之詠也。《罷》篇云：「豈天誤余之負名兮，戒予食夫周粟。」《采薇》之志也。《雷》篇云：「惟狡童之不戒兮，乃終喪乎匕鬯。」《麥秀》之歌也。然而終不能不灌將隋京者，門戶之思、身世之憂也。以此而推，新莽國師不能無罪，而吳興承旨，可以無譏也已。〔註71〕

《晉書·載記第一》云：「古者帝王，乃生奇類，淳維伯禹之苗裔，豈異類哉？」〔註72〕

《劉淵載記》〔註73〕：「成都王穎敗，挾天子奔洛陽。元海曰：『穎不用吾言，逆自奔潰，真奴才也。』」〔註74〕

又〔註75〕：「劉宣師事樂安孫炎。」

《石勒載記》〔註76〕：「劉演部將臨深。」按：臨姓，臨孝存之外，惟見此人。

〔註69〕眉批：「掌故。」
〔註70〕見《晉書》卷一百五《石勒載記下》。
〔註71〕眉批：「文學」、「入譚錄」、「此條重見卅二冊卅八頁」。
　　　　按：重見第卅二冊。
〔註72〕眉批：「連類。以下三條」、「種族」。
　　　　按：見《晉書·載記序》。
〔註73〕見《晉書》卷一百一《劉元海載記》。
〔註74〕眉批：「考證」；「此又見卅二冊卅七頁」；「此可與某冊之奴才條合，俟檢」，
　　　　當即卷三「今制滿蒙大臣奏疏皆稱奴才」條。
　　　　按：重見第卅二冊，文首多「晉書」，文末多「此奴才二字之所本」。
〔註75〕見《晉書》卷一百一《劉宣傳》。
〔註76〕見《晉書》卷一百四《石勒載記上》。

《呂氏春秋·孝行覽》：「五刑之屬三千，而罪莫大於不孝。」〔註77〕商之所制法也。〔註78〕

《困學紀聞》九〔註79〕：「以十一星行歷推人命貴賤，始於唐貞元初都利術士李彌乾。原注：『《聿斯經》本梵書。』」程子謂三命是律，五星是歷。晁氏謂：『泠州鳩曰：武王伐殷，歲在鶉火，月在天駟，日在析木之津，辰在斗柄，星在天黿。五星之術，其來尚矣。』」〔註80〕

《唐藝文志》歷算類《都利聿斯經》二卷，貞元中術士李彌乾傳自西天竺，有璩公者譯其文。〔註81〕

又云〔註82〕：「『我辰安在』，論命之說也。『不利子商』，哀九年《左傳》。則見姓之有五音。《詩·吉日》『維戊』、『庚午』，則見支幹之有吉凶。」〔註83〕

「朱文公嘗問蔡季通：『十二相屬起於何時』」〔註84〕云云。〔註85〕

「歷有小歷，有大歷。唐曹士蒍《七曜符天歷》，一云《合元萬分歷》，本天竺曆法，以顯慶五年庚申為歷元，雨水為歲首世，謂之小歷，行於民間。石晉《調元歷》用之。後周王樸校定大歷，削去符天之學，為《欽天歷》。」〔註86〕《集證》五代史司天考云云。

《書錄解題》〔註87〕：「《聿斯歌》一卷，青蘿山布衣王希明撰，不知何人。」《困學紀聞》九〔註88〕：「《步天歌》，《唐志》謂『王希明丹元子』，今本『司天右拾遺內供奉王希明撰』云云。〔註89〕

《困學紀聞》十三云〔註90〕：「執笏始於宇文周保定四年，事見《周書·武

〔註77〕按：此語出《孝經·五刑章》。《呂氏春秋》第十四卷《孝行覽第二》：「《商書》曰：『刑三百，罪莫重於不孝。』」
〔註78〕眉批：「諸子」、「制度」、「刑法」。
〔註79〕見《困學紀聞》卷九《曆數》。
〔註80〕眉批：「曆學」、「術數」。
〔註81〕眉批：「又。」
〔註82〕見《困學紀聞》卷九《曆數》。
〔註83〕眉批：「又。」
〔註84〕見《困學紀聞》卷九《曆數》。
〔註85〕眉批：「又。」
〔註86〕見《困學紀聞》卷九《曆數》。
〔註87〕見宋·陳振孫《直齋書錄解題》卷十二。
〔註88〕見《困學紀聞》卷九《天道》。
〔註89〕眉批：「述」，上當損一「著」字。
〔註90〕見《困學紀聞》卷十三《考史》。

帝紀》。紫緋綠袍始於隋大業六年。」翁元圻案：「《隋書・禮儀志七》：『大業六年，詔從篤涉遠者，文武官等皆戎衣，貴賤異等，雜用五色。五品以上通著紫袍，六品以下兼用緋綠，胥吏以青，庶人以白，屠商以皁，士卒以黃。』」〔註91〕

又云〔註92〕：「干寶論晉之創業立本，固異於先代，後之作史者不能為此言也，可謂直矣。」余記范祖禹《唐鑑》云：「宋之興也，亦無以異於先代。」蓋謂不能過於石敬瑭、郭威也，亦不可謂非直筆矣。〔註93〕

卷六云〔註94〕：「漢世祖罷郡國都尉，晉武帝去州郡武備，其害皆見於後。唐穆宗之銷兵，則不崇朝而變生焉。故曰誰能去兵？」《唐・蕭俛傳》〔註95〕：「穆宗初，兩河底定，俛與段文昌當國，謂四方無虞，勸帝密詔天下鎮兵，十之一，歲限一為逃、死、不補，謂之銷兵。既而籍卒逋亡，無生業，聚為盜賊。朱克融、王庭湊亂燕、趙，悉收用之。」〔註96〕

《困學紀聞》九云〔註97〕：「《素問》：『《泰始天元冊文》有九星之言。』王〔註98〕冰注云：『上古世質人淳，九星懸朗〔註99〕。中古道德稍衰，標星隱曜，故星之見者七焉。九星謂天蓬、天芮、天沖、天輔、天禽、天心、天任、天柱、天英，此蓋從標而為始，遁甲式法，今猶用焉。』《楚辭》劉向《九歎》云：『訊九魁與六神。』王逸《注》：『九魁，謂北斗九星也。』」〔註100〕

卷六云〔註101〕：「周之替也，自原伯魯之不說學。昭十八年。秦之亡也，自子楚之不習誦。」翁之圻曰：「隋高祖素不說學，亦二世而亡。」

又云〔註102〕：「齊人歌曰：『唯其儒書，以為二國憂。』哀二十一年。春秋之季，已輕儒矣。至戰國，而淳于髡有賢者有益之譏，秦昭王有儒無益之問，

〔註91〕眉批：「冠服。」
〔註92〕見《困學紀聞》卷十三《考史》。
〔註93〕眉批：「論史。」
　　　　按：此條與卷二十八「干寶《晉紀總論》云」一條，所言近同。
〔註94〕見《困學紀聞》卷六《左氏》。
〔註95〕見《新唐書》卷一百一。
〔註96〕眉批：「政事。」
〔註97〕見《困學紀聞》卷九《天道》。
〔註98〕「王」，刻本作「玉」，誤。
〔註99〕「懸朗」，稿本原作「垂明」，抹改為「懸朗」。按：《困學紀聞》作「垂明」，
　　　　王冰《重廣補注黃帝內經素問》卷第十九作「懸朗」。
〔註100〕眉批：「連類。以下五條」、「天文」。
〔註101〕見《困學紀聞》卷六《左氏》。
〔註102〕見《困學紀聞》卷六《左氏》。

見《荀子‧儒效篇》。末流極於李斯。」〔註103〕

又云〔註104〕：「災異，古史官之職。我朝舊制，太史局隸秘書。凡天文失度，三館皆知之。每有星變，館吏以片紙錄報，故得因事獻言。自景定後，理宗在位三十六年，庚申改元，枋臣欲抹煞災異，三館遂不復知。」〔註105〕

又云〔註106〕：「杜氏《注》云：『仲尼之徒，皆忠於魯國。』哀十二年《傳》注。《史記》《仲尼弟子列傳》。載夫子之言，曰：『夫〔註107〕魯，父母之國。國危如此，二三子何為莫出？』此夫子之訓也。」〔註108〕

《困學紀聞》十四〔註109〕：「李白《上宣唐鴻猷》一篇，即《新書》本傳所謂召見金鑾殿奏頌一篇者也。今集中闕。」翁元圻案：《白集》坿錄唐劉全白所撰《碣記》，曰：「君名白，廣漢人。天寶初，元宗辟翰林待詔，因為和蕃書並《上宣唐鴻猷》一篇，上重之，欲以綸誥之任委之。」〔註110〕

卷十二云〔註111〕：「董仲舒在建元初對策，欲『興太學，教明師，以養天下之士，數考問以盡其材』。《傳》謂『立里校之官，自仲舒發之』。考之《武帝紀》，建元五年置五經博士，此所謂學校之官也。元朔五年，始有禮官勸學之詔，於是丞相弘〔註112〕請為博士置弟子員。《儒林傳》所載其著公令也，詳於取而略於教，不過開祿利之塗而已。明經而志青紫，教子而擬籯金，孰知古者為己之學哉？」《韋賢傳》：「鄒魯諺曰：『遺子黃金滿籯，不如一經。』」魏了翁《跋楊子謨所題一經閣詩》曰〔註113〕：「謂籯金不若一經，鄒魯諺也。近聖人之世之居皆未遠也，其詞氣已甚不類。」〔註114〕

《外國史略》：「西剋地在後藏南。魏默深云即克什米耳。嘉慶年間，倫亞升王所立國也。此君之祖，曾取印度及回教二者，參合為一，以宇宙萬物之主宰為萬土之王，盡絕神佛，自為一教。至倫亞升王募兵，攻伐甲布居民，奪加

〔註103〕眉批：「政治。」
〔註104〕見《困學紀聞》卷六《左氏》。
〔註105〕眉批：「天文。」
〔註106〕見《困學紀聞》卷六《左氏》。
〔註107〕「夫」，刻本作「先」，據稿本、《史記》改。
〔註108〕眉批：「政治。」
〔註109〕見《困學紀聞》卷十四《考史》。
〔註110〕眉批：「□學。文。」前一字殘。
〔註111〕見《困學紀聞》卷十二《考史》。
〔註112〕「弘」，底本作「宏」。
〔註113〕見宋‧魏了翁《鶴山全集重校鶴山先生大全文集》卷六十二。
〔註114〕眉批：「學校」、「豈獨漢為然，引太史公已慨之矣。」

治彌耳等地。」《海國圖志》卷二十。〔註115〕

《廣東通志》曰：「南徼外，占城以至西域，默德那國，其教專以事天為本。其經有十三藏，凡三千六百餘卷，謂之回回色目教門。今懷聖寺有番塔，創自唐時，凡十六丈五尺，每月禮拜者是也。亦有占城諸國人雜其間。」〔註116〕

《晉廢帝紀》〔註117〕：「汝南內史朱斌。」《宗室傳》〔註118〕：「西河繆王斌。」《石季龍載記》〔註119〕：「子斌。」〔註120〕《石勒載記》：「晉兗州刺史檀斌」〔註121〕、「冀州刺史王斌」〔註122〕。〔註123〕

《清容集・琴述》云〔註124〕：「自渡江來，譜之可考者曰閣譜、曰江西譜。閣譜由太宗時漸廢，至皇祐間，復入祕閣。今世所藏金石圖畫之精善，咸謂閣本。蓋皆昔時祕閣所庋。而琴有閣譜，亦此義也。方閣譜行時，別譜存於世良多。至大晟樂府證定，益以閣譜為貴，別譜復不得入。紹興時，非入閣本者不得待詔。曰江西者，由閣而加詳焉。」〔註125〕

《海國圖志》七十一〔註126〕引《四洲志》：「回教中分為二：一曰色底特

〔註115〕眉批：「宗教。」

按：此條下稿本有「《困學紀聞》七馬融注《論語》云」一條，眉批：「此與廿二冊重複」、「見《樂記正義》」，見卷二十二，闕「友人喬刑部樹枏曰」以下文字。

〔註116〕眉批：「宗教」、「種族」。

又：稿本此條尚有「宋岳珂：『番禺有海獠雜居，其最豪者蒲姓，本占城之貴人也。既浮海而遇風濤，憚於反覆，乃請於其主，願留中國，以通往來之貨。歲益久，定居城中，屋室少侈靡踰禁。使者方務招徠，以阜國計，且以其非吾人，不之問，故其宏麗奇偉益張而大，富盛甲一時』一段文字，眉批：「岳珂下疑有脫文。檢珂著有《愧郯錄》，此豈引其書乎？應考。」按：岳珂此引文已見卷二十六「岳倦翁《桯史》卷十一云」一條。另批：「此事□□□□。」

〔註117〕見《晉書》卷八。

〔註118〕見《晉書》卷三十七。

〔註119〕見《晉書》卷一百六《石季龍載記上》。

〔註120〕稿本原空一格。

〔註121〕見《晉書》卷一百五《石勒載記下》。

〔註122〕見《晉書》卷一百四《石勒載記上》。

〔註123〕按：此條刻本無，據稿本補。眉批：前一部分不清、「人物」、「小學。字體」、「此條應合入九冊四十二頁及廿五頁」、後一部分不清。

〔註124〕見元・袁桷《清容居士集》卷四十四《琴述贈黃依然》。

〔註125〕眉批：「音律」、「俟檢原集」。

〔註126〕見《海國圖志》卷七十一《南洋西洋各國教門表》。

士教，一曰比阿釐教。比阿釐者，穆罕默德兄子，傳教而小別其宗。今惟巴社及都魯機知其為比阿釐回教。」

《晉・輿服志》〔註127〕：「武冠：侍中、常侍則加金貂、附蟬為飾，插以貂毛，黃金為竿。侍中插左，常侍插右。胡廣曰：『昔趙武靈王為胡服，以金貂飾首。秦滅趙，以其君冠賜侍臣。』」〔註128〕

又云〔註129〕：「笏，古者貴賤皆執笏，有事則搢之於腰帶。所謂搢紳之士者，搢笏而垂紳帶也。笏者，有事則書之，故常簪筆。今之白筆，是其遺象。手版即古笏矣。尚書令、僕射、尚書手版頭復有白筆，以紫皮裹之，名曰笏。」〔註130〕

《五行志》〔註131〕：「泰始之後，中國相尚用胡牀、貊槃，及為羌煮、貊炙。太康中，又以氈為絈頭及絡帶、袴口。百姓相戲曰：中國必為胡所破。」夫氈毳產於胡，而天下以為絈頭、帶身、袴口，胡既三制之矣，能無敗乎？自後四夷迭據華土，服妖之應也。

《蚓菴瑣語》：「今民間盛行所謂教門者，說偈談經，男女混雜，歷朝屢禁而風愈熾蓋。緣其師挾一幻術，傳教與徒。有置水一盂，令人照見各樣衣冠。有狐傳異香，今人聞之，皆願歸附。又有坐香運氣，存想撚訣，不數日間，空中現一景象，或見祥雲瑞靄，天樂騰空，金殿瑤山，仙童玉女，種種奇異，愚人信為得道，死心歸向。明時有盧某者，妄撰偽經，名曰《五部六冊》，近世尊稱為盧祖。山東、西則有焚香、白蓮，江南則有長生聖母、無為糍團圓果等號，約數十餘派，各立門戶。」偶讀宋葉石林先生《避暑錄話》，乃知出自漢天師張道陵。余詰親友在彼教者，略道運氣、坐功、拜表、齋天俱道教科儀，證葉語之不妄。彼所謂聖母者，斗母也。糍團者，虛靜天師所嗜，今龍虎山祭必以糍也。〔註132〕

《西學略述》卷三：「猶太教以摩西創定律法，著《創世》等記，為聖人。」○〔註133〕又：「猶太教之《舊約書》，共分三十九卷，為摩西諸聖之所著。耶

〔註127〕見《晉書》卷二十五。

〔註128〕眉批：「冠服。」

〔註129〕見《晉書》卷二十五。

〔註130〕眉批：「又」、「此引《晉書》，與二十二冊第五頁同」，即卷二十二「《晉書・輿服志》云」一條。

〔註131〕見《晉書》卷二十七。按：先見《宋書》卷三十《五行志一》。

〔註132〕眉批：「宗教」、「道流」。

〔註133〕「○」，據稿本補，底本作空格。

蘇教之《新約書》二十七卷，為馬太保羅諸聖徒之所著。」〔註134〕

又云：「回教以末日人魂皆受審判，多與耶蘇教同。惟將耶蘇列歸諸聖，而以穆罕默德為真主之欽使。」

又云：「人身死而靈魂不死，婆羅門教四章多書中未言及，而輪迴之說載於佛教書中。是當中國西周時，印度始有靈魂不與人身同盡之論也。至於伊及國之古教，舊言人之靈魂永生，且受審判。迨後，其教傳至希臘，皆詳見於和美耳之詩中。近巴比倫地有掘獲古甎者，其上刊有文字，遞經多人辨識，知其時亦有靈魂永生之說，且言人之生死分界而居，生則身處陽世，死則魂歸陰世中矣。猶太教《舊約》書中有生命樹食之而得永生等語。」

昔希臘創箸國史之希羅多言「輪迴一說起於伊及，其論以人死則靈魂去，必另託他物而生。凡地、水、風三界之毛類、鱗類、羽類諸蟲之身，無不徧歷，迨三千年數滿，一周始，復得生為人」云云。此論甚古。〔註135〕

又云：「火祆教例，每屆年終五日，皆為亡者之靈魂祈禱。」又云：「印度之婆羅門教先於佛教，亦皆敬畏閻羅王。」〔註136〕

《晉書》四十八《閻纘傳》：「纘上書理太子之冤，曰：『孟軻有云：孤臣孽子，其操心也危，慮患也深，故多善功。』」〔註137〕

《石勒載記》〔註138〕：「子弘受經於杜嘏，誦律於續咸。勒曰：『今世非承平，不可專以文業教也。』於是使劉徵、任播授以兵書，王陽教之擊刺。」

又〔註139〕：「咸和間，始定秀孝試經之制。」〔註140〕

後周天竺三藏闍那耶舍譯《大乘同性經》卷上云：「譬如虛幻，夢、泡、燄、霧、電、水沫、旋、火輪。」按：「火輪」二字本此。〔註141〕

又云：「離於飲酒，不妄語。」此釋教斷酒之一證。

又云：「云何〔註142〕名得眾生實相，所謂得彼大智同性。」

〔註134〕眉批：「□教」，上字殘，疑為「宗」。

〔註135〕眉批：「又。」

〔註136〕眉批：「又。」

〔註137〕眉批：「掌故。」

〔註138〕見《晉書》卷一百五《石勒載記下》。

〔註139〕見《晉書》卷一百五《石勒載記下》。

〔註140〕按：此條刻本無，據稿本補。

〔註141〕眉批：「□學」、「□經」，上兩字均殘，疑為「佛」字。

〔註142〕「何」，刻本作「河」，據稿本改。

《瀛涯勝覽》〔註143〕:「阿丹國崇回回教。阿剌壁言語、市肆、熟食及綺帛、書籍俱如中國。【獸有福鹿,如騾,白首白眉,滿體細問道。】〔註144〕」〔註145〕

杭大宗《道古堂文集‧景教續考》曰〔註146〕:「西域三教:曰大秦,曰回回,曰末尼。末尼因回回以入中國,歲往來西域,商賈頗與囊橐為奸。李文饒亦稱其挾邪作蠱,浸淫宇內。」

〔註147〕又曰:「穆罕默德生命曰哈聽,猶言封印云。具見《天方古史》。又言國中有佛經三十藏,自阿丹至爾撒,凡得百十有四部。如討剌特、降與母撒之經名。則逋爾、降與達五德之經名。引支勒,降與爾撒之經名。皆經之最大者。自穆罕默德撰經六千六百六十六章,名曰《甫爾加尼》。此外為今清真所誦習者,又有《寶命真經》等。」

《海國圖志》二十五引《每月統紀傳》〔註148〕:「亞剌伯古居民崇太陽星辰,以為神明。猶太民亦遷移立國,耶蘇之徒廣布其教。然道理不正,初差毫釐,後繆千里。陳宣帝大建元年,有穆罕默德生其地,為回回開基之祖。」〔註149〕

《困學紀聞》五〔註150〕:「《曾子制言》曰:良賈深藏如虛,君子有盛教如無,與《史記》老子之言略同。」

《晉‧苻健載記》〔註151〕:「於豐陽郡立荊州,以引南金、奇貨、弓竿、漆蠟,通關市,來遠商,於是國用充足,異賄盈積。」〔註152〕

《歲時廣記》二十八引《蕙畝拾英》資陽士人妻崔氏事〔註153〕,又十二引鴛鴦燈事〔註154〕。〔註155〕

〔註143〕見《海國圖志》卷二十四《西南洋‧西印度西阿丹國沿革》。
〔註144〕按:【】內文字,刻本無,據稿本補。
〔註145〕眉批:「夷情。」
〔註146〕見清‧杭世駿《道古堂全集》文集卷二十五《景教續考》。
〔註147〕此處稿本、刻本均有一空格。
〔註148〕見《海國圖志》卷二十五《西南洋‧各國回教總考》。
〔註149〕此條下稿本有「劉智《天方典禮‧居處篇曰》」一條,眉批:「又」、「此條已見十七冊四十三頁,此處應刪去」、「挑筋即猶太教」。按:已見卷十八「劉智《天方典禮‧居處篇曰》」一條。
〔註150〕見《困學紀聞》卷五《大戴禮記》。
〔註151〕見《晉書》卷一百十二。
〔註152〕眉批:「產物。」
〔註153〕見《歲時廣記》卷二十八《傷賢婦》。
〔註154〕見《歲時廣記》卷十二《約寵姬》。
〔註155〕按:稿本原作:「《歲時廣記》二十八引《蕙畝拾英》資陽士人妻崔氏事」,右側補「十二」、「鴛鴦燈事」。則文本似應正為「《歲時廣記》十二引《蕙畝

常有新羅使至，云東夷士庶願請蕭夫子穎士也。為國師。《太平廣記》一百六〔註156〕引《翰林盛事》。〔註157〕

《朱子語類》：「佛家於心地上煞下工夫。」百二十五。〔註158〕「道之在天下，一人說取一般，禪家最說得高妙去。」百二十六。「釋氏於天理大本處見得些分數。」同上。「佛氏之學，有與吾儒相似。如云『有物先天地』云云，又曰『樸落非它物，縱橫不是塵』云云，又曰『若人識得心，大地無寸土』。看他是甚麼樣見識。今區區小儒，怎生出得他手，宜其為他揮下也。」同上。〔註158〕

《後漢書·曹褒傳》：「皋陶不為盜制死刑。」

邵武某人作省元，五母雞用畝字，孝宗大怒，欲駁放了，後又不行。《朱子語類》百二十七。〔註160〕

莆陽解試《道者心之主宰賦》，士人多以芒笏字押在八勿韻內，考官以失韻不取。莆人為語曰：「可憐芒笏三千字，一夜沉埋古戰場。」《宋增注正誤決疑韻式》。〔註161〕

宋張戒《歲寒堂詩話》〔註162〕：「近時士大夫以蘇子瞻譏《文選》去取之謬，遂不復留意，殊不知。《文選》雖昭明所集，非昭明所作。秦、漢、魏、晉奇麗之文盡在，所失雖多，所得不少。子瞻文章從《戰國策》、《陸宣公奏議》中來，長於議論，而欠宏麗，故雖揚雄亦薄之。」按：子瞻文欠宏麗，正坐讀《選》未深耳。張氏之言，深知蘇氏之學者。〔註163〕

《大慈恩寺法師傳》第三卷：「重列八囀聲如後。」《音義》云：「此八囀是男聲，於八囀中各有三囀成二十四聲如男聲，二十四囀其女聲，非男非女聲亦復有二十四囀也。總名蘇漫多聲也。」廿六。〔註164〕

拾英》鴛鴦燈事，二十八引《蕙畝拾英》資陽士人妻崔氏事」。
〔註156〕按：卷數有誤，實見《太平廣記》卷一百六十四《名賢·蕭穎士》。
〔註157〕眉批：「□（殘，疑為『夷』）情」、「人物」、「此條又入廿九冊四十二頁」，參卷二十八「《契丹國志》云」一條腳注。
〔註158〕「二十」，底本作「十二」。據《朱子語類》改。
〔註159〕眉批：「佛學」、「性理」。
〔註160〕眉批：「科目」、「考試」。
〔註161〕眉批：「又。」
〔註162〕見宋·張戒《歲寒堂詩話》卷上。
〔註163〕眉批：「文學。文一」、「入譚錄」。
〔註164〕按：此條刻本無，據稿本補。又，此節文字又見卷三十六「今梵文校昔時尤

　　《集沙門不應拜俗事》卷三：「赫連悖悖。」《音義》云：「正作勃悖二形，第二卷作赫連勃勃。」《藏經音義隨函錄》卷廿六。〔註165〕

　　銃涉，舊韻云鋬也，新韻云鋬也。新韻文鋬之貌也。廿六。〔註166〕

　　食椹，新韻作糂葚二形，又作糂，陸氏作椹也。同上。

　　免為門條引《文字音義》。卷二十五〔註167〕。〔註168〕

　　《世本》曰：「堯時無句作磬。」同上〔註169〕。〔註170〕

　　卷十九云：「梵世，此土《玉篇》、《說文》、《字林》、《字統》先無梵字，後葛洪《佛經中錄》入《字苑》，陸法言撰入《切韻》矣。」〔註171〕

　　這足。上章石反，亦發語之辭也。正作適也。又音彥，非呼也。又釋的二音，亦非此二呼。卷十。〔註172〕

　　這正。上尸歷反，善也，往也，始也。正作適也。又音彥，非也。又俗以為嘛字，並非也。卷八。〔註173〕

　　《南越志》云：「南海以蝦作酒杯，鬚長數尺。」釋可洪《藏經音義隨函錄》卷三十〔註174〕。〔註175〕

　　矩篗，川音作獲，江西音作膒。同州城南天壽寺碑文作篗矩。廿八。　諱毓，後周帝諱也。又《開皇三寶錄》第三作「敏」，非也。同上。　耒耜下引三禮圖。同上。〔註176〕

　　虞喜《安天論》曰：「俗傳月中仙人，桂樹今現其初生，見仙足漸已成形，桂樹後生也。」卷二十八〔註177〕。

　　　　簡」一條中。
　　　　眉批：「語文」、「小學」。
〔註165〕眉批：「又。」
〔註166〕眉批：「又。」
〔註167〕「二十」，稿本作「廿」。
〔註168〕眉批：「又。」
〔註169〕「同上」，稿本作「廿五」。
〔註170〕眉批：「音律。」
〔註171〕眉批：「語文」、「小學」、「『統』上疑脫字。」
〔註172〕眉批：「又。」
〔註173〕眉批：「又。」
〔註174〕「三十」，稿本作「卅」。
〔註175〕眉批：「連類引書。」
〔註176〕眉批：「引書記卷數。」
〔註177〕「卷二十八」，稿本作「廿八」。

僧勆。按：《開皇三寶錄》第十一卷作「勭」。卷二十七〔註178〕。

《三輔故事》曰：「始皇殿名大廈。」卷二十七〔註179〕。

鉎刃〔註180〕，今宜作鑴戶。圭許，規二反，大錐也。見孫愐及蒼筠和尚韻。同上〔註181〕。

拓鬪。上他各反，下都豆反。正作鬪也。應和尚《經音》云：「拓鬪提奢，此云四方，謂四方僧所住處也。舊云招提，譌略也。然《阿含經》作照提、據照字，非是。拓字為招也。卷二十七〔註182〕。」

《法勇傳》云：「過蔥嶺，上雪山，懸崖壁立，無安足處。石壁皆有古弋孔，處處相對。人各執叨〔註183〕弋，先拔下弋，手攀上弋，展轉相代。三日方過，乃到平地。」 又〔註184〕云：「蔥嶺下有大江，峻急如箭，於東兩山之脇，繫索為福。相去遠，十人一過，到彼岸已，舉煙為識。後人見煙，知前已度，方得更進。久不見煙，則知暴風吹索，人墮江中耳。」卷十一。〔註185〕

《歷帝記》曰：「黃帝姓姚，都軒轅邱。」同上。「《易》曰黃帝戴黃冕。」同上。「枓棟正作橄騋二形，舉衣振塵也。上都口反，下蘇走反。」卷〔註186〕十二。

《愍懷太子傳》〔註187〕：「陳舞復傳語云：不孝那，天與汝酒飲，不肯飲，中有惡物邪？」按：「那」字斷句。宋詞「君心負妾那」，李清照詞「得似舊時那」，「那」字正用此意。

《晉惠帝紀》〔註188〕：「高平王沈作《釋時論》，南陽魯襃作《錢神論》，盧江杜嵩作《任子春秋》，皆疾時之作也。」〔註189〕

〔註178〕「卷二十七」，稿本作「廿七」。
〔註179〕「卷二十七」，稿本作「廿七」。
〔註180〕「刃」，刻本無，據稿本補。
〔註181〕「同上」，稿本作「廿七」。
〔註182〕「卷二十七」，稿本作「廿七」。
〔註183〕「叨」，稿本作「四」。
〔註184〕「又」，稿本作「法勇傳」。
〔註185〕眉批：「四字俟考」、「福字俟考」。按：此段似出釋慧皎《高僧傳》卷三，其中，「弋」、「福」，《高僧傳》作「杙」、「橋」。
〔註186〕「卷」，稿本無。
〔註187〕見《晉書》卷五十三。
〔註188〕見《晉書》卷四。
〔註189〕眉批：「藝文總錄。」

《太平御覽》八百十三《玄〔註190〕中記》云：「金鋼出天竺、大秦國，一名削玉刀，削玉如鐵刀削木。大者長尺許，小者如稻米，欲刻玉時，當以大金鐶著手指間，開其背如月以割玉，刀納鐶中以刻玉。」又八百八引《玄〔註191〕中記》：「馬腦出月氏，車渠出天竺國。大秦國有五色頗黎，紅色最貴。」又云：「木難出大秦。」

木陳道忞禪師為世祖所賞，後頗以尊貴自大。王漁洋《居易錄》所記〔註192〕，非誣也。國初諸禪老，惟玉琳琇安靜無遺議耳。〔註193〕

《困學紀聞》卷二十云：「唐西域傳：末祿有軍達，泥婆羅獻波稜，皆菜名也。」自注：「張文潛謂波稜自坡陵國來。」《集證》：「《唐·傳》：『末祿在大食之東，蔬有顆蔥、葛藍、覃連、芰藶。』又：『泥婆羅，貞觀二十一年遣使入獻波稜酢菜、渾提蔥。』唐韋絢《劉賓客嘉言錄》：『菠稜種自西域，有僧將其子來，云本書頗陵國之種，語誤為波稜耳。』」〔註194〕

《通鑒輯覽》：「至元二十三年二月，禁漢人持兵器。」御批云：「元既統一海宇，則中外孰非臣僕？昔光武推心置腹，雖盜賊尚可收其用，況均為赤子乎？漢人持兵器之禁，徒示人以不廣，豈天下為公之理？誠撫馭得其道，則凡食毛踐土之倫，何不可聯為一體，以充卒伍，而資捍衛。若必過示禁防，轉使人心離渙，其弊更不止於因噎廢食矣。且嬴秦銷鋒鑄鐻，而勝、涉輩且斬木揭竿以起，屬禁又何益哉！」〔註195〕

〔註190〕「玄」，底本作「元」。

〔註191〕「玄」，底本作「元」。

〔註192〕清·王士禎《居易錄》卷二十四：
金粟木陳忞公，順治末應詔入京，賜號宏覺國師。南還，至淮上，與諸當道酬酢，氣燄烜赫，從者如雲，為諸方口實。常一至金陵，其弟子某供張輒數百金，至稱貸以應。康熙乙巳，予謁花山，見月律師。師舉頟語予云：「渠胷中面上只有國師大和尚五字。」頃棲霞楚雲禪師亦云：「今高僧名衲，所至招搖，衒鬻以要觀聽，有司闒防，甚如巨猾。」謂忞也。然洪覺範言南還海岱，逢佛印元公出山，重荷者百夫，擁輿者十餘夫，巷陌聚觀，喧吠難犬。佛印為坡公所喜，而行徑如是，於忞公又何責焉？

〔註193〕眉批：「□教」，上字殘；「此條應檢前某冊之木陳書對看」，即卷十一「御製解惑篇」條。另外，卷十四「釋玉琳語錄云」一條，亦稱：「木陳性好結納，故當時頗有世譏矣」，可並觀。

〔註194〕按：此條刻本無，據稿本補。
眉批：「草木」、「飲食」；「此與卅二冊卅五頁《太平廣記》一條略有異，應互校」，即卷三十二「太平廣記（四百十一）」條。

〔註195〕眉批：「□史」，上字殘。

　　《廣韻・一先》「窴」字，注引楊承慶《字統》云：「窴顏府在北州。」按：《撼龍經》「崑崙東北出窴顏」用此。

　　《釋聞慧語錄》三十卷，三十。《石霜重修大殿疏》云：和碩安親王臨征長沙，迎先師碧碧眼。老人問道。〔註196〕

　　《碧眼禪師行狀》云：「和碩安親王迎師問道，甚高其操。」　《霜華潭賦》，自注云：「唐禧宗第三太子於石霜祝髮，即普聞禪師也。」又云：「裴休留笏鎮山。」又云：「和碩安親王命瀏，令周鴻韜迎先師問道。」

　　清平樂題畫卷〔註197〕

　　江流渺瀰，斷雨零風裏。一對沙鷗呼不起，縹渺輕帆天際。　　畫圖省識誰家，煙蓑雨笠生涯。便欲桃源欹棹，還尋竹徑煎茶。

　　《禹貢釋文》：「《周公職錄》云：『黃帝受命，風後受圖，割地布九州。』」〔註198〕《困學紀聞》卷二云：「隋、唐《志》無此書。《太平御覽》一百五十七。引《太一式占》、《周公城名錄》有此三句。夾漈《通志》〔註199〕：『《周公城名錄》一卷。』『城』、『職』字相似，恐傳寫之誤。」原注：「《世說》注云：『推《周公城錄》，冶城宜是金陵本里。』《抱朴子內篇・登涉》引《周公城名錄》。」　《集證》曰：「原注所引，當是《世說》言語門『王右軍、謝太傅登冶城』。《注》今闕。」　《抱朴子內篇・登涉》引《城名錄》曰：「天下分野，災之所及，可避不可禳。居宅亦然，山嶽亦爾也。」〔註200〕

　　《通鑒輯覽》：「宋孝宗隆興二年，復以陳康伯為尚書左僕射，同平章事。康伯力疾至闕下，詔子安節、壻文好謙掖以見。」

　　宋劉清之《萍鄉縣學記》云：「學長文毅告劉清之俾記厥成。」《萍鄉縣志》。

〔註196〕眉批：「□學」、「□傳」，上兩字殘；「得此裱字」
〔註197〕「卷」，刻本無，據稿本補。
〔註198〕此一句亦出《困學紀聞》卷二《書》。
〔註199〕見《通志》卷六十六《藝文略第四》。
〔註200〕眉批：「入貢」、「宋政教考」、「『《困學》云』以下不錄」。

卷二十八 〔註1〕

日本人譯撰《萬國大年表》：「佛生於周襄王二十九年戊戌，而卒於景王二年戊午。」則各書或作七十九，或作八十者，正計在世之實年。又周匡王五年癸丑，《表》云：「波斯之教祖梭苦阿士得此頃在世」，則梭苦阿士得與釋迦同時而稍前。日本釋宗演西南之佛教云：「佛教紀年即釋尊入滅之日，至今二千四百三十一年。」其書作於明治戊子。自注云：「與支那譯所說大相違。」然《萬國年表》正用此說。按：此用錫蘭相傳之說。〔註2〕

李德裕《文章論》云〔註3〕：「沈休文獨以音韻為切，重輕為難。夫文旨既妙，豈以音韻為病哉？江南唯於五言為妙，故休文長於音韻，而謂靈均以來，此祕未睹。誣人甚矣。古人辭高者，以言妙而工適情，不取於音韻。原注：「曹植《七哀詩》有徊、泥、諧、依四韻，王粲詩有攀、原、安三韻，班固《漢書·贊》及當時詞賦多用協韻。『猗與元勳，包忠舉信』是也。」意盡而止，成篇不拘於隻耦。《文選》詩有五韻、七韻、十一韻、十三韻、二十一韻者。今之文字四韻、六韻以至百韻，無有隻者。」按：贊皇以音韻為協韻，與休文所說四聲異。近時紀文達編休文所作詩賦，以考沈韻，殆沿其誤，至成篇必耦。乾隆間，彭文勤公進呈詩冊有隻韻者，高宗命改作耦韻，為唐以來，五言排律無單韻者，正合贊皇所記。大君詞章之學精審如此。

日本重野安繹《成齋文集·明治字典序》云：「議者或欲廢漢字，或欲限字以便事。夫字者，孳也，滋益而生，至於無窮。故有一物則有一字，字各有

〔註1〕按：稿本題「純常子枝語第二十九」。稿本乙封題「純常子枝語弟廿九」。
〔註2〕眉批：「宗教」、「入波斯教條」。
〔註3〕見《文苑英華》卷七百四十二。

其義，以理群類。歐、米綴字，與漢字何異？字豈可限乎？且我用漢字二千年矣，音訓並行，以為語言。今而欲廢之，是老聃復結繩之說耳，可言而不可行。」今中國頗有欲造新字者，其識固遠出成齋之下也。夫舊字不可廢，何必改新字乎？且孳乳之字，尚不可限，又何能求省易乎？異日閩、粵音異，或偶有行之者。然閩、粵音雖異，而仍每字單節，則仍不必用並音之法也。中國人不思自強，使吾中國之文字語言暢行於五洲，而惟思變古易俗，以圖一時之名，而其事卒歸於無益，真所謂臧三耳，甚難而實非也！余所謂簡易之法，則欲刪除複重之字，而增添專門之字。如礦學、化學之類，其名目字，近譯之書已頗增矣。此即孳乳所宜生也。然專門之字，不習其學者即可不識其字，故雖增添，而未嘗不簡易也。〔註4〕

《〈水經・溫水〉注》云〔註5〕：「華俗謂上金為紫磨金，夷俗謂上金為陽邁金。陽邁死，子咄代立，慕先君之德，仍改名陽邁。昭穆二世，父子共名，知胡俗之將亡矣。」按：此事必出《林邑記》。此《注》亦引《林邑記》，云：「自林邑王范胡達始，秦餘徙民，染同夷化，日南舊風，變易俱盡。」然則范文雖揚州人，而閱世既多，用夷變夏，父子共名，亦其宜矣。今日歐洲風俗，各國皆然，其即用陽邁故事乎？按：羅靖碑，父亦名靖。《容齋隨筆》已疑之，然不可解〔註6〕。〔註7〕

干寶《晉紀總論》云：「今晉之興也，創基立本，異於先代。」王伯厚云：「後之作史者，不能為此言也，可謂直矣。」《困學紀聞》十三。余讀范祖禹《唐鑒》云：「我宋之興也，亦無以異於前代。」是言宋之得天下，其義無以高於梁、晉、漢、周，此亦非後世史家所能儗也。宋人猶有遺直也。〔註8〕

《春秋左氏》襄公二十五年《傳》：「著於丹書。」《正義》曰〔註9〕：「近世魏律，緣坐配沒為工樂雜戶者，皆用赤紙為籍，其卷以鉛為輔。此亦古人

〔註4〕眉批：「語文。」
〔註5〕見《水經注》卷三十六。
〔註6〕《容齋隨筆》卷一《羅處士志》：
　　襄陽有隋處士羅君墓誌曰：「君諱靖，字禮，襄陽廣昌人。高祖長卿，齊饒州刺史。曾祖弘智，梁殿中將軍。祖養，父靖，學優不仕，有名當代。」碑字畫勁楷，類褚河南，然父子皆名靖，為不可曉。拓拔魏安同父名屈，同之長子亦名屈，祖孫同名，胡人無足言者，但羅君不應爾也。
〔註7〕眉批：「夷情。」
〔註8〕眉批：「論史。」
　　按：此條與卷二十七「（《困學紀聞》十三）又云」一條，所言近同。
〔註9〕見《春秋左傳正義》卷三十五。

丹書之遺法。」按：此引魏律特加「近世」二字，所以別於曹魏。工籍、樂籍，唐時有之。惟唐不空度僧牒後，所度頗多無籍之人，此後世之所無也書。《〈呂刑〉正義》曰：「漢除肉刑、墨、劓、荆耳，宮刑猶在。近代反逆緣坐，男子十五已下不應死者，皆宮之。大隋開皇之初，始除男子宮刑，婦人猶閉於宮。」按：此稱大隋，固為抄襲舊疏之證。錢辛楣〔註10〕、劉伯山皆有此說。其所稱近代，亦當指後魏也。〔註11〕

日本圖書寮藏唐抄卷子本《左傳》三十餘卷。城濮之戰，「曹人凶懼」作「曹人凶凶」，較勝今本。〔註12〕

喬松年《蘿摩亭劄記》卷三〔註13〕云：「《後漢書》：孝和帝名肇。李賢《注》曰：「大可翻」，此大誤也。肇字從無此讀。《通鑒》亦承賢之誤而未改。余謂大可切乃大少切之誤，可字草書作**ぅ**，與少字形近而譌。《曲禮上》：『禮不諱嫌名。』《正義》曰：『案：漢和帝名肇，不改京兆郡可證。唐人讀肇與兆同音也。』」〔註14〕

《東塾讀書記》「朱子推重東坡」一條〔註15〕，王山史《砥齋題跋》已言

〔註10〕錢大昕《潛研堂集》文集卷九《唐初刪定五經正義》：
問：「唐初刪定《五經正義》，孔穎達以官高，獨尊其名。其時同修者，《周易》則馬嘉運、趙乾葉，《尚書》則王德韶、李子雲，《毛詩》則王德韶、齊威，《春秋》則谷那律、楊士勛、朱長才，《禮記》則朱子奢、李善信、賈公彥、柳士宣、范義頵、張權。分修既非一手，如『南郊祀感生帝』，此鄭康成說，而王肅極詆之，《禮記疏》是鄭而非王，《春秋疏》又是王而非鄭，使後人何所適從乎？」曰：「唐初《正義》，曲狥一家之言，彼經與此經相矛盾者甚多。要其義據閎深，則《詩》、《禮》為上，《春秋》次之，《易》、《書》為下。《〈書〉疏》多採劉焯、劉炫二家。如《舜典》『鞭作官刑』，《疏》云：『此有鞭刑，則用鞭久矣。日來亦皆施用。大隋造律，方使廢之。』《呂刑》『宮辟疑赦』，《疏》云：『漢除肉刑，宮刑猶在。近代反逆緣坐，男子十五以下不應死者，皆宮之。大隋開皇之初，始除男子宮刑。』唐人修書，不當仍稱『大隋』，蓋沿二劉之文，而未及檢正也。開皇除宮刑之令，不見於《隋志》，當據《疏》以補之。」
〔註11〕眉批：「刑法。」
〔註12〕眉批：「校讎。」
〔註13〕「卷三」，稿本為小字注文。
〔註14〕眉批：「考證。」
〔註15〕陳澧《東塾讀書記》卷二十一：
朱子之詆蘇子瞻，亦近人所不滿也。今觀集中《答程允夫書》、《荅汪尚書書》，皆痛詆蘇氏。呂伯恭謂蘇氏乃唐、景之流，朱子荅書云：「屈、宋、唐、景之文，不過悲愁放曠二端，大為心害。」又有《荅程允夫書》云：「去冬走湖湘，講論之益不少。敬夫所見，超詣卓然，非所可及。向所論蘇學之蔽，吾弟相

之〔註16〕。東塾以為朱子晚年之論，則砥齋所未及也。〔註17〕

後周釋義楚《六帖》卷八云：「文陽撰《文子》十卷。」〔註18〕

廣西有庹姓，見《菽園雜記》。直隸有庹姓，見《蘿藦亭劄記》。蓋皆度之譌字，猶庫之譌庫也。〔註19〕

《禮記·明堂位》：「伊耆氏之樂。」鄭《注》云：「今有姓伊耆氏者。」然兩漢至今，載籍未見伊耆氏。漢武帝時，處士伊祁玄解，或即伊耆。〔註20〕

回教中有姓朱者，往往改姓為黑，彼教中通人亦以為笑，然不能止也。〔註21〕

速姓，光緒己亥搢紳有把總速國相，雲南人。

隆姓，光緒己亥搢紳有千總隆志得，貴州人。

信未及，今竟以為如何？」澧案：乾道三年丁亥，朱子訪張敬夫於潭州，時三十七歲。此書云「去冬」，則其後一年，朱子三十八歲也。其荅汪玉山、呂東萊書，未知其在某年。然汪玉山卒於淳熙三年丙申，朱子四十七歲；呂東萊卒於淳熙八年辛丑，朱子五十二歲。則朱子荅書，皆在辛丑之前。蓋前此深惡蘇氏之學。至辛丑歲，跋東坡與林子中帖云：「三復其言。」壬寅歲，〔朱子五十三歲。〕以此帖刻石，再跋之云：「仁人之言，不可以不廣。」紹熙壬子，〔朱子六十三歲。〕跋楊深父家藏東坡帖云：「楊深父示予以東坡公與其先世往來手書，知二公相與之驩，始終不替，而又足以見人心公論所在之不可以刑禍屈也。」慶元丁巳，〔朱子六十八歲。〕跋東坡書李杜諸公詩云：「捧玩再三，不勝敬歎。」慶元己未，〔朱子七十歲。〕跋張以道家藏東坡枯木怪石云：「其傲風霆，閱古今之氣，猶足以想見其人。以道東西南北未嘗寧居，而能挾此以俱，實玩無斁，此意已不凡矣。」又跋陳光澤家藏東坡竹石云：「東坡老人，英秀後凋之操，堅確不移之姿，竹君石友，庶幾似之。百世之下，觀此畫者尚可想見也。」〔此跋無年月。〕其推重東坡如此，與昔時大不同。又為《楚辭集注》，推重屈、宋，此宜以晚年為定論者也。

〔註16〕清·王宏《砥齋題跋·書晦庵題跋後》：

朱子嘗留心書畫，此題跋二卷，持論甚正，不作道學門面語。其跋陳光澤家藏東坡竹石云：「東坡老人，英秀後凋之操，堅確不移之姿，竹君石友，庶幾似之。」跋張以道家藏東坡枯木怪石云：「出於一時滑稽談笑之餘，初不經意。而其傲風霆，閱古今之氣，猶足以想見其人。」跋與林子中帖云：「仁人之言，不可以不廣。」乃為刻石青平司西齋。蓋於東坡三致意焉。世獨知朱子論學，排擊東坡，而不知其讚美景仰固如此。余特著之。古道漸衰，流風日下，後之講學者，獨傳得排擊法耳，豈不可歎！

〔註17〕眉批：「又。」

〔註18〕眉批：「入文陽條。」

〔註19〕眉批：「氏族。」

〔註20〕眉批：「又。」

〔註21〕眉批：「又。」

元臨川洪景修《古今姓氏遙華韻自序》云：「自咸淳戊辰，斆半餘力，隨見輒筆，積歲月，得姓九百有奇，抄為《姓氏遙華韻參章定類稿》，千一百八十九姓，無其人者，不信不徵」云云。鄭小谷《補學軒文》云：「古人僻姓，莫詳於王伯厚《姓氏急就篇》。漢人希姓，莫備於洪容齋《隨筆》。」

諸葛武侯八陣圖與《握機經》同。八陣〔註22〕者，天、地、風、雲、龍、虎、鳥、蛇，此人皆知之者也。《文選》陳孔璋《為曹洪與魏文書》云〔註23〕：「攄八陣之列。」李《注》引《雜兵書》曰：「八陣：一曰方陣，二曰圜陣，三曰牡陣，四曰牝陣，五曰衝陣，六曰輪陣，七曰浮沮陣，八曰雁行陣。」余謂風、雲、龍、虎，名雖瑰奇，而與此不異。然方圜即天地，牝牡即龍虎，輪衡即風雲，浮沮雁行即蛇鳥也。張眉大《海南日抄》〔註24〕云：「班固《燕然山銘》：『勒以八陣，蒞以威神。』章懷太子《注》曰〔註25〕：『兵法有八陣圖。』由此觀之，非亮所創令。」按：《晉書・職官志》曰〔註26〕：「陳勰為文帝所待，特有材用，明解軍令。及蜀破，令勰受諸葛亮圍陣用兵倚伏之法，又甲乙校標幟之制。」是武侯圍陣必異尋常，章懷不知，蓋失傳已久矣。薛士龍《浪語集》云：「八陳可見者三，然天留奇蹟，未留遺說也。」翁元圻注《困學紀聞》云：「成都圖經，八陣有三，在夔者，六十有四，方陣法也；在彌牟者，一百二十有八，當頭陣法也；在棊盤市者，二百五十有六，下營法也。興元府西縣亦有之，則八陣圖有四。」〔註27〕

王夫之《永曆實錄》：「永曆三年正月，上在肇慶，西洋人瞿紗微進新曆，詔頒行之。是年十二月，給事中尹三聘奏瞿紗微擅用夷歷，爚亂祖憲，乞仍用大統舊曆，從之。」按：崇禎議歷之後，尚有此事。尹三聘之攻瞿紗微，又在楊光先攻西曆之先，皆可資故實也。瞿紗微，何國人，西書必有紀載，俟

〔註22〕「陣」，稿本作「陳」，眉批：「陳即陣。」
〔註23〕見《文選》卷四十一。
〔註24〕《萬卷精華樓藏書記》卷九十七：
《海南日抄》三十卷
國朝張眉大撰
原本。嘉慶元年自刊，官儋州時所撰，故曰「海南日抄」。書本五十卷，先刻三十卷。內有《石鼓考》，其餘經史、詩文、書畫、雜類考證，習見者不錄。間有己說，而雜採者多。自序云：海外無書，牴牾不能自保。」
丁傳曰：「《隸辨》所輯之字多破體，其字採之漢碑。繆篆不當施於碑刻。」
〔註25〕見《後漢書》卷二十三《竇融列傳》。
〔註26〕見《晉書》卷二十四。
〔註27〕眉批：「武事。」

考。〔註28〕《遊藝天經或問》列西洋天算家十人，亦無瞿紗微。〔註29〕

王逵《蚓菴瑣語》載：「康熙六年七月，禮部題奏：臣等計算直隸各省巡撫造送冊，內敕建大寺廟共六千七十三處，小寺廟共六千四百九處，私建大寺廟八千四百八十五處，小寺廟共五萬八千六百八十二處，僧共一十一萬二百九十二名，道士共二萬一千二百八十二名，尼姑共八千六百十五名。以上通共寺廟七萬九千六百二十二處，僧道尼姑共一十四萬一百九十三名。」沈赤然《寒夜叢談》云：「今海內承平，又百數十年，不知天下私建寺廟又增若干，僧道女尼又添幾倍。」然余聞洪、楊之亂，專毀寺廟。亂平以來，雖頗修葺，尚不及乾隆間十之三四。即以吾鄉廬山論之，亂前寺廟殆過百餘，今重修者不及二十，是其徵也。黃公度《日本國志》云：「萬延元年，德川齊昭所上防海疏云：統海內寺宇禪宗一萬九千三百八，密宗一萬一千一百一，遍教六萬七千一百，源空教十四萬二千，融通派一千五百一。向派本願門徒四萬五千，東本願門徒八萬八千三百九十四，專修門徒七千五百二十，日蓮教八萬三千，合共四十六萬四千九百四十二寺。維新以後，頗有減損。」考北魏一萬三千寺，唐武宗廢浮屠法，毀寺四千六百、招提蘭若四萬。而宋景德中，天下二萬五千寺，元祐三萬五千寺，見孔平仲《談苑》。元至元二十八年，天下寺宇四萬二千三百一十八區，見《續文獻通考》。然尚不及日本十分之一也。然以康熙之數計之，則於元祐者已一倍有餘矣。〔註30〕

《文苑英華》卷四百七十一載唐張九齡《敕日本國王書》，云「敕日本國主明樂美御德」云云。余按：日本伊藤長胤《秉燭譚》云：此書未刊，余得其鈔本。「主明樂美御德，即スメうこユト。檢日本傳，乃日本天子之稱。考公令式內詔書式，宣蕃國使稱明神御宇日本天皇詔旨，朝廷大事用明神御宇大八洲天皇詔旨，中事只稱天皇詔旨，小事只稱詔書。天皇之字即スメうこユト，訓統主之義。唐書用和訓之音，故稱主明樂美御德也。」錄之以饗注唐書者。然ヌメうこフト之音，正譯當作祇迷剌美曲達，唐人蓋以字之嘉美者用之，猶今日譯民主國之總統為伯理璽天德也。〔註31〕

〔註28〕此處有空格。
〔註29〕眉批：「曆學」、「按：『遊藝』一行可作小注」。
〔註30〕眉批：「僧徒。」
〔註31〕眉批：「語文。」

鄭康成之注《禮》，有大義焉。《表記》：「子曰：『唯天子受命於天，士受命於君。』」此明白易解者也。「禮不王不禘」，唯天子得祭天，此所謂唯天子受命於天也，故中國唯帝者得稱天子，士大夫則稱君子，用此義也。而鄭《注》云：「『唯』當為『雖』字之誤也。夫『雖』者抑揚之辭，『唯』者專注之義。記文有所專注，無所抑揚。」鄭君豈不知之，特以秦、漢以還，君權太重，自恃天命，而視人如蚍蜉，斧鉞所加，不論罪否；黨錮所禁，徧及仁賢，天子僭天，於斯為甚。若聖言異其受命，更將為口實之貽，故特破字讀之，使知天王之與天民，爵位雖殊，秉彝則一，既以戒苛暴之政，又以明賦畀之真。蓋七十子既乖之大義，賴鄭君有以正之。可謂命世之英儒也已。《左傳・成公八年》：「唯然，故多大國矣。」《釋文》：「唯，本或作『雖』，後人改也。」《正義》云：「俗本作『雖』，今定本作『唯』。」李富孫《春秋三傳異文釋》云：「《〈少儀雜記〉注》『雖或為唯』，《〈表記〉注》『唯當為雖』，二字恒相亂。」余按：二字相亂，尚不止此。而《表記》則出於康成之改讀，故不曰「或為」，而曰「當為」矣。〔註32〕

元榮肇《祭酒遺文〔註33〕・遠慮論》云：「自貴而賤其民，自智而愚其民，自肥而瘠其民，自雄而弱其民。」四語寫盡秦、漢以來防民之弊，然要之得罪於天者也。〔註34〕

俄人稱中國為契丹，沿蒙古稱也。博習齋《西齋偶得》云：「遼為契丹，蒙古呼漢人為契塔特，塔特急呼之則為丹。蓋蒙古初為忙古部，按：《祕史》多作忙兀部。越在大漠北。至後五代時，始通中夏。惟時燕雲十六州皆屬契丹，故以遼國名稱之。較其世次，尚在朱里真未以金號其國之前。」余按：阿羅思之地先為蒙古人所有，故沿蒙古之所稱而稱之，無可疑者。惟以蒙文、俄文之音求之，契字當作暨音，《祕史》每作乞塔特。不當作挈音耳。〔註35〕

《西伯利地志》云：「猶太，人種稱也，弗列伊也。弗列伊之論，學者頗多論之，惟由古代族長也威爾之名出。其說較確。住西伯利者七千零七十七人，其教食禽獸血。菓樹之初結實者，至第四年，取其實供上帝，然後食之。又一天然之物，不以他天然之物混之。如製衣服，麻與獸毛不兼。同一耕地，不播植諸種。畜類各各分別飼養，不雜牧。」〔註36〕

〔註32〕眉批：「經義。禮記」、「政治」。
〔註33〕元・榮肇《榮祭酒遺文》一卷，有《叢書集成初編》本。
〔註34〕眉批：「政治。」
〔註35〕眉批：「語文」、「此條應與十九冊十九頁、廿四冊廿四頁、廿六冊一頁等條相接」。
〔註36〕眉批：「種族。」

唐崔致遠《賢首國師傳》云：「日照三藏曰：近代天竺有二論師，一名戒賢，遠承慈氏、無著，近踵護法、難陀，立法相宗；二稱智光，遠宗文殊、龍勝，近稟青目、清辨，立法性宗。」亦見釋續法《法界宗五祖略記》。此二宗之源，可補《青巖叢錄》所未詳。〔註37〕

英吉利人韋廉臣之《古教匯參》，日本人中島力造之《西洋哲學小史》，一基督教書，一哲學派書，其論議必不能合者也。其事實詳略，亦復互見，惟其小小異同。如百拉多之生也，《古教匯參》云「西曆紀元前四百二十九年」，《小史》則云「前四百二十七年，或云四百二十八年」；其卒也，《匯參》云「八十三歲」，《小史》則云「八十歲」。馬基頓王亞力山大之立也，《匯參》云「十四歲見阿里士多得小傳。」，《小史》則「云十三歲」。此等雖無關出入，然可見所譯之底本必有不同。西人最重史學，必當有考異之書矣。　又按：阿里士多得，即《元史譯文證補》卷二牙剌挖赤所述之阿里斯托忒爾，《哲學小史》作阿利士托踢里士。《彙參》載其寄書馬基頓王曰：「馬上皇帝不可為訓」；又云：「專以讀書為務，不理國政。」《小史》雖言其嘗通信亞歷山太，而亞歷山太氣質之變，殘忍放恣，亦不言阿里士多得教之。惟牙剌挖赤之言曰：「昔希臘王阿來三得按：即阿歷山太之異譯。已滅波斯，欲入印度，而將領中多異議，令出不行，乃遣使詢阿里斯托忒爾。使者致命，阿里斯托忒爾無言，惟與使者遊園，遇林木之蔽觀眺礙行路者，悉令芟拔，易以新株。使者悟，歸報阿來三得，乃誅逐諸不從將領，更易其位，遂平印度。」此可知亞歷山太之殘忍，實由於阿里士多得之教，而異日霸主既歿，雅典官吏遂以死罪誣之，要亦非無故也。泰西近古史談記歷山王醉聽寵姬馬泰之言，燬比魯士巴府以為娛樂，是其殘暴亦性生，不盡由阿里士多得之教，故史亦以為誣也。〔註38〕

沈子敦西遊，記金山以東，釋最博而的，然亦有小小錯誤處。如云：「案《武宗紀》駐冬之按台山，當即乃蠻之按臺。太祖之征乃蠻也，乃蠻部長太陽罕至自案臺，營於沆海山。帝與大戰，擒殺太陽罕。帝即位，復征乃蠻。時卜魯欲罕獵於兀魯塔山，擒之以歸。太陽罕子屈出律奔也兒的石河上。兀魯塔，牀兀兒傳作兀兒禿，今曰阿爾泰，皆音之轉，即金山也。卜魯欲罕獵於兀魯塔山，則金山實乃蠻部落所在，案臺必在金山側近。」又云：「武宗於四年八月戰於金山之南，十二月軍至案台山，則已踰金山而東。」余謂子敦知

〔註37〕眉批：「僧徒」、「佛學」、「宗教」。
〔註38〕眉批：「宗教」、「西史」。

兀魯塔之即阿爾泰，不知按臺之亦即阿爾泰，而於金山之側近求之，失之疏矣。「阿爾」二字，急呼則為「案」字之對音。《元史》一地而二名，前後錯舉者，不堪枚數，子敦偶失之眉睫耳。〔註39〕

按：《元祕史》卷八〔註40〕：「塔陽在康孩地面，使人與他子古出魯克說：『見說達達的馬瘦，咱教百姓起了，越過金山，整搠軍〔註41〕馬，誘引著他行。比至金山，他瘦馬乏了，我肥馬正好，然後復回與他廝殺，可勝。』」察其情勢，蓋乃蠻巢窟仍在金山，故欲誘元兵深入重地而後敗之。塔陽罕言金山，而《元史·紀》言其「至自案臺，營於沆海」，此則按臺為金山之證。《祕史》又言古出魯克脫身走出，襲至阿勒台山前，勢愈窮促。阿勒臺亦即阿爾泰。見〔註42〕蒙古譯語，爾、勒二字音同。蓋太祖兵勝之後，直至金山，遂得擄塔陽母古兒別速矣。

顧亭林《日知錄》卷三十一〔註43〕云：「今人以江、饒、洪、吉諸州為江西，始見於《舊唐書·李峘傳》：『乾元初，兼御史大夫，持節都統淮南、江東、江西、宣慰、觀察、處置等使德宗紀：建中三年十月辛亥，以嗣曹王皋為洪州刺史、江西節度使。』」黃汝成《集釋》云：「劉禹錫《和吳方之》詩：『今歲雒中無雨雪，眼中風景是江西』，亦是中唐以後。」余按：李太白集有詩，題云《江西送友人之羅浮》，小注「南昌」二字，是盛唐時已有此稱。

《禮記·王制》：「作淫聲、異服、奇技、奇器以疑眾，殺。」鄭《注》：「奇技奇器，若公輸般請以機窆。」按：孟子稱公輸子之巧，而王制則在四誅之列，失之太過。竊謂王制之罪，罪在疑眾。若按之度數，稽之物理，粲然明白，則技雖奇巧，安所用刑？然中國工藝不開，實由此禁。《三禮目錄》以為秦、漢間作，宜其誼有未純，而戾者以為孔子素王改制，盡在此篇，則可謂大惑不解者矣。〔註44〕

翁元圻注《困學紀聞》一〔註45〕云：「薛仁貴《周易新注本義》〔註46〕，

〔註39〕眉批：「輿地。」
〔註40〕「卷八」，稿本為小字注文。
〔註41〕「軍」，刻本作「單」，據稿本、《元朝秘史》改。
〔註42〕「見」，稿本作「凡」。
〔註43〕「卷三十一」，稿本為小字注文。
〔註44〕眉批：「藝術。」
〔註45〕「一」，稿本為小字注文。
〔註46〕楊慎《丹鉛總錄》卷十《人品類·蓋姓有二》：
　　　後周韋孝寬參麟趾殿學士，考校圖籍；唐薛仁貴著《周易新注本義》四卷。

二子皆勇將，而精意經術如此。

周嬰《卮林》卷八《薛仁貴》：

《丹鉛新錄》曰：「用修云：『後周韋孝寬參麟趾殿學士，考校圖籍；唐薛仁貴著《周易新注本義》十四卷。二子勇將，而精意經術如此。』元瑞以為唐薛氏文士最眾，《周易注》見鄭氏《藝文略》、《唐書·藝文志》，蓋別有其人，非為將者也。《唐書》仁貴傳並不言其涉獵經史，即史傳中不盡載著述，然仁貴以武人有此，斷所不遺。今新、舊《唐書》無及此者，則此書非其撰述無疑也。韋孝寬雖為名將，未嘗以勇力聞。仁貴雖以勇聞，然將略亦自翹楚。用修說俱失之。宋人《墨池編》有《薛仁貴碑》，云：名禮，字仁貴。其人在天寶間，則非唐初將帥明矣。又《史書佔畢》曰：唐有兩薛仁貴，一武將，見《唐書》；一文人，注《周易》，見《唐書·藝文志》，次第在王勃前，陸德明後，蓋亦高宗時人，當與征遼建功者相去不遠。而傳絕不言其能文著書。考之唐世，河東之薛文學最盛，蓋一時名姓相同，決非為將之仁貴也。楊用修執此，以仁貴為文武兼才，與韋孝寬並稱。按：《唐書·張仁願傳》云：『唐初才兼文武，僅郭元振、唐休璟、裴行儉及仁願』，未嘗一齒仁貴，則注《周易》者，非其人必矣。藉令史傳中於著述或不盡載，亦當稍稍及其文義大端。而仁貴本傳第稱『力田起家』，傳末竟不略燹好文博雅等語。用修之誤，了然無疑。續考宋朱長文《墨池編》第八卷碑刻類，有《唐薛仁貴碑》，注云：『天寶二年，名禮，字仁貴，河東汾陰人。』按：新、舊《唐書》薛傳並無此文，惟《通鑒》有之，以僻甚故，特附記此。」

論曰：班氏書所列將相儒生之行事，往往不載於本傳，而附著之他篇者，蓋作史之法。且如其人所論譔，一一具列傳末，則藝文不必志矣。按：《新唐書》本傳云：「仁貴少貧賤，以田為業。」而世系云：「仁貴父軌，隋襄城郡贊治」；又云：「仁貴名禮，松漠道大總管。子訥，相玄宗；楚玉，左羽林將軍，汾陽縣伯。」本傳不言以字行，亦不言松漠道，蓋皆互見也。何謂《唐書》無此文乎？《墨池編》碑文云云，則所謂薛禮者，正三箭定天山，免冑示突厥之將軍耳。其言天寶二年，必訥若楚玉始為其父追立之者。觀仁貴討賀魯，疏簡潔而盡事情，又知西方得歲，不宜用兵，皆博學有文，豈力田起家者所能譜解乎？張仁願諸人雖稱才具文武，而論著都不見於篇。《衛公問對》反為操觚者所鄙，又烏知其兼才也哉？且薛氏望出河東，無別支於他郡者，其《世系表》有二嵩、二朗、二植、二侃、二溫、二岸、二戡、二巖、二巍、二蒙、二諤、二華、二承規、三薛紹、三薛岑、三薛　、三薛廣，而獨無二禮、二仁貴，則鑴虜注《易》、立功立言者，其為一人無疑矣。《通鑒》：貞元十九年，龍門人薛仁貴，安都六世孫，名禮，以字行。元瑞既知《通鑒》有之，而必守《墨池》之說，以為天寶時人，蓋徒見用修之論，輒思所以勝之，不知其自陷於掛漏而乖僻也。

俞樾《茶香室叢鈔》茶香室四鈔卷十一《薛仁貴〈周易新注本義〉》：

明周嬰《卮林》云：「胡元瑞《丹鉛新錄》云用修言唐薛仁貴著《周易新注本義》十四卷，勇將而精意經術如此。元瑞以為別有其人，非為將者也。宋人《墨池編》有薛仁貴碑，云：『名禮，字仁貴。』其人在天寶間，則非唐初將帥明矣。按：《新唐書》本傳：『仁貴少貧賤，以田為業。』而世系云：『仁貴父軌，隋襄城郡贊治。』又云：『仁貴名禮，子訥相元宗。』」《墨池編》碑文

《唐藝文志》箸錄，今佚。諸家亦無引用其說者。」案：何楷《周易訂詁》引唐薛仁貴云：「明乎內者家自齊，言內離明而外巽齊也。女德未正，他事雖齊，本已亂矣。故象曰『利安貞』。」〔註47〕余未見何楷書，此據《玉函山房目耕帖》四所引。此遺說之僅存者，固粹然經師語也。又「豐其蔀」下，《訂詁》云：「鄭玄〔註48〕、薛仁貴本作『菩』，云小席。」《目耕帖》謂何氏「誤以薛虞為薛仁貴」〔註49〕，然安知非仁貴之本與虞適同乎？〔註50〕

《王制》：「屏之遠方。西方曰棘，東方曰寄。」鄭《注》：「棘當作僰。僰之言偪，使之偪寄於夷戎，不屏於南北，為其大遠。」孔《疏》曰：「『僰之言偪』者，按《漢書》，西南有僰夷，知非彼夷。而讀為偪者，以與寄文相對。寄非東方夷名，是寄旅之意，則僰亦非西方夷名，以為偪迫於夷狄也。」愚按：若取偪寄之義，則東方亦可云偪，西方亦可言寄。且既已屏之遠方，豈有不定所至之理？棘當為僰，必皆僰夷而言。鄭既破字，可無疑義。惟「東方之寄」，鄭未能實指，故其詞尚游移。竊謂寄猶寓也。《曲禮》：「大夫寓祭器於大夫。」鄭《注》：「寓，寄也。」《禹貢》：「嵎夷既略。」嵎夷即東夷。東方曰寄者，蓋即屏之嵎夷，而名之曰寓，猶之屏諸僰夷而名之曰棘也。棘從僰得名，不必破作僰。寄為寓借字，亦不必改作寓。〔註51〕

《中庸》：「素隱行怪。」「素」字與「行」字對文，蓋當有居處之義，言居隱僻之地，而行險怪之行也。此古來神仙家之流，雖必傳於後，而孔子不為，所以闢之也。與杖原壞脛，責其老而不死之義正同。「君子素其位而行不願乎其外」，當於「位」字句絕。素亦居也，故下文「素富貴行乎富貴」，猶言居富貴則行富貴也。下文又總結之云「君子居易，小人行險」，居易即素位，

云云，則所稱薛禮者，正三箭定天山，免冑示突厥之將軍耳。其言天寶，必訥為其父追立之者。觀仁貴討賀魯，疏簡潔而盡事情，又知西方得歲，不宜用兵，皆博學有文，豈力田起家者所能暗解乎？且薛氏望出河東，無別支，《世系表》有二嵩、二朗、二植、二侃、二溫、二岸、二戭、二巖、二嶷、二蒙、二諤、二華、二承規、三紹、三岑、三璩、三廣，而獨無二禮、二存貴，則為一人無疑。」

〔註47〕見明·何楷《古周易訂詁·家人》。按：據拙著《〈古周易訂詁〉校證》（未刊）考辨，薛仁貴此語早見錄宋·李衡《周易義海撮要》卷四《家人》、明·姜寶《周易傳義補疑》卷五《家人》、明·潘士藻《讀易述》卷六《家人》。

〔註48〕「玄」，底本作「元」。

〔註49〕見清·馬國翰《玉函山房目耕帖》卷四《易四》。

〔註50〕眉批：「著述。」

〔註51〕眉批：「經義。禮記。」

行險即行願乎外，是「素」字與「居」字同義可知也。鄭康成讀「素」為「傃」，朱子以「素隱」為「索隱」，並非經意。〔註52〕

《元史譯文證補》言《元祕史》錯謬牽並，然亦有誤駁者。如《太祖紀》，《譯證》：「土敦邁寧即《祕史》之箋年土敦。生九子而卒，原注：《元史》八子，《秘史》七子。其妻莫奴倫《祕史》作那莫侖。居諾賽兒吉及黑山之地，後與札剌亦兒敗眾爭鬭，莫奴倫及其八子〔註53〕皆被害。幼子海都之伯叔納臣聞難來視，惟海都被匿得免。」原注：「謂《祕史》箋年土敦七子名氏後裔皆全，確然有誤。」余按：《祕史》不載札剌亦兒之爭，是傳聞之異。惟據《祕史》，則海都為箋年土敦之孫，那莫侖為海都之母，而為箋年土敦長子；合赤曲魯克之妻納臣則箋年土敦之少子，而非布克臺之子。與西書所載皆不相合，當為考異，而不能臆斷其是非也。〔註54〕

洪鈞又云：「阿羅思，今官私文書定稱為俄羅斯，審西音似云遏而羅斯。」余同年友人繆祐孫著《俄遊彙編》，則以㗖呃之音為審。日本人先譯作魯西亞，俄人以魯非佳字，乃改為露西亞。《欽定平羅刹方略》作羅刹，《會典·吏部官制》作鄂羅斯，他書或作厄羅斯、幹羅思、羅車、羅沙之屬。余謂以羅刹與㗖呃比音，幾無有知為一國者矣。此譯語之難。然㗖呃乃粵音，且二字不典，斷不可用。洪氏不知唐人譯語之法，務從其簡，一則取便記憶，二則易入文章，必欲以捲舌之音，盡填實字，亦其失也。凡譯記各國地名，自當以漢、唐為法，不必如元奘《西域記》，事事恐其譌略也。〔註55〕

英人韋廉臣之辟道教，曰：「回回人求仙丹之術，與華人求仙丹之處相同，知回人之術由華轉傳。嘗讀回人《仙丹論》，謂鍊丹可以鍊金，亦可使人不死，而回人之丹亦係紅色。泰西諸國論仙丹各家，謂丹砂為各藥品之君，亦可謂各藥品之輔佐，亦可獨為丹藥，加以硫黃、砂石、鹽各若干，有定制成方。德國人巴西喇法蘭底那曾用此例論之。巴為人精著作，嘗著書二十三部，乃降生後三百餘年時也。今按：丹砂中亦係黃金、水銀所成者，第其中無鹽，而色則純紅，豈非巴西喇所言之與華丹相似者乎？倘回人博稽古書，自當得由華傳回之據矣。」《古教匯參》卷二。《元史譯文證補·阿魯渾補傳》云：「阿魯渾信

〔註52〕眉批：「又。中庸。」
〔註53〕「子」，刻本作「于」，據稿本更正。
〔註54〕眉批：「史事」、「夷情」。
〔註55〕眉批：「語文。」

喇嘛言，服金石藥，冀長生」；又曰：「阿魯渾喜燒丹鍊汞，東方術士趨之如鶩。」按：阿魯渾即汗位，在西曆一千二百八十六年，其時藩朝皆天方教人，何以服食金石，獨云信喇嘛言？且喇嘛釋教有呪術，無丹術，其傳派然也。疑志費尼等著書時，為天方教諱，駕其罪於喇嘛耳。然可以知其時燒丹鍊汞之術徧〔註56〕於西域矣。〔註57〕

董含《三岡識略》卷九云：「康熙二十五年丙寅正月十七日，駕幸佛王寺，看喇嘛僧演打鬼法。見邸報。」〔註58〕

回教稱神仙曰塞黑巴巴，學仙者曰習塞黑。乾隆間有哈真人者，習塞黑者也，濟甯人。將死之前一夕，忽呼舟詣揚州，人皆笑之。有妄應之者，哈登舟遽發。天未明，已抵揚州境，遂坐化焉，遂葬揚州，加崇飾。每年回人之拜墓者，絡繹不絕，加綠白圈於墓上。墓門高峻，相傳粵匪將毀之，工匠隕絕而止，故至今猶存。余謂回回千餘年來，傳人甚稀，姑附記此，以廣異聞可耳。〔註59〕

《西藝知新》卷七《燒造硫強水法》云：「硫強水，古已有之。但創造之人，年代難考。或言法倫汀造，尚非據。大約天方國之醫士，名賴齊斯，曾於西曆八百六年試造此物。初造之法，用卓礬盛甄內，加以大熱，收其散出之氣，而得那陀僧強水。」按：此可知歐洲之化學多出於天方，而回人燒丹鍊汞之功為有所得也。〔註60〕

神仙家古言丹砂，西人亦謂丹砂。《中本藏》：「硫黃三十二分、水銀二百分之物，化學家於丹砂中取出。水銀為藥，其功用甚大。醫家以療應治之病，頗著奇效。」然則李少君之所化，葛稚川之所求，較然非異物也。而後世之道家，則但言鍊丹，不言丹砂。其鍊丹之說，雖南北異傳，而莫重於周天火候。有但論升降者；有重提輕咽者；有進陽火三十六，退陰火二十四，至卯、酉二時停火者；有由尾閭起子，逐節運氣，積成十二時以為小周天者；有取用陰陽而以火候屬之彼家者。用九用六，異解紛然；惟子惟午，真傳莫定。然皆不著於書，而師師相授，非無其訣。此則性之近者宜自求之，而非學人所有事也。

〔註56〕「徧」，刻本作「偏」，據稿本改。
〔註57〕眉批：「方術」、「宗教」。
〔註58〕眉批：「宗教」、「掌故」。
〔註59〕眉批：「宗教」、「方術」、「靈異」。
〔註60〕眉批：「方術。」

唐梅彪《石藥爾雅》卷上釋諸藥隱名，丹砂一名太陽；水銀一名太陰，又名丹砂。為赤帝精知飛鍊之法，同以此為重也。印度溼婆教有水銀派，則鍊汞之說。

《西藝知新》卷六《鎔金類罐》云：「西國古時爐火之家，俱能自造鎔鍊金類之罐。自有西教之後，丹家用罐之時，必在罐邊刻十字形，因此而西國稱此罐為十字器，即中國符呪之意。」據此則基督教亦頗重丹藥也。〔註61〕

董含《三岡識略》卷八〔註62〕「記朱方旦伏法」一條云：「又有欽天監南懷仁者，上所箸《窮理學》一書，其言以靈魂為性，謂一切知識記憶不在於心，而在頭腦之內。語既不經，旨極刺謬，命立焚之。」按：天主教人每有傳言聖祖極好其教，且欲奉行。因教例止許一夫一婦，而中國制度後宮宜有妃嬪，故遂中止。蓋知聖祖定曆，特用西術，而不知有焚南勤敏進書之事也。董含為康熙進士，見聞至確，故特錄之，以息群喙焉。康熙八年，禁各省設天主堂，其時仁廟尚在幼沖，故不記。〔註63〕

元黎崱《安南志略》卷一云：「曲有南天樂、玉樓春、踏青遊、夢遊仙、更漏長，不能殫紀。或用土語，為詩賦樂譜，便於歌吟。觀樂愁怨，一寓其情，此其國俗云。」黎僖等《大越史記全書・陳紀一》云：「鱷魚至鱸江，帝命刑部尚書阮詮為文投之江中，鱷去。帝以事類韓愈，賜姓韓。詮能國語賦詩。我國賦詩，多用國語，實自此始。元至元十九年事。」〔註64〕

日本尚有古箏譜、琵琶譜、篳篥譜。余所得有蘭陵王破陣樂譜。〔註65〕

宋葉廷珪《海錄碎事》卷一云：「交趾有黃帝鹽曲。」〔註66〕

《太平御覽》五百六十七〔註67〕引《樂部樂志》曰：「龜茲起自呂光」，云云。至「其音皆異」。

黎崱《安南志略》卷一〔註68〕曰：「獠子者，蠻子異名也，多隸湖廣、雲南。有服役於交趾，又有彫題鑿齒者，種類頗多。周載有頭形獠子、赤裩獠子、鼻飲獠子，皆居巖窟或檜巢。飲蘆酒，好戰敵，多操弩，擊銅鼓。以高大

〔註61〕眉批：「又。」
〔註62〕「卷八」，稿本為小字注文。
〔註63〕眉批：「宗教」、「入天主教條」、「康熙間當有焚毀西人書之事，檢以並錄」。
〔註64〕眉批：「夷情」、「音律」。
〔註65〕眉批：「音律」、「另錄」。
〔註66〕眉批：「又。」
〔註67〕「五百六十七」，稿本為小字注文。
〔註68〕「卷一」，稿本為小字注文。

者為貴。鼓初成，置庭中，設酒招同類，來者盈門；豪富女子以金銀釵擊鼓，竟，即留與主人。或云銅鼓乃諸葛亮征蠻鉦也。」按：「周載」二字不可解，豈晉孟儀《周載》〔註69〕至元時尚存，抑從他書轉引耶？俟再考。〔註70〕

《輟耕錄》卷八曰〔註71〕：「老苗喜著斑斕衣，製衣袖廣狹修短與臂同，衣服長不過膝，袴如袖，裙如衣，總名曰草裙草袴。固脛以獸皮，曰護項。束要以帛，兩端懸尻後若尾。無問〔註72〕晴雨，被氈毯，狀絕類犬。按《邕管雜記》、《溪蠻叢笑》等書所載，五溪之蠻，盡槃瓠種屬，曰貓，曰獛，曰獞，曰犵狫，曰犵狫，字皆從犬，則諺所謂苗犬者，信然。」余按：《貴州省志》所載苗種甚黟，然實古三苗之種族，宜為中土舊種之遺。嘗之以犬，市井語耳。惟其智化不開，顓蒙如昔，故恒受治於人，而不能治人。至如勤苦以開山箐，節嗇以裕家室，亦所長也。《輟耕錄》又云：「壯者曰土〔註73〕乖，幼者曰賴子，投其黨者曰入火。婦人豔而智者，畜為婦，曰夫娘。」今惟土乘之語未知用否，余言則廣東嘉應州與之正同，或以嘉應人為犵家，殆即以言語相近故歟？〔註74〕

日本源與清江戶人。《松屋叢話》云：「平務廉家有新王莽鏡，徑五寸五分，重百二十五錢。背作八乳銘四字，曰長宜子孫。外輪作八乳，間列鳥獸形，流雲邊，素鼻，銘二十八字，其五不可識。按：《博古圖》載《漢清明鑒銘》云：「漢有善銅出丹陽，和以銀錫清且明，左龍右虎尚三光，朱爵玄武順陰陽。」文略同。而此云「新有善同出丹羊」，則為新莽之鑄也明矣。莽之貨泉盡有，銅器難得。《隸續》獨載新莽侯鉦，今此鑒之存於我，亦可珍也。「善同」即「善銅」。《周禮》「典銅」作「典同」。「丹羊」即「丹陽」。漢綏民校尉熊君碑文，「歐陽」作「歐羊」。古字假用，並可證也。丹陽有銅，見《侯鯖錄》。」〔註75〕按：此條考證不誤，惜不摹刻其全文耳。錄之以餉金石家。〔註76〕

〔註69〕《隋書》卷三十三《經籍志二》：「《周載》八卷。〔東晉臨賀太守孟儀撰。略記前代，下至秦。本三十卷，今亡。〕」

〔註70〕眉批：「種族」、「□（殘，疑為『夷』）情」。

〔註71〕見《輟耕錄》卷八《志苗》。

〔註72〕「問」，《輟耕錄》作「間」。

〔註73〕「土」，刻本作「上」，據稿本、《輟耕錄》改。

〔註74〕眉批：「又。」

〔註75〕宋·趙令畤《侯鯖錄》卷一：「余家有古鏡，背銘云：漢有善銅出丹陽，取為鏡，清如明，左龍右虎補之。不知『丹陽』何語，問東坡，亦不解。」

〔註76〕眉批：「金石。」

　　黃公度《日本國志》記日本四十七假名，以ム為武，以八為波。余曾據須多因氏講義校正。今得《世事談綺》中所載五音縱橫圖錄於左方，其異同亦附著之，可以鑒焉。〔註77〕

　　五音縱橫相通圖：

〔註78〕

〔註77〕眉批：「語文。」

〔註78〕按：「清末」上眉批：「此行政寫」。「清和」上眉批：「政字齊整。」

開林按：另附稿本書影：

黃公度日本國志記日本四十七假名以公為武以八
為波全屬擴須多因氏講義略正今得世事談綺中所
戴五音縱橫圖錄於左方其異同亦附著之可以鑑焉

五音縱橫相通圖

不濁筆八	清奈十	濁多夕	濁蒙廿	濁加力	清阿丂 伊亻
比匕	仁二	千チ	幾キ	幾キ	宇ㄩ
不フ	奴又	尺ㄘ	頌ス	久ク	江エ
众ヘ	子子	天テ	世セ	氣ケ	乎ヲ
保木	乃ノ	止卜	曾ソ	己コ	
唇音	舌音	舌音	齒音	牙音	喉音
水	火	火	金	木	土

书史會要云余與日本僧逮近海士願習華言云彼中
自有國字字僅四十有七能通識之便可解其音義因
索寫一道就叩以理其聯湊成字處仿佛蒙古字法也

清泰 又	清和 ㅁ	清良 ラ	清也 々	清泰 又
				三ミ
唇音 水	喉音 土	舌音 火	喉音 土	唇音 水

《書史會要》云〔註79〕：「余與日本僧克全邂逅海陬，頗習華言，云彼中自有國字，字僅四十有七，能通識之，便可解其音義。因索寫一道，就叩以理。其聯湊成字處，彷彿蒙古字法也。」

道光三十年、光緒二十四年，元旦日蝕，國皆有變。光緒二十三年，曾引康熙時事，諭告天下。今略錄《瀨田問答》中正月元日日蝕之例於下。元祿五壬申年未申之時，食七分半。按：元祿五年當中國康熙三十一年。元祿十四辛巳年卯辰之時，食八分半，則康熙四十年也。享保四己亥年酉時食二分，則康熙五十八年也。酉食二分，是日已入地平，以算法知之，人目所不覩矣。明和四丁亥年未之八刻至申刻，食訖，則乾隆三十二年也。盛治之時，屢有此象，占天之術當何如哉！〔註80〕

高楠順次郎言俄文非全無三合，但多二合耳。俄文字母較羅馬多。羅馬文以為三合者，俄文往往寫為二合，由此故也。〔註81〕

黃省曾《西洋朝貢典錄》卷中：「榜葛剌語謂之榜葛俚，亦善吧兒語。」按：印度古文為散斯克，今文為吧黎。榜葛俚、吧兒皆䵅黎之異譯也。南條文雄言今佛教大乘經，梵本多用散斯克語，小乘經多用巴利語。高楠順次郎言此說亦不盡然，特大概如此耳。〔註82〕

《印度蠶食戰史》云：「印度四姓：婆羅門、刹帝利、吠舍、戍達羅。外猶有數種。就中䵅黎種最下賤，為鞋工、皮匠等職，世人呼為旃陀羅及、非人等，不許受教育。」〔註83〕

福島安正《印度紀行》云：「海德拉巴學校教英之普通學：波斯　印度　特兒克語。」○〔註84〕黃豪伯為余言，英人之仕印度者，大半皆來自少年。又久於其任，故多通印度語者。其教士且能通野番語，甚可畏也。〔註85〕

宋趙彥衛《雲麓漫鈔》卷四云：「古人戴冠，上衣下裳，衣則直領而寬袖，裳則帬。秦、漢始用今道士之服。蓋張天師漢人，道家祖之。周武帝始易為袍，上領下襴，穿袖樸頭，穿靴，取便武事。五代以來，樸頭則長其腳，袍則

〔註79〕見《書史會要》卷八。
〔註80〕眉批：「天文。」
〔註81〕眉批：「語文」、「入俄文條」、「此應錄入廿四冊第五頁」。
〔註82〕眉批：「又。」
〔註83〕眉批：「種族。」
〔註84〕「○」，底本作空格，據稿本補。
〔註85〕眉批：「語文。」

寬其袖。今之公服是也。或云古之中衣，即今僧寺行者直掇，亦古逢掖之衣。」
〔註86〕《朱子語錄》云〔註87〕：「今之朝服乃戎服，蓋自隋煬帝數出幸，因令
百官以戎服從，一品紫，次朱，次青。皁靴乃馬鞋也。後世循襲，遂為朝服。」
〔註88〕

又云：「宣政之間，人君始巾。在元祐間，獨司馬溫公、伊川先生以孱弱
惡風，始裁皁綢包首，當時只謂之溫公帽、伊川帽，亦未有巾之名。至渡江，
方著紫衫，號為穿衫，盡巾，公卿皁隸下至閭閻賤夫皆一律矣。巾之制，有圓
頂、方頂、塼頂、琴頂。秦伯陽又以塼頂服去頂內之重紗，謂之四邊淨，外又
有麵袋等，則近於怪矣。魏道弼參政欲復衫帽，竟不能行。」按：李白《嘲魯
儒》詩云：「首戴方頭巾」，則儒巾或不圓頂也。劉商《鹿耳巾歌》云：「趙侯
首戴鹿耳巾，規模出自陶弘景」，則道家之巾也。然鹿耳之製不可考。

又云：「高宗即位之初，隆祐送小冠，曰此祖宗閒燕所服也。蓋在國朝，
帽而不巾。燕居雖披襖，亦帽，否則小冠。」《事類全書》續集卷十九〔註89〕
云：「五代蜀王衍，晚年俗競為小帽，僅覆其頂，俛首即墜，謂之危腦。衍以
為不祥，禁之。而衍好載大帽，又好裹大巾，其狀如錐。」〔註90〕

祝穆《事類全書》續集卷十九引《雜誌》云：「一字巾謂之岸幘。」

洪武元年正月，頒行《大明令》，其《冠帶令》云：「職官一品至四品，帽
頂、帽珠、繫腰通用金玉珠寶妝飾；五品六品，帽頂許用金、玉，帽珠用珊
瑚、琥珀，繫腰用金銀、犀角；七品至九品，帽頂許用銀，或鍍金，帽珠用水
晶、琥珀，繫腰用銀減鐵以上。帽子、帽花許用製造字樣及龍鳳紋。靴子通
用金線花樣。庶民帽頂、帽珠，並不得用金、玉、珊瑚、琥珀，靴不得製造花
樣、金線妝飾。是明初帽頂雖未分品級，而已有限制。若今日所用之靴，則明
時庶民之靴也。惟綠牙縫靴，特以別異王公而已。」又《大明令·公服令》
云：「一品至未入流品俱展角襆頭。」《輟耕錄》卷七記元時官制資品，云：
「公服俱右衽，襆頭繫舒腳。」明初蓋沿元制。

《雲麓漫鈔》卷四曰：「刑統皆漢、唐舊文，法家之五經也。當國初，

〔註86〕按：以上又見卷十八。
〔註87〕見《朱子語類》卷九十一。
〔註88〕眉批：「冠服」、「入卷九衣服條」。
〔註89〕「續集卷十九」，稿本為小字注文。
〔註90〕眉批：「又。」

嘗修之，頗存南北朝之法及五代一時指〔註91〕揮。如『奴婢不得與齊民伍』，有『奴婢賤人，類同畜產』之語，及五代『私酒犯者處死』之類，不可為訓，皆當刪去。」按：以人比畜，真不仁語。景安之言，可云忠恕。至元代以奴婢為驅口，見《輟耕錄》。〔註92〕乃真以人為畜矣。夫人類豈以盡死為剿滅哉？為人所賤，同諸畜產，其酷乃甚於剿滅耳。宋劉荀《明本釋》云〔註93〕：「後世牛羊視人，恃刑為政，以殺為嬉」，是平民猶或以牛羊視之，而況於奴婢乎？〔註94〕

葉奕苞《金石錄補》卷二十四〔註95〕曰：「南蠻中有兩爨。〔註96〕自曲州、靖州西南昆川、西輒、晉寧、隃獻、安寧距龍和城，謂之西爨。白蠻自彌鹿、升麻二川，南至步頭，謂之東爨。烏蠻南詔閣羅鳳以兵脅西爨，徙戶二十萬於永昌。東爨以語言不通，多散依林谷，得不徙。天寶、貞元間，皆受封爵。其屬亦行文字，故爨人阿吡撰字母，凡一千八百四十，號曰韙書，如科斗文，爨人習之。碑今在馬龍州。」〔註97〕

林伯桐《供冀小言‧習俗篇》云：「如土司所屬，皆中國之民。然其民不甚見四方之民，不甚見四方之物，則好惡多殊，有以嗜殺為能者，有以通室為榮者，有生而習於緣木者，有習於泅水者。彼此相聞，無不相笑。生於其地而欲不囿於其俗，不亦難乎？」〔註98〕

論古者不宜以成敗觀人，然如宋張浚之《中興備覽》，則一見而可知其必敗者也。卷一「議民兵」條云：「臣竊謂往歲巡社之舉，無益於禦寇，祇以召亂。而況東南之人，其不可為兵也明矣。一發其端，為害甚大，不可不審。」夫宋既南渡，安所得西北之人而常用之？且不責練民兵者之未合法，而徒謂民兵之無益，吾不知其專欲用者何處之人，而將與金人戰勝也。卷三「議行師」云：「臣讀《易》至《謙》之初六」云云，「始知兵家大要，特在夫人君之一身」。夫責難於君，善矣，而將兵者為是言，則高而不切事情者也。且未有

〔註91〕「指」，《雲麓漫鈔》作「旨」。
〔註92〕《南村輟耕錄》卷十七：「今蒙古色目人之臧獲，男曰奴，女曰婢，總曰驅口。」
〔註93〕見宋‧劉荀《明本釋》卷中。
〔註94〕眉批：「刑法」、「奴婢」、「入奴婢條」、「此條接廿冊十五頁及四十六頁」。
〔註95〕「卷二十四」，稿本為小字注文。
〔註96〕《新唐書》卷二百二十二《南蠻列傳下‧兩爨蠻》、《文獻通考》卷三百三十《四裔考七‧兩爨蠻》言之較詳。
〔註97〕眉批：「夷情」、「語文」、「入爨字條」。
〔註98〕眉批：「夷情」、「風俗」。

不〔註99〕責其君信賞必罰、籌餉練兵諸事，而但曰「進德孜孜，上可通天，下可格人」，此豈將帥之言乎？符離一敗，宋不復振，魏公之罪，無可逭也。朱子淳熙七年疏見文集及行狀。云：「開廣屯田，可以益軍。儲練民兵，可以益邊備。」其識非魏公所能及。〔註100〕

《雲麓漫鈔》記〔註101〕：「福建市舶司，常到諸國舶船。　大食、嘉令、麻辣、新條、甘杺、三佛齊國則有真珠、象牙、犀角、腦子、乳香、沉香、煎香、珊瑚、琉璃、瑪瑙、玳瑁、龜筒、梔子香、薔薇水、龍涎等。　真臘，亦名真里富、三泊、緣洋、登流眉、西棚、羅斛、蒲甘國，則有金顏香等。渤泥國則有腦版。　闍婆國多藥物。　占城、目麗、木力千、賓達儂、胡麻巴洞、新洲國則有夾煎。按：即甲煎。　佛囉安、朋豐、達囉啼達磨國則有木香。　波斯蘭、麻逸、三嶼、蒲哩喚、白蒲邇國則有吉貝布、貝紗。　高麗國則有人參、銀、銅、水銀、綾布等物。大抵諸國產香，略同以上。舶船候南風則回，惟高麗北風方回。凡乳香有揀香、餅香、分三等。袋香、分三等。榻香、黑榻、水溼黑榻、纏末。　如上諸國，多不見史傳，惟市舶司有之。」按：明黃省會《西洋朝貢典錄》卷上：「占城國東北百里巨口曰新州港，港之潴標以石塔，其寨曰設比奈，二夷長牧之，則此之新州國也。」爪哇國，按國朝志，本古闍婆國，則《雲麓漫鈔》之闍婆，即爪哇也。慕維廉《地理全志》曰：「首郡曰巴達維亞，常稱噶羅巴。」案：今概稱噶嚕巴。三佛齊國，番名淳淋邦。渤泥作淳泥。卷中暹羅國，即《漫鈔》之羅斛。《朝貢典錄》云：「善香四等：一曰降真，二曰沉香，三曰黃速，四曰羅斛。」然則羅斛以香得名歟？陳元靚《事林廣記》卷八《島夷雜志》云：「符廣舶官本，其所列者，占城、賓童、龍登、流眉、真臘、三佛齊、單馬令、佛囉安、晏佗、蠻大、闍婆、大食弼琶囉、五字連讀。大食勿拔、大食勿斯離、麻囉奴、崑崙、層期、西天、南尼、華羅、天竺、默伽、勿斯里、斯伽里野、默伽臘、茶弼沙。」麻囉奴即麻辣，單馬令即達磨，大食弼琶囉即波斯白蒲邇，是宋時閩、粵之異譯也。〔註102〕

〔註99〕稿本「有」字補在「不」字右側，「不」字似當刪。
〔註100〕眉批：「論史」、「武事」。
〔註101〕見《雲麓漫鈔》卷五。
〔註102〕眉批：「夷情」、「當證以《宋史》」、「卅一冊廿四頁『葉廷珪』一條似可與此條相接，應檢校」，即卷三十一「葉廷珪《海錄碎事》卷十二引市舶錄三條曰」一條。

法蘭西人刺克比利箸《支那文明根於西域論》，大抵亦以五行之說出於巴比倫。文字之源，同於楔形字，與近人之說大略相同。德意志人里斯則以為刺氏之言妄談無據。東西各邦，各具智慧，各成學術，不必問其來歷也。里氏之說與余頗合。德人摩克士、此梵文學之大家。繆剌兒嘗以東西各邦宗教，在上世同源，同以拜天為宗旨，其地即今土耳其斯丹地。即撒馬兒罕之地。余謂人生既有知識，則舉目所見，莫大於天。即使不出一源，而敬天祭之，必無異議。特人類必出於崑侖，渾沌即崑崙之音轉。滂沱四垂，至於今日。此則不易之論。而不以以黃帝為巴比倫之酋公帝者，乃為能征諸實事也。〔註103〕

葉奕苞《金石錄補》卷七〔註104〕《唐元靖李先生碑》：「顏真卿撰。碑云：『先生韓含光，廣陵江都人。從司馬鍊師，盡得其道，後居茅山。』按傳法世系，自元靖上溯陶隱居，凡五葉。其升元先生為王遠知，體元先生為潘師正，正一先生為司馬子微，史家皆為立傳，惟元靖無傳耳。」余案：碑云「陶隱居以三洞真法傳升元先生」，是唐以前茅山一派。詳《茅山高真列傳》。正一或作貞一。唐有貞一先生廟碑，即司馬承禎廟。元劉大彬《茅山志》云：「元始七傳而至紫虛，紫虛九傳而至隱居」，則杳冥不可得而原也。明王弇州《讀書後》卷七〔註105〕云：「三茅真君仙傳即《真仙通鑑》所傳而加詳，真君化跡載在《真誥》與《南真石函》，並炳烺耳目，夫復何疑。所恨玄門操觚之士，不通史學，猥加藻飾，以召瑕攻，成蛇足耳。」余按：道家傳授，半多附會，不如釋氏傳燈，世次炳然，故其事實，亦多不足據，安得稚川、弘〔註106〕景輩博學通才，出而整理之乎？

《雲麓漫鈔》卷五〔註107〕：「北人諺語，曰胡孫為馬留。《交廣志》：馬文淵立兩銅柱於林邑岸北，有遺兵家〔註108〕十餘家不反。居壽泠岸南，而對銅柱。悉姓馬，自相婚姻。交州以其流寓，號曰馬流。歷年既長，人物與之俱化，語言啁哳，故取譬云。」按：今粵人尚呼胡孫為馬流，而北人久無此諺矣。〔註109〕

〔註103〕眉批：「宗教。」
〔註104〕「卷七」，稿本為小字注文。
〔註105〕「卷七」，稿本為小字注文。
〔註106〕「弘」，底本作「宏」。
〔註107〕「《雲麓漫鈔》卷五」，稿本補插「故取譬云」之後。
〔註108〕「家」，《雲麓漫鈔》無，疑衍。
〔註109〕眉批：「掌故」、「風俗」、「種族」、「入馬留條」。

《海錄碎事》卷九下：「馬伏波有餘兵不反，居青泠縣，自有「有」當作「為」。婚姻，號馬留。」

米元章《題古良醫妙技》云：「華陀反死回生，俞氏剖腹視病，張氏隔膚視膜，斯同道也。」《寶晉英光集》卷八。反死回生，固神奇之說，而剖腹視病、隔膚視膜，則今日西醫實用之。而剖解之學，又為人類學之所關。昔之以顏色分類者，黃白梭黑。然匈奴為亞洲種族，今為匈牙利人；郭特與匈奴相近，今為德意志人。昔黃今白，則顏色不足據也。其以語脈分類者，以中國為閃含之裔，歐洲為亞利安族，突厥、滿洲、蒙古、日本為朱剌尼安族，英之阿爾蘭及阿剌比亞巫來由人為涅古祿後。略以《舊約書》附會言之耳。然若英之威而斯人，舊為白里登人，與今之英人由德國轉徙者異種。今亦通英語。閩、粵之民，頗有根於巫來由者，今亦通華語。則語脈之說不足據也。是以歐人新說，謂人種大別有二。一為長頭種，德、奧、英諸國暨阿非利加蠻族皆長頭種也。一為短頭種，亞細亞洲及俄羅斯、法、意各國皆短頭種也。余謂顏色之變，由於所居之水土。言語之變，因於所奉之政教。皆非種族所由分。惟骨骼受之祖宗，雖未必不同出一源，而分晰至早。今長頭短頭之說雖未盛行，而剖解一家足以定人類之區別，斷然可知也。且人類之區別既有可知，則性情之學、調理之術亦當自此而進矣。〔註110〕

美利堅人箸《美洲有史以前事蹟考》，謂中國古書所言榑桑即美洲也。日本鈴木醇庵搜集其說，又證以《十洲記》等諸書，成《亞細亞人》一卷。余未之見。然今日美洲所存古碑，多與中國武梁祠畫像、射洪畫像之類相似，則西漢時實有相通之跡。日本相隔僅千餘里，又與新羅同源。徐福東行，固已明知其地。漢時東方事蹟知之最詳，必不至以榑桑、若木等說同諸遼廓，美國所考似不誤矣。若古碑畫像之外，得見一二泐文字者，尤足慰考古之心也。又日本人撰《扶桑考》一書，亦同此說，且以美洲為古佛教之地。〔註111〕

日本松岡馨著《朝鮮語學》，田口卯吉敘云：「亞細亞北部之人種，其言語相類，而日、韓及土耳基有最似者。且其諺文，則日文而亦類於希伯來字。」余謂日文與朝鮮諺文皆起於唐後，特以音為字，略似希伯來耳。然不推本於散斯克，而取類於希伯來，得非心儀歐洲而忘其所自始歟？〔註112〕

〔註110〕眉批：「種族。」
〔註111〕眉批：「輿地」、「夷情」、「釋慧深曾至扶桑，即此。」
〔註112〕眉批：「語文」、「入高麗字母條」、「此條與廿四冊卅八頁接」。

《契丹國志》云〔註113〕:「新羅言語、名物有似中國。」《太平寰宇記》
〔註114〕:「新羅呼城曰健牟羅,其邑在內曰喙評,在外曰邑勒,猶中國之言郡
縣也。」又曰:「土地肥美,種植五穀,多桑麻果菜鳥獸,物產略與華同。風
俗刑政衣服略與高麗、百濟同。而朝服尚白,好祭山神,重元日,每以其日拜
日月神。」〔註115〕

契丹目女真為慮真。按:珠申二字即由慮真音轉。〔註116〕

《日本蒙古地志》參謀本部編,不著撰人名氏。云:「東幹人住蒙古西部,
即新疆、甘肅省等接近之地。雖其數甚少,然此種族實唐代回鶻之子孫。
清國以其奉回教,總謂之回民。又一說云清國內地流罪之漢人化驀和瑪特
宗者,驀和瑪特即穆罕驀德之異譯。又或謂土耳其國之歸化者,未知孰是。」按:
東干即登幹之異譯也。《地志》又云:「其容貌全異漢人。」後說近是。
〔註117〕

《輟耕錄》卷十:「杜清碧先生本所編《五聲韻》,自大小篆分隸真草,
以至於外蕃書,及國朝蒙古新字,靡不收錄,題曰《華夏同音》。康里巙巙問:
『國字何以用可侯此喉音也,有音無字。字為首?』先生曰:『正如嬰兒初墮地時,
作此一聲,乃得天地之全氣也。』」按:蒙文以可侯字音為首,與滿洲文用阿
字為首不同,而皆以為嬰兒墮地之聲,然阿音較合矣。元陳元靚《群書類要
事林廣記》卷十五云:「古篆之外,世有所得。今得蒙古所篆《百家姓》字,每
見一格,皆世所未見者。謹刻次於古篆,揮毫學此,同乎筆走龍蛇矣。」余
按:蒙古字碑,近時多不能讀。得此篆文三百九十五字,庶幾觸類可通。今摹

〔註113〕見宋・葉隆禮《契丹國志》卷二十六《新羅國》。
〔註114〕見《太平寰宇記》卷一百七十四《四夷三・東夷三・新羅國》。此語早見《梁
　　　　書》卷五十四《諸夷列傳・新羅》、《南史》卷七十九《夷貊下・新羅》列傳
　　　　《通典》卷一百八十五《邊防一・新羅》。
〔註115〕眉批:「又」、「此條應入十二冊十三頁後」,即卷十二「《滿洲源流考》卷十
　　　　八云」一條。
　　　　另,此條稿本尚有「《翰林盛事》:〔《太平廣記》一百六引之。〕常有新羅使
　　　　至,云東夷士庶願請蕭夫子〔穎士也。〕為國師」一節文字。眉批:「『翰林
　　　　盛事』一段已見廿八冊第卅頁。」
〔註116〕按:此條刻本無,據稿本補。
　　　　眉批:「語文」、「入珠申條,見卅三冊十八頁」,即卷三十三「陳玉璂《寧古
　　　　塔方言記》云」一條。
〔註117〕眉批:「語文」、「種族」、「入登幹條」。

刻於後。蒙古篆字原闕〔註118〕。〔註119〕

匈牙利人由蒙古舊地遷往，余意其遺文必當與元時蒙文相類。詢之日本高楠順次郎，云：「古匈文與古蒙文甚近。然後世匈國據羅馬文典改編其國文典及字書，故今匈文與歐文近，而不似古蒙文。」

《漢書》：「匈奴稱天曰撐犁。」今蒙古稱天曰騰格里。騰格里即撐犁之異譯。此朔方語二千餘年未變者。白鳥庫吉云：「此說致確。今土耳其諸族猶稱天曰撐犁，突厥、匈奴之苗裔亦謂天為登凝梨。」又按：陳元靚《事林廣記庚集》卷十載至元譯語，天曰滕急里。

今地圖，羅布淖爾即漢蒲昌海之異譯。羅布二音急呼為蒲，淖、昌同母字也。此亦二千年來其名未變者也。

島田蕃根言近時哲學固無定見，第但也。一哲學字，能當翻譯語乎？謂之理即可。然邦人不通漢字，妄捏造此等語，甚不佳，只存西語可耳。哲學之種甚多，近稱何學。何學學字亦妄用耳。余謂既有書籍，又互相研究，自不可謂之非學。哲字亦聊可借用。不名之曰理學者，避宋明儒家之舊號也。然固可謂之智。學下田次郎《哲學要領》云：「哲學之字，英人呼為斐兒色斐，是本希臘之二語：曰斐理亞，曰索斐亞。一喜之意，一智之意。合此二語為愛智之義，故哲學者，智之友，愛智之人。智即知識，即體認真理也。」然則謂之智學，較得英人本義矣。愛之義，已藏學字內，非愛喜之則不學也。〔註120〕

井上圓了《外道哲學》云：「考佛教見字，《翻譯名義集》云達梨舍那，此云見解。達梨舍那，今日或譯稱哲學，即哲學上之意見。」然則井上此書，即考外道之見解耳，與英人之稱斐兒色斐者，又別一義也。

明《永寧寺碑》：「海外苦夷」，即庫頁島也。苦夷與庫頁為對音字。古所謂毛人，今日本北海道之土人皆是也。《吉林外紀》八。云〔註121〕：「黑津名目不一。琿春東南濱臨南海一帶者，謂之恰喀爾。三姓城東北三千餘里，松花江下游，齊集以上，至烏蘇里江東西兩岸者，謂之赫哲。齊集以下，至東北海島者，謂之費雅喀，又東南謂之庫葉。齊集，地名也。」〔註122〕

〔註118〕「蒙古篆字原闕」，稿本無。

〔註119〕眉批：「又」、「蒙古篆字空格書，則此書蓋成於元時，俟考。」、「以下今錄原文」。

〔註120〕眉批：「西學」、「語文」。

〔註121〕見清·薩英額《吉林外記》卷八《雜記·黑津》。

〔註122〕眉批：「語文」、「輿地」。

　　陸之瀚《陸子韞言》稱寧古塔曰寧官塔，云其地南鄰朝鮮義州，橫江為界，離江有一千餘里。江外有十四道灣，係忽喇戶故址。《吉林外記》八。云〔註123〕：「寧古搭尚醇實，耕作之餘，尤好射獵。近年漢字事件日增，競談文墨。」〔註124〕

　　趙雲崧《簷曝雜記》云〔註125〕：「廣東言語雖不可了了，但音異耳。至粵西邊地，與安南相接之鎮安、太平等府，如吃飯曰緊考、吃酒曰緊老、吃茶曰緊伽，不特音異，其言語本異也。然自粵西至滇之西南徼外，大略相通。余在滇南各土司地，令隨行之鎮安人以鄉語與爨人問答，相通者竟十之六七。」按：此當是文萊種本來之言語也。〔註126〕

　　晃西士加尼遠《印度深地記》云：「芒方居民有瑣完、布代二種。布代種自南掌移來。噶斯圍項與西弓、河谷之番相似。瑣完今亦學暹羅裝。」又云：「余料林伊國，一名琅哈濮，即今之餒巴。自與東京人水戰之後，安南政令方行於此。所稱瑣完者，即此部居民之裔。瑣完不從別教，而但敬祖先。」余謂四裔多天教，而瑣先獨為祖先教，蓋漸染中國之流風者也。林伊當作林邑。自范氏以來，中國人之君其地者久矣。〔註127〕

　　《金史·特嘉哈希傳》〔註128〕：「其守城之具曰震天雷者，鐵礶盛藥，以火點之，砲起火發，其聲如雷，聞百里外。又飛火槍，注藥以火發之，輒前燒十餘步，人不敢近。」〔註129〕

　　《易餘籥錄》〔註130〕：「道士、道人皆賢人之稱。文子二十五人，道人居第三。《新序》：『謁而得位，道士不居也。』六朝崇尚僧人，故以此名歸之。」〔註131〕

〔註123〕見《吉林外記》卷八《風俗·寧古塔》。

〔註124〕眉批：「又。」

〔註125〕見《簷曝雜記》卷三《西南土音相通》。

〔註126〕眉批：「語文。」

〔註127〕眉批：「種族」、「夷情」。

〔註128〕見《金史》卷一百十三。

〔註129〕按：此條刻本無，據稿本補。
　　　　眉批：「入火砲條」、「此與廿一冊廿三頁略同，文義稍有出入」，即卷二十二「近人作礦考者」一條。

〔註130〕見焦循《易餘籥錄》卷十八。

〔註131〕眉批：「道流」、「入道人條」。

西人有亞里西亞、菲尼西亞、埃及、希臘諸邦文字對照表，以其本源皆同一象形字。箭形字亦與梵文同源。歐文出西里亞。〔註 132〕

意人摩兒格《孛魯紀行》有英文譯本。又有《契丹行程搜集》，又英人有《孛羅行程考證》。

《續日本紀·中大牒》云：「葛木襲漢彥之第六子曰熊逸宿禰，是魚養等之祖也。」《紀》中：馬養　牛養　犬養　鷹養　豬養　鸕鷀養。

《思玄賦》：「倚招搖攝提以低佪劉流兮。」「攝提」二字，不關歲陰。〔註 133〕

蒙古名金沙曰錫喇烏蘇。〔註 134〕

〔註 132〕眉批：「語文」、「入象形字條」。
〔註 133〕眉批：「文學。賦」
〔註 134〕眉批：「語文。」

卷二十九〔註1〕

　　《南嶽思禪師立誓願文》云：「釋迦牟尼佛《悲門三昧觀眾生品本起經》中說，佛從癸卯年七月七日入胎，至甲寅年四月八日生，至壬申年年十九，二月八日出家，於癸未年年三十，臘月八日成道，癸酉年年八十二月十五日方便入涅槃。按：釋典言佛壽，或言七十九，或言八十。正法從甲戌年至癸巳年，足滿五百歲止住。像法從甲午年至癸酉年，足滿一千歲止住。末法從甲戌年至癸丑年，足滿一萬歲止住。按：各書多言末法三千年，此言一萬年。入末法過九千八百年後，月光菩薩出真丹國說法，大度眾生，滿五十二年入涅槃。後《首楞嚴經》、《般舟三昧》先滅不現，餘經次第滅。《無量壽經》在後，得百年住，大度眾生，然後滅去，至大惡世。」又云：「我從末法初始，立大誓願。」按：此文當作於梁元帝承聖三年甲戌，故云「末法初始」，距今年光緒己亥末法，已一千三百四十六年矣。〔註2〕

　　隋灌頂《天台八教大意》云：「巧安止觀者，體境法界。法界寂然常止，止即定也。寂然常照名觀，觀即慧也。止觀即禪波羅〔註3〕蜜已。」〔註4〕

　　《萬國興亡史》云：「猶太教有我贊色斯一派，悟浮生若大夢，論肉體為罪因，特創虛無惝恍之說。基督教與之異議。當時基督信者察猶太人來之境遇，其國亡，其人民離散，極人生之至悲至慘，此皆厭世之教旨誤之也。」按：厭世之極乃思出世，此與婆羅門宗旨為最近矣。耶穌出，乃以救世為宗，

〔註1〕按：稿本題「純常子枝語第三十」。稿本乙封題「純常子枝語　第三十冊」。
〔註2〕眉批：「佛學」、「此條可接後四十一頁」。
〔註3〕「羅」，刻本作「斯」，據稿本改。
〔註4〕眉批：「佛學」、「卷廿八。入止觀條」。

故遂奪而易之矣。〔註5〕

陳日新《醫學條說》云：「祝由科，醫家之禁氣術也。午貫之法，載之《周禮》，善用之則為教主之耶蘇，不善用之則為黃巾之張角。」余按：古昔以巫醫並稱，此固三代以前醫家之遺術也。〔註6〕

波斯書有名《本達必士》者，原始創造，與《佛說樓炭經》及《舊約書》中之《創世記》相似。全篇共三十四章，為波斯教要書。其言亞子達神創始天地，及光明、黑暗二神爭鬥，與萬物性質及來世事，大率先據傳說，而後筆之於書。末章記波斯王統敘、祭司統系，絕筆於亞拉弗之侵略。以年代推之，當在中國唐初矣。〔註7〕

波斯經典傳今日者，殆百數十種。然真傳於教祖者極少。或出於教徒之演繹，或即為後世所裒集。惟《謙都》及《亞比司多》二種，特為教徒所尊敬云。謙都者，注釋之義。亞比司多者，本文之義。

《亞比司多經》，以今推之，似非成於瑣羅司多臘之手。特數代之間，教徒所結集耳。然頗類印度之《韋陀》、猶太之《舊約》。《亞比司多》之外，尚有各種典籍，則如《韋陀》之後有《優波尼奢度》，《舊約》之後有《新約書》也。〔註8〕

《唐書·大食傳》云〔註9〕：「大食，本波斯地。日五拜天神。」又《波斯傳》云〔註10〕：「祠天地日月水火。西域諸胡受其法，以祠祆。拜必交股。」按：波斯《亞比司多書》凡分四類。其第三類《掖只尼》，尼耶切。凡七十二章，敘祈禱及讚頌等事，於經典中尤重要。其祈禱，每一晝夜分五期，一鵝〔註11〕哈溫，午前六時至十時；二勒比丹，午前十時至午後三時；三烏基璉，午後三時至六時；四阿亦士魯自禮曼，午後六時至十二時；五烏沙墾由，十二時至午前六時。此即《唐書》所謂每日五拜也。其拜日詞，則每日日出、正午、日沒三誦之。拜密多臘詞與拜日詞同誦。拜月詞，則每遇月之盈虧及新月時三次誦之。拜水火詞，則凡平時每觸水接火皆誦之。又除他四詞。其拜水詞，每

〔註5〕眉批：「宗教。」
〔註6〕眉批：「方術。」
〔註7〕眉批：「宗教。」
〔註8〕眉批：「又。」
〔註9〕見《新唐書》卷二百二十一《西域列傳下》。
〔註10〕見《新唐書》卷二百二十一《西域列傳下》。
〔註11〕「鵝鵝」，刻本作「鴉」，據稿本改。

月十日、十一、十二、十六之四日尤須注意誦之。此祠天地日月水火之大略也。密多臘，蓋天神云。

唐釋澄觀《華嚴經疏》第四十七云：「按〔註12〕《寶藏陀羅尼經》云：我滅度後，於南贍部洲東北方有國，名大振那。其國中間有山，號為五頂。文殊師利童子遊行居住。」余按：此文以振那為在東北，疑佛在南印度時所說。支那或作震旦，或作真丹。惟此作振那，知那音近難，不當讀奴何反也。〔註13〕

赫胥黎《天演論·矯性篇》云：「今夫天行之與人治異趨，觸目皆然。雖欲美言粉飾，無益也。自吾所身受者觀之，則天行之用，固嘗假手於粗且賤之人心，而未嘗誘衷於精且貴之明德。」按：此即莊子「人之小人，天之君子」〔註14〕之說也。李提摩太《大同學》云：「英士胡思禮按：當即赫胥黎。實英國格致家之領袖，嘗暢敘今世安民之法。不料流於謬妄，竟如俄國之尼希利黨人，尤為通儒所齒冷。蓋耶穌教之與哲學，異日必成冰炭之勢矣。」〔註15〕

日本下田次郎《哲學綱領》云：「哲學之二字，英人呼斐魯色斐。是本希臘語之二語，即斐理亞及索斐亞，一喜之意，一智之意。合此二語為愛智之義。故哲學者，智之友，愛智之人。智者何？即知識，即認識真理也。余謂既愛此智，必身證之，豈徒認識而已？」〔註16〕釋家有《大智度論》，此斐魯色斐之云，不如徑以智學稱之之為得也。〔註17〕

西人書多言權界。余以為權界之說，《詩》言盡之矣。曰：「天生蒸民，有物有則。」有物者，自有之權也。有則者，群居之界也。曰：「民之秉彝，好是懿德」，則性善之說，而萬國法律之所由立也。此不獨性學家言，而政學亦具乎此矣。〔註18〕

蒲萄酒，印度有之。唐玄奘譯《阿毘達磨法蘊足論》卷一云：「窣羅酒，謂米麥等如法蒸煮，和麴蘖汁，投諸藥物醞釀，具成酒色香味，飲已惛醉，謂窣羅酒。迷麗耶者，謂諸根莖葉花果汁，不和麴蘖醞釀，具成酒色香味，飲已惛醉，名迷麗耶酒。言末沱者，謂蒲萄酒，或即窣羅迷麗耶酒。飲已令

〔註12〕「按」，稿本作「案」。
〔註13〕眉批：「語文」、「佛學」、「支那條」。
〔註14〕見《莊子·內篇·大宗師第六》。
〔註15〕眉批：「西學。」
〔註16〕此段引文又見卷二十八「島田蕃根言近時哲學固無定見」一條中。
〔註17〕眉批：「又。」
〔註18〕眉批：「又。」

醉，總名末沱。」余按：末沱與蒲萄聲相近，疑前說得之。迷麗耶酒，未知西方今日何品似之也。北涼浮陀跋摩譯《阿毘曇毘婆沙論》卷七云：「如那伽羅國，凡人飲蒲桃酒，東方貴人所不能得。」《博物志》云〔註 19〕：「西域有蒲萄酒，積年不敗。彼俗云可十年飲之，醉彌月乃解。」〔註 20〕

蕭齊僧伽跋陀羅譯《善見律毘婆沙第十二》云：「折林者，男子與女結誓，或以香華、檳榔更相往還，餉致言以此結親。何以故？香花、檳榔者，皆從林出，故名折林。」按：此可見印度婚姻之禮。〔註 21〕《南方草木狀》云〔註 22〕：「檳榔，味苦澀，以扶留藤、古賁灰並食，則滑美，下氣消穀。出林邑。彼人以為貴。婚族客必先進，若邂逅不設，用相嫌恨。一名賓門藥餞。」今粵俗用檳榔為婚聘之禮，蓋沿於印度。亦用以為款姻之禮，則本諸林邑也。《齊書〔註 23〕·文獻王嶷傳》〔註 24〕：「臨終戒其子曰：『三日施靈，惟香火、槃水、乾飯、酒脯、檳榔而已。』」是當時喪供亦用之。《文選·上林賦》〔註 25〕：「仁頻並閭。」孟康曰：「仁頻，椶也。」《仙藥錄》：「檳榔一名椶。」李崇賢曰：「仁頻即檳榔。」

《善見律毘婆沙第二》云：「大德目犍連子帝須與眾僧遣摩哂陀往師子洲。摩哂陀待阿育王遣使往師子洲，授太子天愛。帝須為王竟，然後往從卑地象山與大眾飛騰虛空，到師子阿㝹羅陀國，往至東方眉沙迦山下。是故從古至今，名為象山。」按：此錫蘭島佛法之始。西書或云佛生此島，誤也。《善見律》云：「於時佛涅槃已二百三十六歲矣。」〔註 26〕

隋釋灌頂《大般涅槃經玄義》卷下云：「經云：『若正見者，當說如來。』定是無為。那忽體是無為，用是有為。」此體用二字對舉，亭林、二曲所未徵引〔註 27〕。〔註 28〕

〔註 19〕見晉·張華《博物志》卷五。
〔註 20〕眉批：「飲食。」
〔註 21〕按：稿本此下別為一節。此節眉批：「風俗」、「夷情」、「草木」。下節眉批：「又。」
〔註 22〕見《南方草木狀》卷下。
〔註 23〕「書」，刻本無，據稿本補。
〔註 24〕見《南齊書》卷二十二。
〔註 25〕見《文選》卷八。
〔註 26〕眉批：「佛學。」
〔註 27〕參下「《周易》天行健」一條腳注。
〔註 28〕眉批：「佛學」、「考證」。

又云：「《肇論》亦有用冥體寂之語。」

《周易》：「天行健。」《疏》云：「此不言天行乾而言健。劉表云：『詳其名也，然則天是體名，乾是用名。』又卷首論易之三名云：『以無言之，存乎道體。以有言之，存乎器用。』」是體用二字，唐初人已習用之。余記李二曲集有《與顧亭林書》，考體用二字所自出〔註29〕。余嘗質之陳東塾師，亦以為必出釋典。蓋中國言理之學，自竺教東行，而日趨細密，不可誣也。東塾云：「釋典能所二字尤精，唐人亦屢用之。」

《大般涅槃經玄義》卷下云：「師教二字謂梵佉婁。此二字應詮世間禮樂、醫方、技藝、治政之法，故是世間二字也。謝靈運云：『梵佉婁是人名，其撮諸廣字，為略如此。間、倉、雅之類，從人立名，故言梵佉婁雖復廣略，還是世間之二字。』」按：佉盧、佉婁，同音異譯。《法苑珠林》以梵佉婁為造字人名，從謝說也。《玄義》又云：「梵字應如金光明中說，出欲論明，修梵法，歎梵執故，是出欲論也。佉婁字應是無量勝論明十善法，歎釋天報善，能攻惡，故言勝論。總而言之，世間二字也。」是佉婁即佉婁迦，今譯作嗢露迦。所謂勝論師、衛世師造六句論者〔註30〕，即是人也。梵者，或即西書所言迦毘羅仙人弟子十八部中上首者名筏里沙者，梵與筏同音異譯耳。然則梵佉盧二人，即費大前後二教之首矣。筏里沙，《祕密曼荼羅十住心論》卷三云：「梵云伐利婆。」此云兩際筏里沙，即伐利婆之異譯。〔註31〕

范縝作《神滅論》，余謂神滅即斷見也。梁武諸論，雖亦盡理，不如即以經說證之。《長阿含》云：「有外道執斷見，謂無他世。凡有十番問答。外道云：『無有他世。』答言：『今之日月，為天？為人？為此世、他世耶？若無他日，則無明日。』又問：『我見人死不還，云何說其受苦？故知無他世。』」答

〔註29〕詳見卷十「《成唯識論》卷一云」一條腳注。
〔註30〕唐・釋窺基《因明大疏》卷中：
　　論俱不極成者，如勝論師對佛弟子，立我以為和合因緣，述曰：前已偏句，一有一無，今兩俱無，故亦是過。成劫之末，有外道出，名嗢露迦。此云鵂鶹，晝藏夜出，遊行乞利，人以為名。舊云憂樓佉，訛也。後因夜遊，驚傷產婦，遂收場碾米齋食之，因此亦號為寒謇。僕云食米齋仙人。舊云寒謇陀，訛也。亦云吠世史迦。此云勝論，古云鞞世師、衛世師，皆訛也。造六句論，諸論中勝，或勝人造，故名勝論。此說六句，一實，二德，三業，四有，十句論中亦名為同，俱舍論名總同句義；五同異，十句論名俱分；六和合，實有九種，謂地、水、火、風、空、時、方、我、意。
〔註31〕眉批：「佛學」、「語文」。

云：『如罪人被駐，寧得歸不？』又問：『若生天，何故不歸？』答云：『如人墮廁得出，寧更入不？又天上一日，當此百年。生彼二三日，未遑歸心。設有歸者，而汝已化，寧得知之？』又問：『我鑊煮罪人，密蓋其上，伺之不見神出，故知無他世。』答云：『汝晝眠時，傍人在邊，見汝神出不？』又問：『我剝死人皮，臠肉碎骨，求神不得，故知無他世。』答云：『如小兒折薪，寸寸分裂求火，寧有可得不？』又問：『我秤死人更重，若神去應輕，若無神去則無他世。』答云：『如火與鐵，鐵失火則重，人生有神則輕，死失神則重。』又問：『我見臨死人，反轉求神不得，故知無他世。』答云：『如人反轉，求於貝聲，寧得聲耶？』又問：『汝雖種種破我執，此甚久而不能捨。』答云：『如人採穭，初見麻取麻，次捨麻取麻皮，次捨麻皮取縷，次捨縷取布，次捨布取絹，次捨絹取銀，次捨銀取金。按：此知金銀為用久矣。捨劣取勝，云何不能捨？』又問：『非但我如是說，諸人亦如是說，云何謂我為非？』答云：『兩商人遇鬼，鬼為人像，語言前路豐米足草，載之何為？一商人便棄前路，人牛皆饑，遂為鬼噉。一商人云：若得新米草，可棄故米草。人牛皆不為鬼所食。今既得新，何不棄故？』又問：『我不能捨，勸我則嗔。』答曰：『汝如養豬人，路遇糞頭，擎還在路，逢雨汁下污傾，傍人令棄倒，更嗔他，謂汝不養豬，故令我棄。反嗔勸者。』如是番番析破，廣演斯義，外道便伏。」此智者大師《妙法蓮華經文句》卷一所節。此可以答范縝之難，又可知神滅之說，亦婆羅門古昔所有也。傅大士云：「恐人生斷見，權且立虛名。」然則般若真如，豈亦止兒啼之說耶？〔註32〕

《祕密曼荼〔註33〕荼羅十住心論》卷三十六《外道嘔陀南釋》曰：「第一執，因中有果論者，梵云伐利婆，此云兩際，即劫毘羅僧佉弟子兩際外道，計因常恒，具有果性。　第二計，從緣顯了論者，此二別：一數論外道，計法體自本有，從眾緣顯；二聲論外道，計聲體是常，而但從緣宣吐顯了。　第三計，去來實有論者，此二別：一勝論，二時論外道。計有過去，計有未來，其相成就，猶如現在，實有非假。　第四計，我實有論者，即彼數勝，離繫獸主，赤衣遍出，計即離蘊，非即非離，犢子部等，並我實有，而是一常。　第五計，常論者，伊師迦外道等，計全常、分常、有想常、無想常俱非常，由依靜慮，起宿住智，及由天眼，妄計實常。　第六計，宿作論者，謂無繫外道，彼所計執，世間士夫，現所受苦，皆由宿作惡為因由，勤精進吐舊業，故自餓

〔註32〕眉批：「佛學」、「可入婆羅門外道」。
〔註33〕「荼」，稿本、刻本均誤作「茶」。

投巖，修諸苦行。　第七計，自在論者，凡諸世間士夫所受，彼計以自在變化為因，或餘丈夫時方本際自然虛空極微我等不平等因。　第八計，害為正法論者，謂諍競劫諸婆羅門，為欲食肉，妄立論言。若於祠中害諸生命，能祀所害，若諸助伴，皆得生天。　第九計，邊無邊等論者，謂即依止諸靜慮，故於彼世間，住有邊想，住無邊想，俱不俱想，上下有邊，於傍無邊。　第十計，不死矯亂論者，謂四種不死矯亂外道。若有人來問世出世道，彼便稱云我事不死淨天，淨天祕密，不可記別等。　第十一計，諸法無因見論者，謂無因外道，謂依靜慮及依尋伺，計一切法無因而起，我及世間皆無因生。　第十二計，斷論者，謂計七事，斷滅欲界人天，色四靜慮，麤四大色，如病如箭，四無色處，細色如癰。若我死後，斷滅無有。　第十三計，空見論者，謂依尋伺或依靜慮斷見外道，起如是見，計無因果，無有施與，無有祠祀，定無妙行及與惡行二業果報，乃至世間無真羅漢。　第十四計，最勝論者，謂鬪諍劫諸婆羅門是最勝種，剎帝等是下劣種。諸婆羅門是梵王子腹口所生，餘則不爾。　第十五計，清淨論者，謂有妄計於殑伽河等沐浴支體，所有諸惡，悉皆除滅，第一清淨。復有外道，計持狗戒。或持油墨戒，或持露形戒，或持灰戒，或持自苦戒，或持糞穢戒，及現涅槃計為清淨。　第十六計，吉祥論者，謂依尋伺或依靜慮，但見世間日月薄蝕，星宿失度，為事不成，故勤供養日月星等，大誦呪，安置茅草，謂歷數者作如是計。」按：此雖僅數十六外道，而開之已不啻二十餘家。天竺九十五外道，其可數者大略如是。《佛所行贊》卷二《佛入苦行林品》云：「清淨水生物，或食根莖葉，或復食華果。種種各異道，服食亦不同。或習於鳥生，兩足鉗取食。有〔註34〕隨鹿食草，吸風蟒蛇仙。木石春不食，兩齒齧為痕。或乞食施人，取殘而自食。或常水沐頭，或復奉事火，水〔註35〕居習魚仙。如是等種種，梵志修苦行。」按：此等苦行，皆尼乾外道也。九十五外道中，苦行一門已不下十數種矣。《佛本行集經》卷二十數一切苦行尤黟，不悉錄。要之，悉求天報而已。〔註36〕

　　陳三藏真諦譯《隨相論》云：「外道謂一切法唯有一因生，言自在天一因生一切物。」又云：「外道有常見、斷見。常見者，計未來受報於現在，修苦

〔註34〕「有」，刻本無，據稿本補。
〔註35〕「火水」，刻本作「水火」，據稿本改。
〔註36〕眉批：「佛學」、「婆羅門外道」、「入外道篇」、「此條似可與廿二冊十九頁相接。應再考校」。

行，凡有十一事。一、永坐不起；二、大發行小住不避險難而漫行；三、斷食自餓；四、長倚恒立一處；五、隨日，仰頭視日，隨日上落，視之不懈；六、五炙，當晝大熱，以日炙頭，四邊然火以炙身；七、眠刺。取刺置一處，以眠其上；八、投巖；九、赴火；十、投水；十一、供養諸天，自挑出筋，為琵琶弦彈之。斷見者，謂身滅我亦滅，無有未來現在，恣心所作，造種種罪。」又云：「跋婆梨柯、阿賴伽柂楊荷反。優樓迦腳荷反。等三外道，起常見執，言有我說，有未來。訶梨多聞陀阿輪羅耶那三外道起斷見執，言無我，不說有未來。」《四諦論》云：「弟子先在外道稟受邪法，或事常行外道，按：即大發行不住是。或不住一處道、護命道、相違道、老聲聞道、思瞿曇道、鳥翅衣道、按：當是佛本行贊所謂習於鳥生。事水道、編髮道、事火道、躶形道等。」又云：「皮陀及皮陀分宿傳世本量，判僧佉瑜伽實廣論、欲塵論、鞞世師論、醫方論、相論、算數論、時智論、獸論、鴉域論、明論、歌儛莊嚴論、人儛論、天儛論、天仙王傳等論。外道論常行外道等，乃至九十六種，復有草樹藤樹等，皮根心花果葉等，力熟德味等，復有世間不可思議希有四大變異業果報等，有論能分別此。」按：皮陀即韋陀，猶衛世師或作鞞世師，韋紐天或作毘紐天也。

英教士蘭士《德俄屬遊記》云：「住廓爾札城，詣各教堂，曰回回，曰天主，曰阿素多，曰白干，惟耶穌教堂則無之。」沈子培曰：「云白干者，蒙古語布兒罕，譯言佛也。」阿素多為何教未詳，或疑是印度教門海蘭達爾所奉者。〔註37〕

蘭士德遊塔什干云：「往觀猶太人誦經所，屋宇雖狹，然甚潔淨。心竊疑之。後訪知，乃俄兵中之猶太人誦經之所。由霍占至浩罕云：往觀猶太人誦經，路人起立摩鬚，騎者下馬示敬。至猶太教堂，正在誦經，男女分室，尖帽長衣，問其所來及教中之事，對以意忖之辭。遊撒馬兒罕，往猶太教堂，值齋戒，日堂外設白帳，施地氈，具果食，種人圍坐。據云撒馬兒罕共有猶太人二千五百，婦女出門，俱戴面巾。」〔註38〕

隋法師真諦譯《婆藪槃豆法師傳》引《毘搜紐天王世傳》，毘搜紐即毘紐，中有搜音，尤與衛士努音近。其傳言出閻浮提，作王為伏阿修羅。《毘伽羅論》解阿修羅，謂非善戲。諸天恒以善為戲樂，其恒以惡為戲樂，故有此名，亦得名非天。據此，則毘搜紐伏阿修羅事，即衛士努戰西窊事矣。《無

〔註37〕眉批：「宗教。」
〔註38〕眉批：「又。」

明羅剎集》卷下云：「大梵天王、魔醯首羅、毘紐帝釋，悉皆屈膝來在我前。」是毘紐亦稱帝釋。《四諦論》卷一云：「解脫邪執者，歸五入毘紐，體極入空，至世俗住，無苦上獨存、離我德、三定果、暫捨、永捨。如是等執解脫者，非定非永，名解脫執。」又云：「梵釋等天不曾見故，樂行健力，毘搜紐天等智足未履故。」〔註39〕

大島貞益譯《印度教》云：「摩奴書中所載修身之教，頗醇正端嚴，歐洲學人謂其訓誡語，若撡拾編之，可成一完好之修身書」云。〔註40〕

《婆藪槃豆法師傳》云：「佛滅度後五百年中，有阿羅漢名迦旃延子，先於薩婆多部出家。本天竺人，後往罽賓國，與五百阿羅漢及五百菩薩，共撰集薩婆多部阿毘達磨，製為八伽蘭他，即此間云八乾度。伽蘭他，譯為結，亦曰節，謂義類各相接屬，故云結。以神通力及願力，廣宣告遠近：若先聞說阿毘達磨，隨所得多少，可悉送來。於是天龍、夜叉乃至阿迦尼師吒諸天，有先聞佛說阿毘達磨，若略若廣，乃至一句一偈，悉送與之。迦旃延子共諸阿羅漢及諸菩薩簡擇其義，若與修多羅、毘那耶不相違背，即便撰錄；若相違背，即便棄捨。是所取文句，隨義類相關。若明慧義，則安置慧結中；若明定義，則安置定結中。八結合有五萬偈。造八結竟，復欲造毘婆沙釋之。迦旃延子遣人往舍衛國，請馬鳴為表文句。馬鳴既至罽賓，迦旃延次第解釋八結，諸阿羅漢及菩薩即共研辯。義意若定，馬鳴隨即著文。經十二年，造《毘婆沙》方竟，凡百萬偈。毘婆沙譯為廣解。表述既竟，迦旃延子即刻石立表云。」按：鳩摩羅什譯《馬鳴菩薩傳》，但記馬鳴至月氏因緣，不記至罽賓事。後漢譯《分別功德論》卷一云：「迦葉思惟：經法浩大，唯有阿難能集。鳴槌集眾，屬阿難集遺典八萬。二人相須，猶盲跛相倚也。乃判三分：一分契經，二分毘尼，三分阿毘曇。按：即阿毘達磨。契經者，佛所說法。毘尼者，禁律也。阿毘曇者，大法也。所以言大者，四諦大慧，諸法牙旗，斷諸邪見，故曰大法。迦旃延子撰集眾經，鈔撮要慧，呈佛印可，故名《大法藏》也。」按：此記阿難結集三藏，即記迦旃延子撰集眾經，事隔五百餘年，而云呈佛印可，蓋後漢時之西域，已僅有迦旃延子所定之阿毘達磨，而不見阿難結集之原本矣。婆藪槃豆即天親，亦稱犢長子。〔註41〕

〔註39〕眉批：「宗教」、「語文」、「佛學」、「入韋紐條」。

〔註40〕眉批：「宗教。」

〔註41〕眉批：「佛學。」

　　陳真諦譯《十八部論》云：「佛滅度後百一十六年，時大僧別部異法有比邱，一名能，二名因緣，三名多聞，此是佛從始生二部：一摩訶僧祇，二他鞞羅。秦言上座部。此百餘年中，摩訶僧祇部更生異部，一名一說，二名出世間說，三名窟居。又百餘年中，摩訶僧祇部復生異部，名施設論。又二百年中，摩訶提婆外道住支提山，於摩訶僧祇部中復立三部：一支提加，二佛婆羅，三鬱多羅施羅。如是，摩訶僧祇中分為九部。一、摩訶僧祇；二、一說；三、出世間說；四、窟居；五、多聞；六、施設；七、游迦；八、阿羅說；九、鬱多羅施羅。三百年中，上座部中因諍論事，立為異部，一名薩婆多，亦名因論先上座部，二名雪山部。即此三百年中，於薩婆多部中更生異部，名犢子。律主姓也。即此三百年中，犢子部復生異部：一名達摩鬱多梨，二名跋陀羅耶尼，三名彌離，亦名三彌底，四名六城部。此三百年中，薩婆多中更生異部，名彌沙部。彌沙部中復生異部，因師主因執連名曇無德。此三百年中，薩婆沙部更生異部，名優梨沙。亦名迦葉惟。此四百年中，薩婆多部更生異部，因大師鬱多羅名僧伽蘭多，亦名修多羅論。如是上座部中分為十二部。一、上座部；二、雪山；三、薩婆多；四、犢子；五、達摩鬱多梨；六、跋陀羅耶尼；七、彌離底；八、六城部；九、彌沙塞；十、曇無德；十一、迦葉惟；十二、修多羅論部。」按：他鞞羅，上文作體毘履，是二十部悉從大乘出也。窟居部，唐玄奘譯《異部宗輪部》作雞胤部，施設部作說假部，游迦部作制多山部，真諦亦作只底舸。阿羅說即西山住部，真諦亦作東山。鬱多羅施羅即北山住部。《異部宗輪部》上座部所分：一、說一切有部；二、雪山部；三、犢子部；四、法上部；五、賢胄部；六、正量部；七、密林山部；八、化地部；九、法藏部；十、飲光部；十一、經量部。與真諦譯異名同實。大乘說中，千餘年之轉變二十部之異同，鬮諍黟矣，宜小乘家因而攻之以為偽作也。〔註42〕

　　苻秦僧伽跋澄等譯《尊婆須蜜論》卷十云：「有寡有生，檀尼所由。原寡不生牸牛，憶來導引前往。後驅牛者，牛長者大。牛長無寡，無有生者。出牛入牛者，亦復無也。」又云：「憶牛者，無明也。」按：此譯文太奧，然以憶牛為無明，實指人為牛種之說。唐沙門一行《大毘盧遮那成佛經疏》卷十九云：「過去劫初，素里邪火，大梵王下世間，作牛形而行淫慾。」

　　北涼曇無讖譯《佛所行讚》卷一云：「婆羅門白王：毘求、央耆羅，此二仙人族，經歷久遠世，各生殊異子，毘利訶鉢低，及與懍迦羅，能造帝王論，不從先族來。薩羅薩仙人，經論久斷絕，而生婆羅婆，續復明經論。現在知見

〔註42〕眉批：「此下依後三頁原注，入隨相論一條」、「又」。

生，不必由先胄。毘耶娑仙人，多造諸經論，末後胤跋彌，廣集偈章句。阿低利仙人，不解醫方論，後生阿低離，善能治百病。二生駒尸仙，不聞外道論。後伽提那王，悉解外道法。甘蔗王始族，不能制海潮。至娑伽羅王，生育千王子，能制大海潮，使不越常限。闍那駒王子，無師得禪道，凡得名稱者，皆生於自力。帝王諸神仙，不必承本族。」按：此節所述，當出《韋陀》書中，亦婆羅門學之始末也。其言「皆生於自力」，則婆羅門之祀天亦非他力宗矣。唐沙門一行《大毘盧遮那成佛經疏》卷二云：「《韋陀》是梵王所演四種明論。」又云：「於彼種類之中，梵王猶如佛，四《韋陀》典猶如十二部經。」〔註43〕

陳真諦譯《隨相論》云：「佛本說《優婆提舍經》，以解諸義。佛滅後，阿難、大迦旃延等還誦出先時所聞，以解經中義。如諸弟子造論解經，故名為經。優婆提舍毘婆沙復從優波提舍中出，略優婆提舍。」按：此以迦旃延與阿難並稱，蓋天竺所傳毘婆沙，固無復阿難原本矣。又引薩婆多部與正量部義，正量部即真諦譯十八部之彌離底部也。〔註44〕

歐洲哲學近以德意志為最，雖未必能實證實悟，而以攀緣心，徧知一切法，亦可謂窮晰豪芒矣。日本人常以佛教與之比較，有近似者。姑撮舉其大概。一、毘陀文字與阿梅洛士黑希倭多士也。二、地論師與米多列士派也。三、時論師與比達哥辣士派也。四、尼閣耶與過禮野的古也。五、吠檀多與鵝魯米尼跌士也。六、衛巴師迦按：即衛士師。與恩必多古列士，與牒麼庫利達士也。七、數論與阿納氣沙谷拉士與牒加而多也。八、斫迦婆派與詭辯學派及噓牟也。九、佛陀與達古拉跌士與堪圖〔註45〕、士丕諾查〔註46〕與馬鳴，來普尼仔〔註47〕與龍樹、華嚴，堪圖與世親，三藏經與不拉度之《會話篇》〔註48〕也。十、世親與堪圖之認識論也。十一、不拉度與辭靈古與真言也。十二、阿立士多而與哈格魯與智顗，哈格魯與索邊哈威而及哈魯獨曼按：此今時人。三人與《起信論》之真如無明一心也。其所校量，或未恰合。存之以備勘驗，可以知中西智慧之所通焉。〔註49〕

〔註43〕眉批：「佛學」、「外道」。
〔註44〕眉批：「此入迦旃延條。」
〔註45〕今譯康德。
〔註46〕今譯斯賓洛莎。
〔註47〕今譯萊布尼茨。
〔註48〕柏拉圖《理想國・會話篇》。
〔註49〕眉批：「西學。」

日本中島力造撰《西洋哲學小史》，以二千五百餘年之哲學分為三期：希臘羅馬思想之哲學，古代期也；羅馬教會隆盛之哲學，中世期也；自英人𤲬痕、佛人跌卡魯多之後，至今之英獨、即德國。佛三國人之悟入，則近代期也。其書用列傳體，敘次明晰，當以中文譯之。然余謂西方哲學屢變不窮，而以要言之，所謂義海，而非覺海也。覺海變為義海，乃釋慧寂語。見《禪宗正派》。聞近日最新哲學乃歸宗釋家，或當然耳。○〔註50〕《大慧語錄》：「梵云般若，此云智慧。」故余謂佛學亦智學也。日本以哲學譯愛智，便於分別耳。𤲬痕或作培根。〔註51〕

《論語》〔註52〕：「子以四教：文，行，忠，信。」按：《白虎通‧三教》云：「王者設三教：夏人之王教以忠，殷人之王教以敬，周人之王教以文。」而《春秋繁露》則言夏忠、殷質、周文。《白虎通》又引《樂稽耀嘉》曰：「顏回尚三教，變虞夏。」又云：「三教一體而分，不可單行，故王者行之有先後。」蓋孔子之四教，實兼王者之三教，而進之以帝道也。文者，周之文。行者，兼敬與質言之。殷道也。忠者，夏后氏之忠。文、行、忠三者，三王之道若循環，而孔子一以貫之。而加之以信者，若唐虞畫像，而民不犯，則信之至矣。《書‧舜〔註53〕典》：「五刑有服。」孫星衍說謂畫衣冠。「惟明克允」，《史記‧五帝紀》作「惟明能信」。故知信為有虞之郅治也。《白虎通》又曰：「教所以三何？法天地人。」按：《論語》〔註54〕：「顏淵問為邦」，子告之以「行夏之時，乘殷之輅，服周之冕。樂則韶舞」。時、輅、冕，即天地人之事，即忠敬文之教也。「樂則韶舞」者，則信以成之之事也。樂緯之言，即因此章而發。故德行、言語、政事、文學，僅稱四科，而文行忠信特稱四教。後之言孔教者，依此立義，則政與教為一，而君道、師道燦然，可無附會謬妄之說已。〔註55〕

《尚書大傳》：「子張曰：堯、舜之主，一人不刑而天下治，何則？教誠而愛深也。」按：誠亦信也。〔註56〕

〔註50〕「○」，底本作空格，據稿本補。
〔註51〕眉批：「又。」
〔註52〕見《論語‧述而第七》。
〔註53〕「舜」，刻本作「帝」，據稿本改。
〔註54〕見《論語‧衛靈公第十五》。
〔註55〕眉批：「儒術」、「宗教」。
〔註56〕眉批：「又。」

天主教法，凡入教之人，必自誓不背本國。見《交涉公法》譯本。暹羅奉佛俗，然詢其國俗，云：「每新君即位之時，群臣悉向天設誓，有盡忠於國，雖死不辭之語。時宮中預備水盤，中藏清水，君先以刀畫忠字其中，旁有僧人呪水，云：『天水、地水、人水，三水即一水，水中有烈氣，飲者心無累。倘有逆天命，我佛定殛死。唵彌但布利佛菩薩。』呪畢，內侍將水分給家臣飲之。其臣多不敢背此誓。」余嘗與英國署公使寶納樂言吾中國雖聽民從教，然凡入教者，當用各國教例，使其人先誓不背本國，似屬可行。寶納樂沉吟曰：「此事貴國政府託君詢問乎？抑君自發問端乎？」予未敢輒對也。〔註57〕

《元敕修百丈清規》卷一《總目》。云：「亦輦真班皇帝旨裏和尚、也里可溫、先生據《至元辨偽錄注》，元人呼道士為先生。每，猶今俗言們也。不揀甚麼差發休當，告天祝壽。說有來如今依著在先聖旨體例裏，不揀什麼差發休當，告天與咱每祝壽。」按：也里可溫即天主教，洪鈞《元各教考》言之甚詳。然當時固與佛、道兩家同祝帝壽，不似今日之顯干刑律，不顧國家也。

佛教以〔註58〕外，如摩醯首羅、摩西、耶穌、嗎哈默祚、樂阿士之倫，皆天教也。宋明儒者之攻釋教，恒言吾儒本天，釋氏本心，則似儒教亦天教。此誣聖之說，亦誣儒之說也。《易·繫》曰〔註59〕：「先天而天不違，後天而奉天時。」如各教之奉天，安能有先天之事乎？孟子引《太甲》曰：「天作孽，猶可違。自作孽，不可逭。」如各教之事天，天作之孽，豈有可違之理乎？《尚書》之大義，稽古同天；《中庸》之微言，高明配天。大聖人之與天合撰，如是而已。《墨子·公孟篇》〔註60〕言「儒之道足喪天下者四」，而首譏之云：「儒以天為不明，以鬼為不神」，蓋「以天為不明」者，不若婆羅門之大自在天、摩西耶穌之息罷天，昭昭焉有形有聲，以與人即也；「以鬼為不神」者，敬鬼神而遠之之類也。墨子所譏之儒，真儒家之古說。而宋儒所謂吾儒本天者，欲與釋競，而不知其自入於墨也。〔註61〕

〔註57〕眉批：「宗教」、「此條可接廿二冊卅六頁」。

〔註58〕「以」，稿本作「之」。

〔註59〕按：語出《周易·乾·文言》，非《繫辭》。

〔註60〕見《墨子·公孟第四十八》。

〔註61〕眉批：「宗教」、「儒術」。

按：可參卷十八「宋、明諸儒之攻釋氏者」一條。

卷三十

　　自衛元嵩作《齊三教論》後，宋、明以來，愚昧學者好言三教同原，此不足辯之說也。理之是者，固或不異，然其大旨之別，又安得同？近世乃有以丹經附入釋典，且有援《中庸》以作證者。吳支謙譯《佛說法律三昧經》云：「好學外道，習邪見人，反持異術，比佛深經，言道同等。」用此意故，後世轉退，去大道遠，此之謂也。明人書如《四書小參》之類，近人書如《中庸丹訣》之類，皆可謂亂道也。〔註1〕

　　佉盧虱吒為婆羅門教主，佛亦甚重之。《大集經》卷四十二云：「佉盧虱吒仙人說法已，諸龍在佉盧氏山聖人住處，尊重恭敬。」卷四十六云：「佛在佉羅帝山牟尼諸仙所依住處，與大比邱眾有學無學說《日藏經》已，實時，西方現大華雲，所謂優波羅華，乃至婆利師迦華。其華光豔照牟尼仙所依住處，七寶、五柱、重閣、講堂，甚奇微妙。」按：佉羅帝山當即佉盧氏山之異譯。婆伽婆所說吉祥章句大力神呪云：「過去諸仙之所宣說。」月藏菩薩所說偈有云：「吉祥勝地精，一切處充滿。」又云：「吉祥今眾生，而得勝菩提。」殆皆就勝論師言而用其遺說歟？〔註2〕

　　法蘭西為天主教盛行之國，然《西國近事彙編》丙子二月。云：「法議院深惡天主教人，欲嚴定章程鈐束之，視德相管教綦嚴。德相謂俾思麥。懲教人，昔時盜執事權，陰助法人，德意志因之削弱不振者百餘年，故戡法功成，即嚴加約束。法國則不然，鄙薄教人，非君相意。蓋議院新舉諸臣皆讀書有聲

〔註1〕眉批：「宗教。」
〔註2〕眉批：「佛學。婆羅門」。

之士。法之先儒有名魯所者，名浮勒特耳者，著書數十萬言，攘斥天主教，大聲疾呼，不遺餘力。後之有志正學者，奉以為宗。今好修之士，盡列議臣，故以屏斥教人為己任」云。按：《彙編》本譯英國報章，故多尊新教而斥舊教，左右佩劍，相笑不休。然如魯所、浮勒特耳之書，則當廣譯，以盡其變。且使中國之入天主教者，知西人亦嘗大肆攻擊，非必人人奉若神明也。《增訂五洲通志》云：「挨培拉爾，名比哀爾，一千七十九年生於曩㳏，法國西邊地，臨大西洋。受業於其亞姆奪爽巴。未幾，攻訐其師，不遺餘力。緣其師以教書內所載事實，一若真有其人也。然同師羅失來，以教書所載為憑空結撰者，亦復被其排斥。故時人以挨培拉爾所宗，為最得中庸之道。實則與羅失來不甚懸殊，詞氣略和平耳。故其初於上帝不甚相信，每指謫教書所載多出自想像附會，後悉心研究，自謂得上帝真詮，因以之教人，亦頗著速效。」按：挨培拉爾、羅失來並不信教書，則必攻天主教。又其書言佛教、回教中博士，亦知天主教之道理，可謂不滯方隅之見者已。魯所，或譯作盧瑣。〔註3〕

佛教燒身然指之事，久為世俗所譏。按：釋延壽《萬善同歸集》卷三云：「問：身為道本，縛是脫因，何得然指燒身，背道修道。《高僧傳》內、小乘律中，貶斥分明，奚為聖典答亡身沒命，為法酬恩，冥契大乘，深諧正教。《大乘梵網經》云：『若佛子應行好心，先學大乘威儀經律。見後新學，菩薩應為說一切苦行，若燒身、燒臂、燒指。若不燒、身、臂、指，供養諸佛，非出家菩薩。』《大乘首楞嚴》云：『佛告阿難：我滅後，其有比邱發心修三摩地，能於如來形象之前，身然一燈，燒一指節，及於身上爇一香炷，我說是人無始宿債，一時酬畢。又問五熱、炙身、投崖、赴火九十六種，千聖同訶，而答者云：執即成滯，了無不通。若云總是，泥乾成正真之道，諸佛錯訶；若說俱非，藥王墮顛倒之愆，諸佛錯贊。』」余按：此所引《梵網》、《楞嚴》二經，《楞嚴》西土所無，未為堅證。夫捨身飼虎，久著佛緣，節節支解，豈仇哥利？且視身如幻，何有然燒？大乘圓通，諒無不可，而垂為教悎，竊恐未然。《梵網》所謂「燒身臂指」，蓋即受戒之時，爇香表信之類，非以戕身害性，自失大利也。小乘經教，傳授昭顯，既無此事，所當遵守。或五天風俗，多從苦行入門。釋氏特留此派，廣化外道，不必以震旦人情，妄加評議也。《緇林寶訓》卷四《辯燒身指大小相違》云：「資特云：義淨三藏《寄歸傳》廣斥世

〔註3〕眉批：「宗教。」

人燒身然指，意謂菩薩大士之行，非出家比邱所宜。不知機有淺深，教分化制，小機急於自行，期報盡以超生；大士專在利他，歷塵劫而弘濟。是以小律結其大過，大教歎其深功。大小俱是聖言，抑揚豈容乖異。然有勇暴之夫，情存矯誑，邀人利養，規世聲名，故壞法門，乃佛教之大賊；自殘形體，實儒宗之逆人。直是惡因，終無善教。今時頗盛聲俗，豈知則義淨之誡亦有取矣。」〔註4〕

《論語》〔註5〕：「老而不死是為賊。」記郝蘭皋筆錄引某氏之言，以為原壤必學神仙之言，而孔子斥之。〔註6〕其說致確。余嘗謂「子張問崇德辨惑」〔註7〕，而夫子以「愛之欲其生，惡之欲其死」為惑愛之欲，「其生」亦神仙之學也。神仙之學，三代以前有之，而六經不言，是「子不語怪神」〔註8〕之證也。阮文達以真字為神仙術專名，故經典皆不用此字〔註9〕，可謂得其恉矣。揚雄《法言·君子篇》云：「聖人不師仙，厥術異也。」〔註10〕

《新譯延壽新法》卷三云：「古時苟無邪說殘害暴行置人民於地下，按：此死之謂。苟非妄立意見譬喻以解釋天變，而實未知其故者，則人之才學當更合理，純一而全備。一種格致之學不至時時與別一種相爭，今日之考究不至為明日所拒敵，萬事皆和睦而相長進矣。」按：此條譯手未工其意。蓋謂有暴君苛政以致人於死，而疾疫飢饉之事，或漫以為天變而不預防，或徑以為天罰而但求悔罪，不復考究保生益壽之法，而使人之才學有所誤用也。又云：「人壽原無界限，格致不能擬一壽限。」以此推之，異時格致之學盛，則天教必稍衰，而神仙之學或因之而轉熾，亦未可知也。

英人器德《大同學》云：「近世不乏野蠻，伏處五洲偏僻之山林，散居大海蒼茫之島嶼，皆未知教化為何。乃察其土風，究其習俗，無論是何種類，莫

〔註4〕眉批：「學」，上疑缺「佛」字。
〔註5〕見《論語·憲問第十四》。
〔註6〕清·郝懿行《曬書堂集》外集卷下《老而不死是為賊解》：
孫東屈益廷為余言，夫子之責原壤，「幼而孫弟，長而無述」，宜也。又言「老而不死」，夫死生非人所自為，且又未聞不死，何以為罪？竊嘗求之，原壤母死，登木而歌，蓋學老、莊之放蕩，而欲為長生久視之道者，與「居易俟命」異。夫子惡其攻異端以惑人，故曰「老而不死是為賊」也。
〔註7〕見《論語·顏淵第十二》。
〔註8〕見《論語·述而第七》。
〔註9〕俟考。
〔註10〕眉批：「道流」、「宗教」、「檢查亦可」、「揚子語錄阮文達前亦可」。

不道及上天，信有鬼神，能為禍福。」余按：英之名流施本思曰：「惜哉，人之講道也！古人混沌未鑿，偶有誤會，誠無足責。乃至真理大明之今世，仍執上帝賞善罰惡之一言，不知賞善罰惡乃自然之公理，何必有上帝以司之？」玩其所言，亦天教盛衰之關鍵也。〔註11〕

元廉希憲之言曰：「受孔子戒。或問：『孔子亦有戒乎？』余曰：『有之。孔子之戒，所謂戒之在色，戒之在鬬，戒之在得也。』」竺乾《十善身業》：三戒曰殺、盜、婬。婬者，戒在色也。殺者，戒在鬬也。盜者，戒在得也。儒者之學，以修身為本，故與釋家身業三戒若合符節矣。援儒入釋，學者所忌。然如此等東西一揆，亦不可不觀其通也。〔註12〕

《顏氏家訓·歸心篇》云〔註13〕：「內典初門，設五種禁；外典仁義禮智信，皆與之符。」

《上蔡語錄》云：「昔錄五經語作一冊，伯淳見，謂曰玩物喪志。」按：此以記經為玩物，其說甚高。然於禪家之言語道斷，如出一鼻孔矣。程學未嘗不開陸、王一派，即此等處可見。〔註14〕

婆羅門教中國雖不行，然《高僧·釋道融傳》云：「姚興敕入逍遙園。師子國有一婆羅門聰辯多學，為彼國外道之宗，謂其徒曰：『寧可使釋氏之風獨傳震旦，而吾等正化不洽東國。』遂乘駝負書，來入長安。姚興惑之。後融與婆羅門訥抗，婆羅門理屈，像運再興，融之力也。」是婆羅門大師及其經典曾入中國，而寂然不傳，要為可惜。此婆羅門何名，是何宗派，未知。印度史中尚記其事否，當再考之。《通典·職官二十二》〔註15〕：「符祆正。」自注云：「祆者，西域國天神，佛經所謂摩醯首羅也。武德四年，置祆祠及官，常有群胡奉事，取火祝詛。」是婆羅門溼婆一派久行中國矣。韋述《兩京新記》：「十字街西南隅胡祆祠，武德四年所立，西域胡天神，佛經所謂摩醯首羅也。」余按：《新記》十字街東之北又有波斯胡寺，知唐人於波斯廟不以祆稱之。是時印度婆羅門教蓋又復盛，故其徒接踵來唐。以印度教史觀之，商羯羅之振興婆羅門，而排佛教亦印度古教之功臣也。年僅三十餘而卒，固宗教中之偉人矣。〔註16〕

〔註11〕眉批：「宗教。」
〔註12〕眉批：「儒術。」
〔註13〕見《顏氏家訓·歸心篇十六》。
〔註14〕眉批：「性理。」
〔註15〕見《通典》卷四十。
〔註16〕眉批：「婆羅門。」

《新譯交涉紀事本末》云：「中國與印度所出異物甚多，兼有織成布疋，古時西人命其名曰色利楷佛司鐵司，其價在羅馬極昂，故商販不辭跋涉也。彼時因早已通商，故即有納司妥廉恩教士深入東方各處極窵遠之境，以傳其教，並能與中國書牘往來，以通聲息。」原注云：「西曆五百年時，有康司坦汀奴澂，而教頭名納司妥廉後司者，與其眾門徒創立一教，即以其名名其教，曰納司妥廉恩教。現在波斯及印度等國仍有信奉其教者。」余按：納司妥廉恩教即楊榮鋕所稱天主教尼氏派也，楊氏附會以為景教。洪文卿《景教考》言東晉時，西曆三百九十五年，按：與《交涉本末》言五百年者稍異。有聶斯托爾，按：即納司妥廉後司之異譯。為東羅馬教士，教王擢為康思灘丁諾白爾之主教者，亦即此人。近年回疆之亂，俄人襲伊犁守之，查得其地有聶斯托爾教內華民約三四百人。余謂此當由波斯、印度展轉傳入伊犁，與唐時景教固無涉也。《交涉本末》又云：「據納司妥廉恩教士書云：中西相通，自諸士顛尼恩即羅馬國別纏痕汀皇，生於四百八十三年，歿於五百六十三年。時始至。阿拉伯人懷瞎勃及阿蒲才特遊歷東方時，止此二人於八百五十年及八百七十七年中所著遊歷記，言經過海道及所至口岸風土民情，並一切通商門徑，靡不詳悉。」余按：此尤足見納司妥廉恩教非景教之證。景教在唐初已行於中國，其來者豈止二人，且妥廉恩教士書中何不詳述耶？〔註17〕

日本鎌倉榮吉《遊突厥記》云：「每禮拜五，突王臨幸些拉母力故式，回教祭典之名。步騎礮工各隊咸扈從，部伍整肅，士氣懍然。僧正起祭壇，右手提利劍，左手捧經而讀，亦有勇敢無前之狀。突兵之所以具備美質如此者，固出天稟，亦回教之力使之然也。其信堅篤者，禁煙酒，惡衣食，屢空晏如，不厭勞苦，不畏寒暑，樂天知命，所謂壽夭不貳，富貴不動心者存焉。如遇軍事燬家室，杜內顧之念，至甚則有縊殺妻孥者。故臨戰惟知獻一身於天帝國主，罔顧其他。勇鬪奮擊，以裹屍馬革為榮。」余謂英人重同血綱，德人重同地綱，若前後十字軍及突厥人之自護其國者，亦可謂同教綱也。禮拜五者，蓋據基督教言，實穆教禮拜之期。《世界地理》云：「中國之回教徒不下三千萬，彼等於雲南則曰本塞伊斯，於甘肅、松加利亞及北部一帶則曰登庚。」即東幹。按：回民之盛如此，其所以弭患者不易言也。〔註18〕

〔註17〕眉批：「宗教」、「此條應與廿三冊廿七頁相接」。

〔註18〕眉批：「宗教。回。」

喀什噶爾為唐時佉沙王所居之迦師城。迦師與喀什音近，譯音無定字耳。
蕭雄《西疆雜述詩》，注云〔註19〕：「喀什者，初也。噶爾，創也。大約因蔥
嶺以東之回教創此地耳。城東五里許，有一塋園，據稱為布拉尼墪篤先人嗎
哈木諦敏之墓園，無別物，只一空亭，頂圓而尖中，植枯樹一林，名曰公波
斯。回人男女老少敬奉甚篤。每逢禮拜前一日，為此間禮拜之期。」按：蕭雄
所指禮拜，當指天主、耶穌教禮拜而言。回教禮拜先於天主二日。詩注云：
「回回教禮拜在牛婁鬼亢四日。黎明，男女擁集，盥浴誦經，拜畢始散。各城
阿渾多有來朝拜者。」按：教主在天方。其後至二十六瑪木特玉素普，始東遷
喀什噶爾城，則此為瑪木特玉素普之墓無疑。詩注泛引穆罕默德事者，皆非
是，今悉刪去。〔註20〕

又云〔註21〕：「回部有專門行教者，名曰海連搭爾，如中國巫師之類。其
帽用駝毛細繩，紅白相間，織成高尖月斧形，緣以皮邊。衣即彼中之通，惟袖
大而密紉如衲。腰繫駝毛大帶，垂縚於前，以玉石紅綠線等懸於襟上。凡祈
禱禳解之事，皆彼為之。閒時則唱勸世文，以翼風化。」

回教《闊爾罕經》凡三十篇，內皆教人敬天行善治家立身之事，兼言果
報，法戒兼備，回人婦孺皆敬信之，以之持身，以之送死。有病者誦之，亦或
得愈。聞之友人云：「左女襄曾譯以華文，有刻本。余求之，苦未得也。」按：
新疆所傳者，又有瑪哈木諦敏之經，蓋即瑪木特玉素普所著。今其地回教禮
制，皆出此經。然與天方國中所傳，不能悉合。大島貞益譯《回教》云：「回
教之經書，分全書百四十篇，每篇各異其題號。其長短亦極不同，長者至數
百千言，短者僅二三段。書中或載天神之垂訓，或載法教修身法律等事。由
卷首至卷尾，有一貫之主義。其篇名有牝牛伊姆趺姆、人名。婦人抄掠希刺士、
人名。希沙保、人名。阿波趺哈姆、人名。夜行空洞、會議新聞、離婚、無花果
再生等之類。其文章高古婉美，極盡詩歌形容之妙。其所載之事，多《從舊約
全書》引來。其徒奉之曰《哥蘭經》。哥蘭者，讀本之義。」

小乘經典有極平實之說。如《佛說滿願子經》云：東晉譯本。「佛告邠耨
比邱：假使邠耨比邱自見色者可眼之物，不以歡樂心，不處中，惱患則除。
耳鼻口身意，亦復如是。」是為粗舉要法，此與《論語》「非禮勿視」一節、

〔註19〕見《西疆雜述詩》卷二《喀什噶爾》。
〔註20〕眉批：「又。回。」
〔註21〕見《西疆雜述詩》卷三《祈禱》。

《老子》「五色令人目盲」一章大旨相近。言三教合一者，若舉此種訓世，固無可非。乃鑿而深之，歸諸心性之源、天人之表，則支離附會，無有是處矣。〔註22〕

印度人一舉手一投足，無非教式。見《印度教書》。此則與聖人四勿之說似是而非，而顏、李之學乃有與之合者。末流多生枝節，未為醇雅也。〔註23〕

仁非平等之學，必有仁之者。義乃平等之學，萬物各得其分也。鄭君以「相人偶」釋「仁」，則仁亦平等矣。《瑜伽師地論》釋大慈大悲，以為大慈容有不受，大悲則無不普，其意至精。仁固兼慈悲二義歟？孟子言惻隱，是悲之義。〔註24〕

仁者，教之宗也。凡教無不以愛為主者、義者，政之體也。純乎義以治國，則法律世界也。〔註25〕

謝承《後漢書》：「佛以癸丑七月十五日，託生於淨住國摩耶夫人腹中。至周莊王十年甲寅四月八日始生。」韓鄂《歲華紀麗》三。　《路史・發揮》注三。〔註26〕

顧微《吳地記》曰：「佛法未詳其始，而典籍亦無聞焉。魯莊七年夜明，佛生之日也。《左氏傳》曰：『莊公七年辛卯夜，恒星不見，夜明也。』」《文選》王屮《頭陀寺碑》注。〔註27〕按：顧微當作顧廣微，此當是隋人，舊注避煬帝諱，而李善仍之。

《清真指南》等書，皆以米南宮為回教中人。以《寶晉英光集》證之，南宮實皈依佛教，與穆罕驀德不相涉也。惟南宮世系出自西域，世故以此稱之。元黃文獻《日損齋筆記》云：「米元章自署其姓名及所用圖記，米或為芈，芈或為羋。羋、芈猶可通用，芈乃楚姓米氏，自出西域米國。胡人入中國者，因以為姓。唐有回紇米懷玉，五代有沙陀米至誠，非若樓與婁、邵與召同所祖也。姓固可混而一之耶？」陳熙晉《考證》〔註28〕云：「《通志・氏族略》：米氏，西域國胡人也。唐有供奉歌者米嘉榮，五代米至誠，望出隴西高平。」〔註29〕

〔註22〕眉批：「佛學」、「宗教」。
〔註23〕眉批：「又。」
〔註24〕眉批：「宗教。」
〔註25〕眉批：「又。」
〔註26〕眉批：「佛學」、「入佛生卒年條，見卅一冊卅二頁」、「此兩條可與□□□（殘缺）校」。
〔註27〕見《文選》卷五十九。
〔註28〕即《日損齋筆記考證》，一卷。
〔註29〕眉批：「宗教」、「氏族」。

《堯典》言「以親九族」，言「平章百姓」，竊意中國古昔亦族長政治也。《羅馬志略》云：「古初，羅馬法制簡而不煩，國中分數族，各族有長。商論國事，眾族長聚於一堂，國人呼之曰諸父，其議政院名為父老議院，國王為議政院居首位之統領。一國視如一家，視國父為一家君父。」堯之時，蓋當如是。九族即指國中大族而言，非謂堯之親屬也。九者，多數，汪容甫《釋三九例》明之〔註30〕。〔註31〕

《宋史・仁宗紀》〔註32〕：「天聖五年，西域僧法吉祥等來獻梵書。」〔註33〕

《宋史・徽宗紀》〔註34〕：「大觀七年，御集英殿策高麗進士。」〔註35〕

黃楙材《印度劄記》：下。「廓爾喀風俗無異唐古忒，喇嘛亦多。」又云：「布魯克巴部，一名布屯，西南距獨吉嶺二日程。俗重紅教喇嘛，有唐時賜印篆，曰唐師國寶之印。」又云：「大吉嶺按：即獨吉嶺。居民數百家，語言風俗與唐古忒相似。」〔註36〕

謝濟世《西北域記》曰：「渡黑水，行十餘日，至達賴喇嘛所居，曰烏斯藏。唐吐蕃國都也。大招門外，劉元鼎會盟碑在焉。藏中向有椀試毒香、辟邪、萊菔、巨棗、旄牛、猲驢、石青、硼砂、琥珀、氀毺。鑄金為佛，其長寸餘。鑄銀為錢，其重二銖。」又云：「蒙古奉喇嘛，舊矣，考《元史》可知也。自西藏之達賴喇嘛出，而信之尤篤，稱曰活佛。佛何知？知前身。」〔註37〕

世俗所傳《太陽經》，詞句俚鄙，〔註38〕而嶺表尤盛傳。李仲約侍郎謂余曰：「此有明遺老思故君之隱語也。第一句云『太陽明明朱光佛』，『明』者，國號；『朱』者，國姓也。中云『太陽三月十九生』，『三』或誤『冬』，非是。三月十九日，乃莊烈帝殉國之日也。其餘詞語，類推可見。」余審之誠然。此

〔註30〕參卷九「明楊升庵《經說》卷七云」一條腳注。
〔註31〕眉批：「政治。」
〔註32〕見《宋史》卷九。
〔註33〕眉批：「僧徒」、「入僧法吉祥條。此條與十九冊卅八頁及廿八冊首頁重複」。
〔註34〕見《宋史》卷二十一。
〔註35〕眉批：「科目」、「入慶元取士□外國條」。
〔註36〕眉批：「宗教。」
〔註37〕眉批：「又。」
〔註38〕《印光大師全集淨土法要・經法疑偽篇・念偽經有罪過》（第287頁）：《地母經》、《太陽經》、《太陰經》、《灶王經》、《眼光經》、《壽生經》、《血盆經》、《妙沙經》、《分珠經》等，通是偽造。

等流傳，微近於邪教，而其實非是，又不可以不察也。〔註39〕

　　回教亦頗信占驗之事。俄人宜萬寧《鐵木真用兵論》記摩哈美土之言曰：「待星位更迭，而幸福之時機到」云云，是其證也。希臘、羅馬諸名將亦好用豫言家說。又云：「當千二百六十二年，克拉克欲襲波克搭土時，克拉克之占星者左袒阿巴設土，宗派言曰：『星位不利。今若襲阿巴設土，馬匹斃，惡疫發軍中，太陽不出，雨不降，暴風起，大地震，壞土覆，地味疲瘠，百物不生。克拉克不逾年將死』云云。克拉克於是召亞里宗派之占星者問之，謂某言可信否。則曰否否。克拉克若襲波克塔土，必可克之。克拉克從之，果獲波克塔土。」按：此可知軍中當重人事，而占驗之說，吉凶迥殊，亦各國之所同也。〔註40〕

　　《中說‧周公篇》曰：「詩書盛而秦世滅，非仲尼之罪也。虛玄長而晉室亂，非老莊之罪也。齋戒修而梁國亡，非釋迦之罪也。」按：此已隱然並三教而論之。然知老、佛皆無與亂亡之事，則文中子之卓識也。〔註41〕

　　權德輿《兩漢辨亡論》云〔註42〕：「靜徵厥初，則亡西京者張禹，亡東京者胡廣，皆以假道儒術得伸其邪心，徼一時大名，致位公輔。」余謂偽儒之亡人國，禍尤酷於老、佛，然不能以是罪詩書也。〔註43〕

　　《開成石經》至今尚存，雖有譌舛，然唐本尚可見，甚盛事也。若釋氏石經弆藏涿州雲居寺者，事始於隋，至遼及金始竣。今偶見數行搨本，其字畫皆勝於唐人寫經，固知釋迦言教尚行此刻，未須流佈也。於奕正《天下金石志》載清寧四年趙遵仁《涿鹿山雲居寺續鐫石經記》云：「四大部經鐫畢。」又《沙門石才雲居寺續祕藏石經塔記》云：「大定十年，錢已盡，功且止。碑四千八十片，經四十四帙，題名目錄，刻如左未。知後代誰更繼之。」是全藏尚未刊竣，然較開成石經之功，已數十倍矣。西來貝葉，此譯法言，歷久彌昌，已將二千載矣。懸記所云「末法三千年」，又云「一萬年者」，果孰是而孰非耶？抑並出後人揣量，不可盡信耶？〔註44〕

〔註39〕眉批：「掌故。」

〔註40〕眉批：「宗教」、「術數」。

〔註41〕眉批：「宗教」、「諸子」。

〔註42〕見唐‧權德輿《權載之文集》卷三十。

〔註43〕眉批：「儒術。」

〔註44〕眉批：「佛經。」

《上蔡語錄》：「明道嘗曰：『吾學雖有所受，天理二字卻是自家體貼出來。』」按：言「有所受」，當指濂溪言。「自家體貼」，則朱子所謂得不傳之說於遺經也〔註45〕。大程子於周子未盡抹摋也。〔註46〕

神祕之學，妖怪之書，自今以還，日將逾盛。然五經所論，諸史所載，已肇其端矣。顧阮瞻著論，惟言無鬼〔註47〕；程朱學派，乃近無神。原其得中，未若子玄〔註48〕之近正也。《史通·書事篇》云〔註49〕：「怪力亂神，宣尼不語；而事鬼求福，墨生所信。故聖人於其間，若存若亡而已。若吞燕卵而商生，啟龍漦而周滅，屬壞門以禍晉，鬼謀社而亡曹，江使返璧於秦皇，圯橋授書於漢相，此則事關軍國，理涉興亡，有而書之，以彰靈驗可也。而王隱、何法盛之徒所撰《晉史》，乃專訪州閭細事，委巷瑣言，聚而編之，目為鬼神傳錄，其事非要，其言不經，異乎三史之所書，五經之所載也。」按：劉氏所議，惟在史裁。夫「焉知天道」，裨竈所以致譏〔註50〕；「未能事人」，季路猶其多問〔註51〕。竺乾〔註52〕統觀於三世，柱下〔註53〕深慮於相傷。自重黎受

〔註45〕朱熹《晦庵先生朱文公文集》卷八十《黃州州學二程先生祠記》：
其後十有餘年，當慶曆丙戌、丁亥之間，攝貳南安，乃得獄掾舂陵周公惇頤而與之遊。於是二子因受學焉，而慨然始有求道之志，既乃得夫孔孟以來不傳之緒於遺經，遂以其學為諸儒倡，則今所謂明道先生、伊川先生是也。

〔註46〕眉批：「性理。」

〔註47〕《搜神記》卷十六：
阮瞻，字千里，素執無鬼論，物莫能難。每自謂此理足以辨正幽明。忽有客通名詣瞻，寒溫畢，聊談名理。客甚有才辨，瞻與之言，良久及鬼神之事，反覆甚苦，客遂屈，乃作色曰：「鬼神，古今聖賢所共傳，君何得獨言無？即僕便是鬼。」於是變為異形，須臾消滅。瞻默然，意色太惡，歲餘病卒。

〔註48〕「玄」，底本作「元」。

〔註49〕見《史通·書事第二十九》。

〔註50〕《左傳·昭公十八年》：
夏五月，火始昏見。丙子，風。梓慎曰：「是謂融風，火之始也。七日，其火作乎！」戊寅，風甚。壬午，大甚。宋、衛、陳、鄭皆火。梓慎登大庭氏之庫以望之，曰：「宋、衛、陳、鄭也。」數日皆來告火。裨竈曰：「不用吾言，鄭又將火。」鄭人請用之，子產不可。子大叔曰：「寶，以保民也。若有火，國幾亡。可以救亡，子何愛焉？」子產曰：「天道遠，人道邇，非所及也，何以知之？竈焉知天道？是亦多言矣，豈不或信？」遂不與，亦不復火。

〔註51〕《論語·先進第十一》：「季路問事鬼神，子曰：『未能事人，焉能事鬼？』」

〔註52〕佛。

〔註53〕老子。

命以來，知地天之殊絕也〔註54〕。然而牛哀化虎〔註55〕，郗後成蛇〔註56〕，雷電而發象華〔註57〕，雨雹而占蜥蝪〔註58〕，業報之理，昭然可知。感應之

〔註54〕《國語》卷第十八《楚語下》：

昭王問於觀射父，曰：「周書所謂重、黎寔使天地不通者，何也？若無然，民將能登天乎？」對曰：「非此之謂也。古者民神不雜。民之精爽不攜貳者，而又能齊肅衷正，其智慧上下比義，其聖能光遠宣朗，其明能光照之，其聰能聽徹之，如是則明神降之，在男曰覡，在女曰巫。是使制神之處位次主，而為之牲器時服，而後使先聖之後之有光烈，而能知山川之號、高祖之主、宗廟之事、昭穆之世、齊敬之勤、禮節之宜、威儀之則、容貌之崇、忠信之質、禋絜之服，而敬恭明神者，以為之祝。使名姓之後，能知四時之生、犧牲之物、玉帛之類、彩服之儀、彝器之量、次主之度、屏攝之位、壇場之所、上下之神、氏姓之出，而心率舊典者為之宗。於是乎有天地神民類物之官，是謂五官，各司其序，不相亂也。民是以能有忠信，神是以能有明德，民神異業，敬而不瀆，故神降之嘉生，民以物享，禍災不至，求用不匱。及少暤之衰也，九黎亂德，民神雜糅，不可方物。夫人作享，家為巫史，無有要質。民匱於祀，而不知其福。烝享無度，民神同位。民瀆齊盟，無有嚴威。神狎民則，不蠲其為。嘉生不降，無物以享。禍災薦臻，莫盡其氣。顓頊受之，乃命南正重司天以屬神，命火正黎司地以屬民，使復舊常，無相侵瀆，是謂絕地天通。」

〔註55〕《淮南子》卷二《俶真訓》：

昔公牛哀轉病也，七日化為虎。其兄掩戶而入覘之，則虎搏而殺之。是故文章成獸，爪牙移易，志與心變，神與形化。方其為虎也，不知其嘗為人也；方其為人也，不知其且為虎也。二者代謝舛馳，各樂其成形。狡猾鈍慴，是非無端，孰知其所萌？

〔註56〕明・陳禹謨《駢志》卷十五庚部下《郗後謫為大蟒》：

梁武《讖序》：郗氏，梁武帝後也。崩數月，帝居寢殿，聞外騷窣聲，視之，乃見一蟒盤躃上殿，睒睛呀口向帝。帝驚駭，蹶起，曰：「宮殿嚴警，非爾類所生之處，豈妖孽欲祟朕耶？」蛇人語曰：「蟒昔郗氏也。妾以生存嫉妒，損物害人，死以是罪，謫為蟒耳。」

〔註57〕清・文廷式《贈梁卓如》亦用此典（見《文道希先生遺詩》，民國十八年葉恭綽本），云：

王府刀仍在，巍然乘願生。照天純月色，驚世忽金聲。雷電象華髮，樓臺蜃市晴。兒童齊拍手，君馬慎由庚。

〔註58〕《夷堅乙志》卷十三《嵩山三異》：

劉居中，京師人。少時隱於嵩山，居山顛最深處，曰控鶴庵。初與兩人同處，率一兩月，輒下山覓糧，登陟極艱苦，往往躋攀葛藟，窮日力乃至。兩人不堪其憂，皆捨去，獨劉居之自若，凡二十年。遭亂南來，紹興間嘗召入宮，賜沖靜處士，今廬於豫章之東湖。每為人言昔日事，云嵩山峻極處，有平地可為田者百畝，別有小山岩岫之屬，常時雲雨，只在半山間。大蜥蝪數百，皆長三四尺，人以食就手飼之，拊摩其體膩如脂。一日，聚繞水盎邊，各就取水，才入口，即吐出，已圓結如彈丸，積之於側，俄頃間累累滿地。忽震雷一聲起，彈丸皆失去。明日山下人來，言昨正午雨雹大作，乃知蜥蝪所為者此也。

情，亦微而著，雖無當於興亡，良有關於學術。記者垂為實錄，以待參稽，亦何異於神降〔註59〕石言〔註60〕、鴝巢〔註61〕鷁退〔註62〕，得入素王之往牒，更煩前哲之敷陳也。後世日光淪照，物理多通，九流末家，將蔚為鉅子。然後立政立教，庶有指歸。十世可知，今猶勿論可耳。〔註63〕

《文選》孫綽《遊天台山賦》〔註64〕：「肆覲天宗。」李善《注》：「天宗為老君也。」按：天宗與天尊義同，而天宗之稱較先於天尊。《孝經》：「郊祀后稷，以配天宗。祀文王於明堂，以配上帝。」許周生《鑒止水齋集》讀此經於「宗」字句絕。〔註65〕《周書·世俘解》云：「武王乃矢珪矢憲，告天宗上

〔註59〕《左傳·莊公三十二年》：

秋七月，有神降於莘。惠王問諸內史過曰：「是何故也？」對曰：「國之將興，明神降之，監其德也；將亡，神又降之，觀其惡也。故有得神以興，亦有以亡，虞、夏、商、周皆有之。」王曰：「若之何？」對曰：「以其物享焉，其至之日，亦其物也。」王從之。內史過往，聞虢請命，反曰：「虢必亡矣，虐而聽於神。」神居莘六月。虢公使祝應、宗區、史嚚享焉。神賜之土田。史嚚曰：「虢其亡乎！吾聞之：國將興，聽於民；將亡，聽於神。神，聰明正直而壹者也，依人而行。虢多涼德，其何土之能得？」

〔註60〕《左傳·昭公八年》：

八年春，石言於晉魏榆。晉侯問於師曠曰：「石何故言？」對曰：「石不能言，或馮焉。不然，民聽濫也。抑臣又聞之曰：『作事不時，怨讟動於民，則有非言之物而言。』今宮室崇侈，民力彫盡，怨讟並作，莫保其性。石言，不亦宜乎？」於是晉侯方築虒祁之宮。叔向曰：「子野之言君子哉！君子之言，信而有徵，故怨遠於其身。小人之言，僭而無徵，故怨咎及之。《詩》曰：『哀哉不能言，匪舌是出，唯躬是瘁。哿矣能言，巧言如流，俾躬處休』，其是之謂乎！是宮也成，諸侯必叛，君必有咎，夫子知之矣。」

〔註61〕《左傳·昭公二十五年》：

《經》：「有鸜鵒來巢。」

「有鸜鵒來巢」，書所無也。師己曰：「異哉！吾聞文、成之世，童謠有之，曰：『鸜之鵒之，公出辱之。鸜鵒之羽，公在外野，往饋之馬。鸜鵒跦跦，公在乾侯，徵褰與襦。鸜鵒之巢，遠哉遙遙，裯父喪勞，宋父以驕。鸜鵒鸜鵒，往歌來哭。』童謠有是。今鸜鵒來巢，其將及乎？」

〔註62〕《左傳·僖公十六年》：

《經》：「十有六年春王正月戊申朔，隕石於宋五。是月，六鷁退飛，過宋都。」

十六年春，隕石於宋五，隕星也。六鷁退飛，過宋都，風也。周內史叔興聘於宋，宋襄公問焉，曰：「是何祥也？吉凶焉在？」對曰：「今茲魯多大喪，明年齊有亂，君將得諸侯而不終。」退而告人曰：「君失問。是陰陽之事，非吉凶所生也。吉凶由人，吾不敢逆君故也。」

〔註63〕眉批：「靈異。」

〔註64〕見《文選》卷十一。

〔註65〕清·許宗彥《鑒止水齋集》卷十二《周廟祧祆世室祆》：

帝。」是「天宗」二字之始。〔註66〕

《隋書‧經籍志》雜傳內有《嵩高寇天師傳》一卷。〔註67〕

《青巖叢錄》云：「道家經典，世傳《太平經》最古且多，今不復存。余按：《永樂大典》尚頗引之。然其所言興國廣嗣之術，殆不過房中鄙褻之談。若《大同》等經，大率六朝以來文士之所造，雖文采可觀，而往往淺陋，無甚高論。」〔註68〕

近人張星耀有《通鑒紀事本末補後編》五十卷〔註69〕，專記老釋二家事，餘未之見。〔註70〕

《法蘭西近世史》云：「哲學自克孫折衷說、比侖懷疑說之外，闡明人道之根本，不入於不可知之講究，即知講究乃限於實在之境開一派。實在說，即杭特，正與孔子之教義不期而合。若其人置東洋，則亞聖人也。法人之繼述此學者，曰李多蒙，其所著之《實在哲學》，竭畢生心力以注之。」余按：孔子之學固重人事矣，然《易》與《中庸》何嘗不周流六虛乎？以杭特實在說擬之，亦僅得其半耳。〔註71〕

井上圓了《哲學要領》云：「就支那諸子與西洋學派比較，老莊者，西洋所謂任他主義；申韓者，其所謂干涉主義也。或有評老子學為自晦主義，楊

附：案《月令》：「孟冬祈年天宗。」《周書‧世俘解》：「武王乃翼矢珪矢憲，告天宗上帝。」此云：「郊祀后稷，以配天宗。祀文王以配上帝」，以「宗」字絕句，「天宗」、「上帝」對文，義似更勝。《樂記》、《祭義》皆言「祀乎明堂」，不連「宗」字可證。

〔註66〕眉批：「考證。」

〔註67〕眉批：「目錄」、「著述」。

〔註68〕眉批：「道流」、「入於吉太平道條」，似即卷四十「虞喜志林新書云」一條。

〔註69〕清‧莫友芝《宋元舊本書經眼錄》卷三：

《通鑒紀事本末補後編》五十卷〔稿本〕

國朝仁和張星曜撰。以袁氏《本末》未有專紀崇信釋老之亂國亡家為篇者，乃雜引正史所載，附以稗官雜記及諸儒明辨之語，條分類集，以為此書。其紀歷代佛氏之亂，曰歷代君臣奉佛之禍〔四卷。〕，曰佛教事理之謬，〔十卷。〕，曰佛徒縱惡之禍，〔五卷。〕曰儒釋異同之辨，〔五卷。〕曰儒學雜禪之非，〔十卷。〕曰歷代聖賢君臣闢佛之正，〔七卷。〕紀歷代老氏之亂，曰歷代君臣求仙奉道之禍，〔三卷。〕曰道教事理之謬，〔二卷。〕曰道士縱惡之禍，〔一卷。〕曰儒老異同之辨，〔二卷。附釋老異同。〕曰歷代君臣聖賢辟老之正。〔一卷。〕學者欲知異教流失，得此總匯，亦易為明晰。星曜字紫臣。成書自序在康熙庚午，尚未刊行。此其手稿，丁卯初冬丁禹生日，昌方伯新收，借觀記。

〔註70〕眉批：「著述。」

〔註71〕眉批：「西學。」

學則為自利主義，與希臘伊壁鳩魯派之主義相類。墨子之兼愛，近於邊沁諸哲之功利說；孟子之性善論，同於里度諸賢之說；荀子之論性惡，以積習導偽證明心性之發達，與洛克氏之學派尤相同。揚雄善惡混說、李翱之復性說、程朱之性理論，希臘哲學家言皆有之。其他公孫龍、鄧析之講論理法，近於芝諾、芬尼；管子、商君之言政治學，類於亞里斯多德；孔子之明人倫，似瑣格拉底；莊、列說精神不滅，似畢達哥拉斯；老子談道之本體，與斯比諾沙之本質論、舍倫之絕對論、斯賓塞氏之不可思議說多彷彿焉。」余謂東海西海，此理相同，固當有閉門造車，出而合轍者。然既知其同，又當知其所以異，則有待於辨章學術之士矣。〔註72〕

《元史譯文證補·拔都補傳》云：「合圍物拉的迷爾。戊戌春，城破。北至錫第河，復北趨諾拂郭羅特，未及城百數十里而退。」俄史云：林木掩蔽。華而甫云：時天暖雪消，道路泥濘，故退。按：俄人宜萬寧《鐵木真用兵論》云：「拔都到諾布哥羅特即諾拂郭羅特。之道程，不過二百餘里，而決意旋陳者，以三月下旬化雪所阻。不然，則四月中旬可達諾布哥羅特矣。計蒙古兵蹂人跡未到之積雪，自里亞撒北行者已不下一千俄里也。其可以堪此行軍者，特蕃士騎兵而已，然亦頗屈撓云。徵之於史，拔都旋軍之地名、伊克那特伊十字架之地，今亦未審所在。彼蓋由設利克爾道先渡，設利克湖冰而後向波拉河者也。何者？湖冰比林中徑路尤便，故伊克那特伊十字架當在波拉河岸距諾布哥羅特百九十俄里之處，於波拉河之右岸有一村名伊克那特伊，又稍偏於諾木哥爾特地有斯巴斯克維及波哥羅的特克維之二村。拔都旋中軍之地，蓋近村落之近傍乎？又蒙古之一軍向窩羅足克及窩爾臺進直道者，其先鋒當時已到克列斯特特伊，於是如旋軍者云。」此並足為洪書之證。宜萬寧又云：「拔都旋軍之事，俄國史家記之者殆少」，故文卿所譯亦不能詳也。〔註73〕

又云：「庚子冬，拔都攻計掫甫，克之。按：宜萬寧云：「幾維夫即計掫甫之異譯。」俄之南都也。何日歸，蒙古之有史亦未詳。史曰：幾維夫以一千二百四十年尼哥林祭日，為蒙古所略取云云，然尼哥林祭有五月九日及十二月六日之二祭，今不能質言之。若以為五月九日蒙古兵渡土尼伯爾河，而圍該都之舉當在甚久以前也。又幾維夫不得長支其圍，則蒙古兵當於土尼伯爾冰解而河漲之時渡之，以起圍城之工者也。若然，則實可驚愕。何者？土尼伯爾河

〔註72〕眉批：「又。」
〔註73〕眉批：「夷情。」

幅不狹，當河水漲時，如率數萬兵馬濟之，其艱苦為何如。乃據史家所說，其會幾維夫城下之蒙古兵如雲如雨，山川草木悉無不兵者，車輪轔轔之聲，鍾鼓鞞轕之音，馬嘶駝叫，聲震闔城，至不能辨人語云。夫部勒此大軍於春候漲溢之時，徑渡大河，果遵何法？此又不能無疑者也。」按：喀拉木仁氏以幾維夫落城為十二月六日，波列窩伊氏以為五月九日，大僧正維夫克尼氏亦云十二月六日，烏斯特里亞羅烏氏以為五月九日。又據羅烏連奇維夫氏，以該府之降服為一千二百三十九年十二月九日，又伊克那奇維夫氏日錄，亦同其說。史家聚訟如此，然亦足見俄人之精掔史學也。洪氏據華而甫說，云西十二月六日。又土尼伯爾河，洪書作帖尼博爾河。

又云：「貝爾困倭耳默次城，誘戰不出。」按：倭耳默次，宜萬寧書作阿耳密特，云：「蒙古人慾誘致城兵於平原，然耶羅斯拉夫更事多，不肯陷其術，於是蒙古亂射火箭入城，須臾火起。風烈火盛，城欲陷，有逃降敵軍者，蒙古兵斬其首，縛之馬尾，巡行府旁，欲激怒城兵。城兵果憤，請戰，耶羅斯拉夫不許兵士有恨之者，乃下嚴命，禁突戰。彼達即貝達。遂分兵馳擊摩拉維亞之州郡，而圍城之兵半減。耶蘇斯拉夫窺敵警備稍弛，六月二十四日乘夜突出襲之，克之，蒙古將某死焉。多桑書云：或謂貝達此役陣亡，蓋誤。翌日，士卒號泣，行葬儀，又鏖殺囚虜為犧牲。祭之後三日，蒙古兵為合拔都撤陣，赴匈牙利。」〔註74〕

又「奇卜察克酋庫灘」，宜萬寧作波羅夫特伊，凡兩見，皆同。人之酋長克丹。

又「辛丑春，守喀而巴拉山隘，將逃歸」。宜萬寧云：「破喀爾巴特山之守兵進當時所謂俄羅斯門者，即們喀奇及甕克窩爾之間道，而侵入匈牙利。」

又「速不臺亦自東南踰山陟險，合於大軍」。自注云：「此語西書所無，因欲合於《速不臺傳》潻寧河之戰故云。」按：宜萬寧云：「彼達於六月下旬、七月上旬之交，經過所謂匈牙利門即喀爾巴特山峽，自注：即耶布龍喀乎。侵入匈牙利。速不臺及闊端亦自摩爾達維亞來會之。」是西書記此事甚明晰，洪偶未之見耳。

賽育河，宜萬寧作沙伊阿河，《元史》作潻潙河。按：宜萬寧言此河幅廣沮洳多，或潻寧當作潻潙，乃以義名之，非譯其音耶。

〔註74〕眉批：「又。」

《元聖武親征錄》:「西域速里壇扎蘭丁。」何秋濤按〔註 75〕:「『丁』後作『木』,當以『丁』為正。《祕史》作回回王札剌勒丁,即算端也。札蘭丁與算端音亦相近。」余按:速里壇,《元史》或作速魯壇,或作算灘,即算端也。札蘭丁,實算端之名耳,音亦不近,願船說誤。

朱蓉生《無邪堂答問》云〔註 76〕:「《淮南・要略訓》謂『墨氏學儒者之業,受孔子之術』。按:墨書有『子夏之徒問於子墨子』云云。見《耕柱篇》。其初受儒業,蓋亦有之。」余按:近人多不信此說,然正不足異也。〔註 77〕

顏師古《〈漢書・匈奴〉注》云〔註 78〕:「曰鮮卑之俗,秋天之祭,無林木者尚豎柳枝,眾騎馳繞,三周迺止。」按:今滿洲之媽媽竿〔註 79〕,疑即其遺法也。〔註 80〕

日本松村介石《萬國興亡史》云:「北人與棲息日耳曼森林之盎格魯、撒遜按:撒遜,或譯作沙克生,均與徽倀二字音近,疑即洪鈞《元史譯文證補》所記之粟特種也。粟特即徽倀,余別有考。同族者也。斯族原戴阿金為長,出北方,開國北海之濱,資性極剽悍好戰,至後世,遂奉阿金為戰神。」按:此疑亦匈奴徑路神〔註 81〕之類,與中國之祭蚩尤亦相似也。〔註 82〕

希臘蘇庫拉跌士,哲學之祖也,有知德合一說。日本吉田雄智譯之。〔註 83〕

並上圓了《妖怪百談》云:「古來有名魔法呪術者,自今視之,是一種之催眠術。」余按:催眠術今日本尚有之,然與呪術要不相似也。〔註 84〕

《北史》〔註 85〕:「新羅附庸於伽〔註 86〕羅國。」《東藩紀要》云:「《齊書》:『加羅國,三韓種也。』《駕洛國紀》:『龜旨峯有異氣,往覘之,見有

〔註 75〕見清・何秋濤《校正元聖武親征錄》。
〔註 76〕見清・朱一新《無邪堂答問》卷二。
〔註 77〕眉批:「諸子」、「儒術」。
〔註 78〕見《漢書》卷九十四上《匈奴傳上》。
〔註 79〕詳見卷三十二「吳棖臣《寧古塔記略》云」一條之記載。
〔註 80〕眉批:「夷情」、「風俗」。
〔註 81〕《漢書》卷二十五《郊祀志下》:「雲陽有徑路神祠,祭休屠王也。」顏師古注:「休屠,匈奴王號也。徑路神,本匈奴之祠也。」
〔註 82〕眉批:「又」、「祠祭」。
〔註 83〕眉批:「西學。」
〔註 84〕眉批:「靈異。」
〔註 85〕見《北史》卷九十四《新羅列傳》。
〔註 86〕「伽」,《北史》作「迦」。

紫繩繫金盒而下。開盒有金色六卵翼，日有六童子破卵出。十餘日，身長九尺，眾奉一人為主，號首露王。生於金盒，因姓金氏，國號伽耶。餘五人為五伽耶主。五伽耶，東以黃山、江西，南濱海，西、北以智異山，東以伽耶山為境。』《文獻備考》：『駕洛或作伽落，即伽耶也，後改為金官。』《輿地勝覽》：『龜旨峯在金海府北三十里，今屬慶尚道。』」〔註87〕余按：伽羅坿屬於新羅，故亦姓金，疑本與新羅為同族也。伽羅之音，或云與覺羅為近，未知然否。〔註88〕

　　王建《贈王屋道士赴詔》詩云〔註89〕：「法成不怕刀槍利。」是不獨邪術有禁兵器，法道家亦當有之也。〔註90〕

　　《康熙字典》木部桌字下引宋楊億《談苑》：「咸平、景德中，主家造檀香倚卓。」〔註91〕

　　《元敕修百丈清規》卷一云：「始山隋開皇三年詔天下，正、五、九並六齋日各寺建祈禱道場，不得殺生命。」取藏經中有毘沙門天王每歲巡按四大部洲，正、五、九月治南贍部洲，故楚屠宰。而唐之藩鎮每上任，必犒士卒，

〔註87〕清・杞盧主人《時務通考》卷二《地輿六・亞細亞洲・朝鮮》：
　　《金官玫》：「新羅附庸於迦羅國。」《南齊書》：「加羅國，三韓種也。」《駕洛國紀》：「龜吉峰有異氣，往覘之，見有紫繩繫金盒而下。開盒有金色六卵翼，日有六童子破卵出，日就岐嶷。十餘日，身長九尺，眾奉一人為主，號首露王。生於金盒，因姓金氏，國號伽倻，餘五人為五伽倻主。〔五伽倻，東以黃山、江西，南濱海，西、北以智異山，東以伽倻山為境。高靈為大伽倻，固城為小伽倻，□□為碧珍伽倻，□安為阿羅伽倻，咸昌為古寧伽倻。〕駕洛，或作伽落，即伽倻也，後改為金官。龜吉峰在金海府北三十里，今屬慶尚道。」
〔註88〕眉批：「種族」、「入新羅姓。全錄」、「此條應與十條十三頁及十二冊廿七頁相接」。
〔註89〕見《全唐詩》卷三百。
〔註90〕眉批：「靈異」、「道術」、「入道刀劍條」。
〔註91〕宋・黃朝英《靖康緗素雜記》卷四《倚卓》：
　　今人用倚卓，字多從木旁，殊無義理。字書從木從奇乃椅字，於宜切，《詩》曰「其桐其椅」是也。從木從卓乃桌字，直教切，所謂「桌船為郎」是也。倚卓之字，雖不經見。以鄙意測之，蓋人所倚者為倚，卓之在前者為卓。此言近之矣，何以明之？《淇奧》曰「猗重較兮」，《新義》謂「猗，倚也。重較者，所以為慎固也」。由是知人所倚者為倚。《論語》曰：「如有所立，卓爾說者」，謂聖人之道如有所立，卓然在前也。由是知卓之在前者為卓。故楊文公《談苑》有云：「咸平、景德中，主家造檀香倚卓一副。」未嘗用椅桌字，始知前輩何嘗謬用一字也。
　　眉批：「小學」、「字體」「入桌字條」。

須大烹宰，故以正、五、九不上官，為禁殺也。而俗之為忌者非據此。則唐人正、五、九月禁屠宰，蓋沿隋制也。〔註92〕

〔註92〕眉批：「掌故」、「入正五九不上任條」，即卷二十六「溫明叔侍郎《春樹齋叢說》云」一條。